작업치료사는 이렇게 일한다

작업치료사는
이렇게 일한다

윤대석 지음

병원으로 출근하는 사람들 ⑪

청년의사

|프|롤|로|그|

세상의 빛, 우린 작업치료사입니다

우리에게 직업이 가지는 의미는 무엇일까요?
이제 막 말을 하기 시작한 아이의 두 어깨를 잡고, 어른들은 묻습니다. 넌 커서 뭐가 되고 싶으냐고, 꿈이 무엇이냐고 말입니다. 아직 세상을 잘 알지 못하는 아이에게조차 궁금한 진로와 직업의 선택은 어찌 보면 우리 인생의 가장 중요한 부분을 차지하는지도 모르겠습니다. 우린 직업을 통해 살아갈 재화를 얻고, 사회 속에서 신분을 유지하며 때론 자아실현의 수단으로 삼기도 합니다. 직업활동으로 얻을 수 있는 돈과 명예, 안정성과 지속성, 사회적 기여, 인간 존중, 워라밸(Work and Life Balance)과 같은 핵심 가치 중 여러분들은 어디에 더욱 큰 의미를 두십니까.

모든 가능성이 열려 있는 '작업치료사'라는 직업이 있습니다.
국가자격을 갖추고 아픈 환자들을 치료하는 사람들입니다. 면허등록자가 이제 막 3만여 명을 바라보는 의료기사로 국내외 유망직종 조사에서 꽤 높은 순위에 매년 올라오는 직업이지요. 더욱이 초고령화사회 진입을 목전에 두고 있는 한국에서는 지속적인 수요 증가가 예상되고, 장애아동의 검사와 치료에도 가장 중추적인 역할을 하고 있습니다. 과거에 이들은 주로 병원에서 환자를 치료하는 업무를 했습니다. 최근 10년 사이에는 공단, 공공기관, 공무원, 치매센터, 소아센터, 의료기기 회사 등으로 그 영역을 더욱 넓혀왔습니다. 취업뿐만 아니라, 지역의 데이케어센터 및 아동발달센터, 의료기기 회사 창업을 통해 성공적인 기업가로 성장하는 작업치료사도 늘어나고 있습니다. 무엇보다 작업치료사의 가장 큰 장점은 치료 대상자에게 존중받으며 일할 수 있는 직업이라는 것입니다. 육체와 정신적인 질병을 가진 환자와 보호자는 가장 힘든 시기에 자신들을 치료해 주는 작업치료사를 항상 존중하고 신뢰합니다.

이 책은 매력적이고 비전 있는 직업, 작업치료사의 현재와 미래를 여러 독자들에게 제대로 알려보자는 취지에서 시작되었습니다. 작업치료사가 되기 위한 방법부터 작업치료사가 할 수 있는 다양한 역할을 소개하는 내용까지, 이론보다는 현장에서 꼭 필요한 매뉴얼을 담고 있습니다. 이 책은 크게 세 그룹의 독자들에게 필요한 정보서가 될 것입니다.

첫 번째는 진로 선택을 고민하는 청소년과 학부모입니다.
본문에서는 작업치료사가 어떤 직업인지, 역할은 무엇인지, 연봉, 전망, 전공 학생의 실제 인터뷰 등 독자들이 장단점을 스스로 파악할 수 있도록 솔직하게 다루었습니다. 보건계열의 진로를 희망하는 이들에게 유용한 자료집으로 활용될 것입니다.

두 번째는 작업치료학과 재학생 및 실습생입니다.

학교와 임상 현장 간에 예상치 못한 큰 '괴리감'은 학생과 실습생들에게는 큰 고통입니다. 이는 실제 작업치료의 세계를 경험해보기도 전에 중도 포기로 이어지는 경우까지 발생합니다. 이 책에서 다루는 임상의 생생한 이야기는 학교에서 쉽게 접할 수 없었던 현실적인 정보들입니다. 이를 통해 학생들이 유연한 마음의 준비를 하고 시행착오를 줄여 작업치료사의 꿈을 단단히 이어 나갈 수 있는 영양제와 같은 이야기를 담았습니다. 특히 성공적으로 자리 잡은 여러 분야의 '현직자 인터뷰'는 졸업 후 진로 선택에 중요한 지침서가 될 것으로 확신합니다.

마지막으로, 이 책은 가장 소중한 현직 작업치료사 후배들을 위해 쓰였습니다. 모든 직업이 그렇듯 작업치료사도 마찬가지로 임상 현장에서 현실적인 어려움들이 있습니다. 이와 같은 시기를 먼저 겪었던 저의 공감과 다양한 극복 방법의 이야기는 학교나 직장 선배와 이야기하듯 진심을 담고 있습니다. 또한 본인들의 가능성과 미래를 찾지 못하고 방황하는 치료사들에게는 작업치료사의 다양한 역할과 비전을 소개하고 있습니다. 오랜 경력을 가진 치료사들에겐 몰랐던 것을 알려주기보다 알고 있는 것을 되짚어 주고, 고민을 나눌 수 있는 편한 동료 같은 책이 되길 희망합니다.

사람의 인생에는 '10대' 시기에 빛을 발하는 사람이 있고, 20대, 30대에 빛을 발하는 사람도 있습니다. 이건 능력이 아닌 진로와 시기의 차이일 뿐입니다. 작업치료사는 20대 이후 여러분의 무한한 가능성을 확장시키고, 인간을 향한 따뜻한 영향력을 통해 세상의 빛을 모을 수 있는 힘이 있습니다. 이렇게 모인 빛들을 모아 세상을 밝히는 직업, '작업치료사의 이야기'를 이제 여러분께 전해드리겠습니다.

작업치료사
윤대석

> **용어 정리**
>
> 이 책에서는 '환자(patient)'와 '클라이언트(client)'라는 용어를 상황에 따라 구분하여 사용하였습니다. '환자'는 주로 병원과 같은 임상 현장에서 치료를 받는 사람을 지칭하며, '클라이언트'는 병원을 포함한 다양한 서비스 환경에서 사용됩니다. 따라서 임상 현장을 다루는 내용에서는 '환자'라는 용어를 사용하고, 학술적인 내용에서는 '클라이언트'라는 용어를 혼용하여 사용하였습니다.

| 차 | 례 |

프롤로그   세상의 빛, 우린 작업치료사입니다   4

 **제1장 환자 일상의
퍼즐을 완성하는 전문가**

누군가 큰 병에 걸려야 알 수 있었던 직업   15
멀어진 학교, 가까워진 꿈   19
자원봉사 대축제   24
'작업'을 '치료'한다   31
누가 작업치료를 받을까?   40
작업치료사는 어떤 직업일까?   47
작업치료사가 되는 방법   59
작업치료사의 연봉 – 현실과 기회   67
그들과의 차이점 – 물리치료사   76
임상실습 A+ 전략, 이것만은 알고 가자   81
부록▶ 리얼토크, '임상실습생'의 하루   91
부록▶ 리얼토크, 신입생에게 듣는 작업치료학과 대학생활   95

작업치료사의 첫걸음

꿈의 실현, 작업치료의 문을 열다	103
막내 작업치료사의 하루, 대형병원에서의 성장 이야기	107
치료사라고 치료만 하는 게 아니에요	112
1만 분의 1, 고객 칭찬 최우수 직원	132

정규직 작업치료사로서 한 걸음 더 나아가기

인턴으로 살아남기	149
계약직으로 버티기	161
정규직으로 새롭게 시작하기	178
작업치료사 On/Off - 직무스트레스 관리	191

제4장 작업치료사의 영역 확장하기

대학원 생활, 학문과 현장이 다시 만나는 공간	199
환자중심 작업치료, SCI급 논문에 담다	215
강의하는 작업치료사	222
치매 전문가, 작업치료사	234
INFP의 작업치료 브이로그	246
엘살바도르, 국가대표로 한국의 재활을 알리다	253
다양한 학회활동, 꼭 필요한가?	270
부록 작업치료사를 위한 학회 리스트	280

 ## 제5장 작업치료사는 어떤 분야에서 어떻게 일하는가?

대학병원 작업치료사	285
재활병원 작업치료사	292
건강보험심사평가원 작업치료사	298
국민건강보험공단 작업치료사	302
한국도로교통공단 작업치료사	305
보건소 작업치료사	310
치매안심센터 작업치료사	314
연구원 작업치료사	318
창업 작업치료사	322
해외 취업 작업치료사	331
해외 유학 작업치료사	336
대학 교수 작업치료사	342
부록 취업 성공을 위한 핵심 전략	345

에필로그 두 번째 엘살바도르행 비행기에서, 마지막 한마디	352
감사한 분들	355

(제1장)

환자 일상의
퍼즐을

완성하는
전문가

누군가 큰 병에 걸려야
알 수 있었던 직업

800번 버스를 타고 세브란스병원에 도착했다. 높지 않은 울타리 안 직사각형의 하얀색 건물들을 지나 병실에 도착하니, 할머니께서 한쪽 얼굴을 찡그린 채 누워 계셨다. 알 수 없는 기계들에 연결된 하얀색 줄들은 할머니의 얼굴과 팔, 가슴에 복잡하게 이어져 있었고, 긴장되는 전자음이 규칙적인 간격으로 흘러나오고 있었다. 아직 소중한 이의 죽음과 중증질환의 무서움을 경험해보지 못한 열다섯 살의 나는, 그동안 누렸던 우리 가족의 평화에 균열이 생겼음을 직감했다. 그렇게 멍하니 얼어붙은 채로 서 있던 나를 아버지와 고모들은 애써 토닥여 주었지만 그분들의 표정은 나를 위로해 줄 여유조차 없어 보였고, 오히려 나를 더 긴장시켰다. 할머니의 굳은 손을 어색하게 잡아보았을 때 차갑게 식어 있던, 힘없이 축 처진 그 느낌이 아직도 잊히지 않는다. 이것이 작업치료를 처음 만났던 날의 기억이다.

2주 전이었다. 할머니께서 우리 집 거실에서 갑자기 쓰러지셨고, 급히 응급실로 옮겨졌다. 우측 대뇌출혈 진단을 받은 할머니는 응급수술 후 중환자실과 회복실에서 일주일 정도 시간을 보냈다. 이후 일반 병실로 옮겼을 때, 할머니의 상태는 가족들이 감당하기 힘든 상황이었다. 의식은 있었지만 가족들을 알아보지 못했고, 간단한 질문에도 전혀 반응이 없었다. 신체 왼쪽이 완전히 마비되어 침대에 기대어 앉는 것조차 어려웠고, 몇 주간 움직이지 못해 할머니의 다리는 근육 소실로 인하여 나뭇가지처럼 얇아져 있었다.

"재활치료 받으러 갈게요."

어렵사리 휠체어에 옮겨진 할머니는 같은 건물의 다른 장소로 이동했다. 처음 방문한 곳은 넓은 침대들이 이어져 있는 것으로 보아, 아마도 운동치료실이었을 것이다. 이후 할머니를 다른 치료실로 옮길 때 뒤따라 들어간 곳은 이름마저 생소한 '작업치료실'이었다. 그 특별한 이름이 오히려 기억에 강하게 남았다. 무채색으로 가득 찬 대형병원에 유일하게 알록달록한 치료 도구들로 가득한 작업치료실의 잔상은 아직도 생생히 남아 있다.

규모가 크지 않았던 그 치료실에서 할머니는 여러 도구를 이용하여 치료를 받았다. 치료를 시작한 지 2주일 째, 할머니는 비로소 앉아 있을 수 있게 되었고 어눌하지만 말씀도 할 수 있었다. 숟가락을 들어 스스로 식사를 하기도 하고, 절뚝거리며 걸음을 걷기도 하는 할머니의 회복되는 모습을 보며 기쁘고 놀라웠다. 모든 회복의 성과가 온전히 재활의 효과는 아니었겠지만, 어린 나는 그 당시의 기적과도 같은 회복이 재활치료 덕분이라고 생각했다. 특히 나와 가족들이 가장 편안함을 느꼈던 '작업치료실'은 무언가 대단한 기적을 만들어내는 곳이라는 환상을 갖게 했다.

작업치료는 특별하다

내가 처음 가졌던 재활과 작업치료에 대한 인상은 특별했다. 우리 가족 모두가 가장 힘들었을 시기에 기댈 수 있었던 곳, 할 수 있다고 용기를 불어넣어 주던 곳, 참아내고 더욱 움직여야 한다고 일으켜 세워주던 곳. 그들의 열정과 손길은 어쩌면 인생에서 가장 힘든 시기를 겪었던 할머니와 가족들에게 큰 위로와 힘이 되었다. 그렇게 세브란스병원에서 초기 재활을 마치고, 근처에 있는 양·한방 통합병원에서 재활을 이어갔다. 할머니는 현재의 이론적 지식으로 보았을 때 '최소 도움, 안전을 위한 감독'이 필요한 수준의 일상생활 독립을 이루어 마침내 가정으로 복귀하였다.

그 이후, 평범한 일상 속에서 나는 단 한 번도 '작업치료사'를 만나보지 못했다. 심지어 '작업치료'라는 단어조차 주변에서 들어본 적이 없다. 대한민국에서 인구와 인프라가 가장 집중된 도시에 살면서 우연히라도 듣고 볼 수 없던 그들은 당시 어디에서, 어떻게 지내고 있었을까?

같은 시기에 물리치료는 종합병원뿐만 아니라, 동네의 크고 작은 정형외과에서도 쉽게 만나볼 수 있었던 직종이었다. 일상에서 겪을 수 있는 경미한 질환들, 예를 들면 염좌 및 골절이 의심될 때 병원에서 치료를 해주던 친숙한 존재였다. 반면, 작업치료는 당시 그런 기회가 거의 없었다. '재활'이라는 단어 자체도 흔히 사용되지 않던 시절이니, 그 안의 전문 분야인 작업치료는 아마도 지금보다 더욱 낮은 인지도를 가지고 그 필요성을 알리던 때였을 것이다. 그래서 누군가 큰 병에 걸려 대형병원에 가야만 만날 수 있었던 소수 직군이었다.

멀어진 학교, 가까워진 꿈

21세기가 시작될 무렵, 나는 서울권 대학의 보건계열 학과에 진학했다. IMF의 충격이 채 가시지 않았던 사회 분위기는 입시와 취업시장에도 큰 변화를 가져왔고, 이전까지 주목받지 못했던 보건계열 학과들의 부흥기를 이끌었다. 평생직장의 개념이 사라지고 전문직 및 공무원의 인기가 본격적으로 높아지던 시기였다. 당시 나의 전공은 이른바 '임방물치'라고 불리던 '임상병리, 방사선, 물리치료, 치기공' 같은 인기 학과는 아니었지만, 동기 중에는 다니던 대기업이 부도가 나서 다시 학교에 입학한 삼촌 나이의 형들부터, 꽤 괜찮은 서울 중위권 대학을 포기하고 취업률이 높은 우리 학과로 재입학한 이들도 여럿 있었다. 이때부터 '취업률'이라는 키워드가 대학교 홍보에 자주 사용되었다. 그렇게 절실한 분위기 속에서도 나는 또래보다 유난스럽게 대학생활을 즐기는 신입생이었다. 군대는 월드컵을 보고 가야 한다며 본격적으로 놀기 위해 휴학까지 하는 여유를 부린 결과, 평점 1점대의 처참한 학점만을 남기고 미뤄두던 군대에 입대했다.

군대는 나와 같은 이들에게 터닝 포인트가 되기도 한다. 갓 제대하고 복학한 예비역들은 꽤 어른스러워 보이는 착시효과가 있다. 그들이 고작 한두 살 더 먹었다고 크게 철이 들거나, 군대에서 대단한 깨달음을 얻었을 리도 없을 텐데 말이다.

군대의 장점 중 하나는 계급이 올라갈수록 온전히 나에게 집중할 수 있는 시간이 많아진다는 것이다. 학업, 친구, 애인, 부모 그리고 우리의 도파민 분비를 촉진시키는 다양한 주변 환경과 철저히 차단된 공간에서, 특별히 호감이 가지 않는 사람들과 시간을 보낸다. 자신만의 시간이 많아지는 바로 이 시기, 진로에 대한 진지한 고민은 필수 코스다. 나 또한 이 시기, 진로에 대해 심각하게 고민하기 시작했다. 최소한의 흥미도 고려하지 않고 선택한 전공이 남긴 것은 1점대의 학점과 캄캄한 미래뿐이었다.

제대를 4개월 앞둔 시점, 무엇이라도 해보고 싶었던 나는 휴가를 나가 무작정 수능 문제집을 챙겨 복귀했다. 부정적인 생각은 잠시 접어두고, 어떤 가능성에 대해서도 의심하지 않기로 했다. 시간이 부족하다거나, 환경이 열악하다거나 하는 핑계도 내세우고 싶지 않았다. 이후 몇 개월 동안 후임들의 불침번을 대신 서며, 23년 인생 동안 온실 같은 환경에서 노력하지 않았던 과거를 반성하듯 시간을 쪼개 공부했다. 후임들의 열렬한 지지를 받으며 휴가를 나가 수능을 봤지만 목표했던 상위권 대학의 점수에는 미치지 못했다. 결국 점수에 맞춰 지원한 몇 단계 아래의 서울권 대학의 어문계열에 합격했다. 전혀 기쁘지 않았고, 몇 년 후 지금과 똑같은 고민을 하게 될 내 모습이 그려졌다. 또다시 목표의식 없이 점수에 떠밀려 간 곳에 내 미래를 맡기고 싶지는 않았다.

나는 더 확실한 방향키를 쥐고 싶었다. 고민에 고민을 거듭하던 어느 날, 아버지께서 꼬깃꼬깃 접어놓은 종이신문 기사를 건네주셨다. 기억을 더듬어 그 제목을 떠올려보면 "세계 10대 유망 직업 작업치료사, 노령인구 증가에 따른 차세대 블루칩"이라고 적혀 있었던 것 같다. 그 한 문장에서 내가 그토록 고민하던 미래에 대한 비전이 보였고, 이전에 우리 가족을 따뜻하게 보듬어 주고 희망을 주었던 작업치료를 다시 만나게 된 순간이었다.

"대석아, 앞으로 어문계열은 상위권 대학을 졸업해도 경쟁력을 잃을 수 있단다. 그간의 노력은 가상하지만, 앞으로는 어떤 직군이든 그 안에서 최상위권이 가지는 위상이 중요한 시대가 되어가고 있단다. 극단적으로 말해서, 하위 10%의 변호사나 의사보다 이전에 인정을 덜 받았던 직업들의 상위 10%가 오히려 직업 만족도도 높고 비전이 있다고 생각한다. 중간 수준의 애매한 학벌보다 나이를 먹어서도 수요가 늘어나는 직업을 선택해서 과감하게 투자해보는 게 어떻겠니?"

이미 마음속의 답은 정해져 있었다. 그토록 찾아 헤매던 나의 꿈과 목표를 운명처럼 마주하게 되었다.

제 목표는 서울아산병원입니다

참 이기적이었다. 결코 작지 않은 머리와 앉은키에도 불구하고 나는 입학 후 항상 맨 앞자리에 앉아서 수업을 들었다. 스무 살 친구들의 틈 속에서 여러모로 눈에 띄는 학생이었을 것이다. 첫 오리엔테이션 수업에서 당시 학과장님이었던 양경희 교수님은 한 명씩 자기소개와 대학 생활에서 이루고 싶은 목표를 공유하는 시간을 가졌다. 그때 나는 내면의 이야기를 굳이 밖으로 꺼냈다.

"제 나이는 스물네 살이고, 목표는 서울아산병원에 취직해서 나중에는 모교에 교원으로 복귀하는 것입니다."

사람들이 많이 모인 자리에서는 이름도 조용히 말하던 수줍음 많은 내가 도대체 무슨 생각으로 시키지도 않은 말을 했을까. 과거의 나도, 현재의 나도 가끔 그럴 때가 있다. 꼭 이렇게 해야만 할 것 같은 순간 말이다. 당시 대부분이 스무 살이었던 어린 동기들은 꽤나 충격적인 캐릭터의 등장에 웅성거리기 시작했다. 학과장님은 흥미로운 표정으로 나를 바라보며 되물었다.

"왜 하필 아산병원인가요?"

"제일 큰 병원으로 알고 있습니다. 첫 직장은 가장 큰 병원에서 시작하고 싶습니다."

아직도 가끔 그때를 떠올리며 이불 킥을 할 때가 있다. 새로운 학교에서의 생활은 그렇게 시작되었다. 가끔씩 내 생활이 흐트러지고 결심이 흔들릴 때면, 내 방 창문에서 보일 정도로 가까운 본래 학교를 자퇴

하고 왕복 3시간이 걸리는 학교를 선택한 나의 도전을 헛되게 하지 말자고 다짐했다. 다행히 학교생활은 나의 의지만 변함없이 유지된다면 완벽한 환경이었다. 내 또래가 없었기에 적당히 외롭게 시간을 보내기 좋았고, 실력 있는 외래교수님들이 전해주는 이론과 실제는 학업뿐만 아니라 목표 설정에도 큰 영향을 주었다. 당시 수도권의 작업치료학과는 드물었기에 외래교수진은 서울대학교병원, 서울아산병원, 세브란스병원 등 메이저 병원의 전문의부터 작업치료 팀장님, 대표적인 재활병원의 팀장님들이 포진해 있었다. 통학 거리는 멀어졌지만 오히려 내 꿈은 가까워진, 바로 작업치료학과 대학생활의 시작이었다.

자원봉사
대축제

'봉사활동'은 작업치료학과 학생이라면 가장 친숙한 교내외 활동일 것이다. 의료 및 간호, 보건계열 학과에서는 학생들에게 봉사에 대한 기본 소양을 키워주기 위해 다양한 봉사 프로그램을 제공한다. 그 결과, 학생들도 자연스럽게 본인들이 갖춰야 할 덕목과 직업적인 소명 중 하나를 '봉사'라 여기며 학부 생활 동안 최소 몇 차례 봉사활동을 경험한다.

학교가 위치한 지역적인 특성이나 학과 교수님의 관심 분야 및 내/외부 사업에 따라 학생들이 경험하게 되는 봉사활동의 종류는 다를 것이다. 그러나 우리가 봉사하는 대상들은 신체적, 정신적 장애를 가진 사람들이라는 공통점이 있다. 취업 후 치료하게 될 장애를 가진 이들을 미리 만나보고 여러 상황을 체험하며 우리의 역할이 무엇인지 경험하는 봉사활동은 작업치료사가 될 학생들이 환자들을 이해하고 작업치료의 정체성을 세워가는 데 도움이 되는 중요한 활동이다.

1학년 때는 학기 중이나 방학을 이용해서 관내 장애인 어린이집에서 아이들을 돌보거나, 복지관 및 요양원 등 노인시설에서 치매 검사나 손 기능 평가 등을 해보면서 학생 신분으로는 접할 기회가 없는 실전 경험을 쌓을 수 있었다. 때론 고되기도 했지만, 단순노동이 아닌 작업치료를 활용한 봉사를 하며 차곡차곡 쌓여가는 보람과 경험들은 잊을 수 없는 추억이 되었다.

평화롭고 순조롭게 대학생활을 이어가던 즈음, 학과장님께서 내게 제안을 하셨다. 교내 학생들과 시청 자원봉사센터와 연계한 봉사단체를 구성하려는데 회장을 맡아달라는 것이었다. 가끔 당돌한 모습을 보이기도 하지만 태생적으로 앞에 나서는 걸 즐기지 않았던 나는 학업에 더욱 열중하여 다른 쪽으로 학교와 후배들에게 기여하겠다며 정중히 거절했다. '왜 내가 적임자라고 여기셨을까?'라는 생각을 할 겨를도 없이 몇 번의 요청이 더 있었고, 결국 학교와 장애인들을 위해서 자신을 사용해보자는 생각으로 제안을 받아들였다. 단체명은 '다솜누리(사랑으로 가득 찬 세상)'로 지었고, 우리는 당시 지역의 어려운 이들에게 크고 작은 따뜻한 흔적을 남겼다.

내가 맡은 첫 번째 임무는 교내에서 최대한 많은 회원을 확보하는 것이었고, 등록된 학생회원들의 대표로서 시청 내에 있는 자원봉사센터와 연계하여 소수의 인원이 필요한 봉사부터 수백 명 단위의 인원이 필요한 활동까지 봉사에 필요한 인력과 프로그램을 제공하는 것이었다. 이전에는 봉사의 손길이 필요한 곳에서 자원봉사센터에 도움을 요청해도 제한된 인력으로 그 수요를 감당하지 못해 어려움이 있었지만 '다솜누리'와의 시너지는 예상보다 빠르고 효과적으로 나타났다.

그중 가장 큰 행사였던 '장애인 체육대회'는 시청과 장애인체육회, 장애인단체총연합회가 주관하였고, 대회의 참가자 및 자원봉사자는 천여 명에 달했다. 해당 지차체 공무원 및 장애인체육회 임원들과 함께 사전 기획부터 종목 선정, 장소 섭외, 홍보와 필요 인력 구성 등을 논의하며 본 행사를 철저히 준비했다. 학업과 병행하다 보니 야근하는 날이 대부분이었고, 방학의 꿀맛 같은 휴식도 반납하는 날이 더 많았다. 그렇게 노력과 열정을 쏟아부은 행사가 드디어 시작되었다. 야외 공설 운동장의 하늘에는 체육대회를 알리는 큰 벌룬이 띄워졌고, 입구부터 큰 도로까지 참가자들과 응원단들의 줄이 이어질 만큼 인산인해를 이뤘다. 각 동을 대표하는 장애인 체육단원들은 초록색 야외운동장에 도열하여 아이처럼 설레는 표정으로 개막식에 참가했다.

휠체어 종목인 농구, 하키, 육상부터 줄다리기, 박 터뜨리기 같은 동심으로 돌아가 누구나 참여할 수 있는 종목들이 참가자들의 큰 호응을 받았다. 주요 진행은 전문 진행자들이 맡았고, 나와 '다솜누리'의 주요 임원들은 각 종목의 진행을 맡았다. 봉사단원들은 몸이 불편한 선수들이 안전하게 참가할 수 있도록 신체적인 도움을 주는 것뿐만 아니라, 행사에 필요한 물자를 나르고 발생하는 각종 쓰레기 처리 등의 궂은일도 도맡았다. 사실 이러한 일들이 봉사단원 모두에게 자발적으로 이루어지지는 않았기에, 진행에 필요한 업무 하나하나에 의미를 부여하는 일이 가장 힘들었던 기억이다. 힘든 행사였고 우여곡절이 많았지만, 시간이 지난 후 당시 봉사단원들과 나눈 후일담에서 다양한 우리의 진심이 오갔다.

"당시 체육대회 봉사 하루 참가한 것이, 학교에서 책으로만 배웠던 장애의 이해보다 더 큰 가르침을 주었다."

"당시 박 터뜨리기 진행요원이었는데, 아이처럼 웃으며 콩 주머니를 던지던 할아버지의 얼굴이 아직도 잊히지 않는다."

"내가 치료사가 된 이후 환자의 치료 목표를 설정할 때 가능성의 한계를 두지 않는 것은 그때 체육대회에서 보여주었던 그들의 모습 때문이다."

내 인생 가장 아름다운 추억, '장애인과 함께하는 경주 문화체험'

태어난 순간부터 우리에게 주어진 '건강함'은 공기나 시간처럼 누구에게나 공평하게 주어지지 않는다. 앉고, 걷고, 일어나 말하고, 학교에 가고, 여행을 떠나는 당연한 일상이 누군가에게는 불가능하거나 대단한 도전이 될 수 있다. 특히, 세상에 아직 덜 부딪혀보고 사회에 적응하지 못한 장애를 가진 어린이나 청소년들에게는 더욱 그렇다.

매주 교수님과 임원진들은 새로운 봉사활동 프로그램에 대한 회의를 했다. 봉사활동 대상자에 대한 이야기를 나누던 중 매우 의미 있는 의견이 오갔는데, 바로 봉사활동 대상의 사각지대에 대한 깊은 고민이었다. '다솜누리'뿐만 아니라 여러 봉사단체들은 주로 요양원, 노인시설, 병원, 홀트학교, 장애인 유아 또는 어린이 시설을 다니면서 비교적 다양한 연령대를 대상으로 활동한다. 하지만 상대적으로 관심을 덜 받는 계층이 있다. 바로 '청소년'이다.

몸이 불편한 유아나 어린이의 부모들은 장애 회복에 기대가 높을뿐더러, 아직 체구가 작아 기동성이 좋기 때문에 재활과 다양한 체험을 할 기회가 많은 편이다. 하지만 성장 속도가 가파른 청소년 시기부터 부모들은 이전과 같은 경험을 제공하는 데 몇 배의 에너지와 용기가 필요하다. 이와 같은 사각지대에 있는 대상자들을 위한 프로그램을 만들어보자는 취지에서 '장애 청소년과 함께하는 경주 문화체험'을 구상하게 되었다.

거동이 어려운 장애인 청소년들에게는 한국의 대표적인 문화 유적지 방문 및 캠프 등의 체험 기회를 제공하고, 함께 떠나는 일반 중·고등학생들에게는 장애인 학우들이 동정이 아니라 우정의 대상이라는 인식을 심어주는 것이 핵심 취지였다. 몇 주간의 노력을 통해 잘 다듬어진 기획서로 큰 규모의 시청 예산을 지원받아, 관내 장애인 청소년 40여 명과 일반 중·고등학교 재학생 40명의 신청자를 선정하여 경주로 떠났다. 우리 봉사단원들은 체험행사 인솔과 전반적인 진행 역할을 맡았으며, 참가한 청소년들을 1:1로 매칭하여 자연스런 친근감 형성을 위해 체험 전에 몇 차례 만남을 가졌다. 장애 청소년 부모님들과 함께 휠체어를 다루는 방법이나, 각각의 장애 특성에 맞는 주의사항에 대한 교육도 철저히 진행했다.

드디어 행사 당일, 부모님들의 걱정 어린 눈빛과 오랜만의 장거리 여행을 떠나는 아이들의 기대에 가득 찬 표정이 교차되어 묘한 감정을 느끼며 출발했다. 그간 책이나 TV에서나 보았던 대표적인 유적지들을 돌아보고 맛집 탐방도 하며 행사는 순조롭게 진행되었다. 이후 숙소에서 진행된 캠프파이어에서 단원들이 준비한 노래, 춤 등 모두 다 함께 레크리에이션을 즐겼다. 1박2일이라는 짧은 시간이었지만 그 순간만큼은 장애라는 벽이 느껴지지 않았다. 누군가에게는 평범했을 이러한 경험이 그들에게는 기회가 부족했기 때문일까? 그들은 순수하게 웃었고, 온전히 편안해 보였다. 카메라 프레임에 담긴 아이들의 다양한 표정들은 그림 같았다.

설렘과 걱정이 교차했던 행사였다. 인솔을 맡은 봉사단원들의 나이는 고작 20대 초반이었고, 인솔자들을 통솔하던 나 또한 스물다섯 살로 세상을 아직 모를 나이였다. 동행하셨던 학과장님의 존재가 큰 힘이 되었지만 행사 감사를 위해 참가한 몇몇 공무원들의 시선과 안위도 동시에 신경을 써야 했기에 모든 진행을 총괄할 수 있을지 걱정되어 잠을 설치기도 했다. 다행히 가장 중요한 문제였던 참가자들의 안전과 정서상의 문제들은 봉사단원의 다수가 장애에 대한 이해가 높은 '예비 작업치료사'였기에 큰 도움이 되었고, 부모님들도 신뢰하고 아이들을 맡길 수 있었다.

이외에도 '다솜누리' 대표로 수십 차례 크고 작은 봉사활동을 진행하였다. 물론 봉사가 일처럼 느껴지고 힘든 순간도 있었다. 준비 과정은 항상 부담되었고, 진행 중에는 정신이 없고 고됐으며, 마무리 행정처리는 힘에 부쳤다. 그럼에도 불구하고 그때가 그립다. 그들에게 작은 도움이 되고 싶어 순수하게 노력했던 그때의 마음은 이후 작업치료사로서 환자들을 대할 때 내 생각의 밑그림이 되었다.

봉사는 우리가 주는 것보다 더욱 많은 것을 얻는 활동이다. 특히 여러 기관에서 이루어지는 작업치료학과 학생들의 봉사는 작업치료를 알리고 소개하는 데에도 그 의미가 있다. 또한 작업치료사의 역할과 환자를 대하는 마음을 찾아가는 시간이기도 하다. 그 시작은 바로 '봉사'다.

> 봉사단 대표로 '장애인 체육대회' '경주 문화체험' 등 크고 작은 다양한 봉사활동의 기획과 시행에 대한 공로를 인정받아, 시청에서 주관하는 연말 시상에서 '시장 개인 표창'을 수상하였다. 또한 각 시의 대표 단체가 참가하여 봉사 성과를 공유하는 '경기도 자원봉사 대축제' 행사에서는, 단체 대표 자격으로 프레젠테이션을 수행하여 '경기도지사상(대상)과 '경기도의회의장상(최우수상)'을 2년 연속 수상하였다.

'작업'을
'치료'한다

'작업'이란 무엇일까?

작업(occupation)이란 개인의 삶에서 의미와 목적을 제공하는 다양한 활동을 포함한다. 이는 모든 정신적, 육체적, 사회적 활동을 아우르며, 특히 직업이나 일상생활에서 중요한 부분을 차지한다. 한국과 일본에서 'occupation'을 '작업'으로 번역하는 것은 그 단어가 가진 넓은 의미를 반영하며, 이는 단순히 직업적인 활동뿐만 아니라 개인의 삶에서 의미 있는 활동을 포함하는 개념이다(세계작업치료사연맹, 2012).

또한 작업 자체가 각 개인이 살아가는 데 꼭 필요하고 의미 있는 활동이다. 미국작업치료사협회(2014)의 작업치료임상체계(Occupational Therapy Practice Framework, OTPF)에서는 작업의 영역을 여러 활동으로 분류

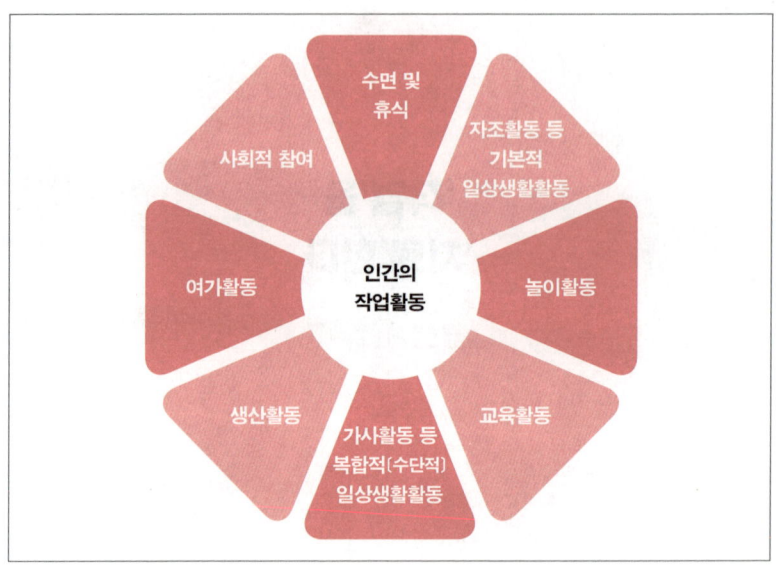

[1-1] 인간의 작업활동 종류

한다. 인간의 삶을 시작하기 위한 수면과 휴식활동, 식사, 세수, 옷 입기, 화장실 이용 등의 '개인적 일상생활활동(Personal ADL: P-ADL)'과 식사 준비, 컴퓨터 이용, 쇼핑 등의 '복합적 일상생활활동(Instrument ADL: I-ADL)' 및 휴식, 교육, 일, 놀이, 여가, 사회적 참여로 구분한다(1-1).

쉽게 생각해보면 일상은 작업의 연속이다. 우리가 수행하는 행동이나 과제가 본인에게 목적과 의미가 있다면 그 모든 활동은 작업의 범주에 속한다. 식기를 이용해 밥을 먹고, 학교에 가기 위해 씻거나 옷을 입고, 지하철을 타고, 수업을 들으며 타이핑을 하는 등의 모든 활동이 본인에게 의미가 있다면 그것들은 '작업'인 것이다.

작업 + 치료

개인에게 의미 있는 '작업'을 수행하는 데 있어 신체적, 정신적인 문제로 인해 어려운 환경에 처하거나 방해 요인이 생겼을 때, 다양한 접근법을 통해 이를 '치료'하는 것이 '작업치료'다. 즉 환자가 장애나 병, 사고로 인해 자신에게 주어진 환경 안에서 '작업'을 하지 못하게 되었다면 환자의 신체적, 정신적인 수준을 객관적으로 평가하는 것부터 '작업치료'는 시작된다.

1993년 미국작업치료사협회에 따르면, 작업치료는 기능적 수행능력을 획득하기 위해 목적 있는 활동과 치료 중재를 사용한다고 하였다. 이는 신체 손상, 신체적 질환, 기능장애 상태, 인지 손상, 정신사회 장애, 정신질환, 불리한 환경적 상황, 발달장애, 학습장애를 가진 이들이 가능한 최상 수준의 독립성을 이루도록 돕는 것이다.

〈작업치료 실행체계〉에서는 참여를 향상하거나 가능하게 하는 목적으로 개인 또는 집단에게 일상생활의 작업을 치료적으로 사용하는 것을 강조한다. 이 문서에 따르면, 작업치료사들은 클라이언트와의 관계에 대한 지식, 그들이 가치 있게 여기는 작업에 참여하는 것, 작업 기반 중재 계획을 기획하기 위한 배경 지식을 활용한다. 또한 '작업치료 서비스'는 장애 및 비장애와 관련된 요구가 있는 클라이언트를 위해 새로운

---

1 〈작업치료 실행체계〉는 미국작업치료사협회의 공식 문서로, 작업치료사들과 그 외 독자들에게 작업치료의 내적으로 서로 밀접하게 작용하는 요소들을 설명하여 작업치료의 임상과정을 규정하고 기술해주는 안내서다.

생활 기술을 얻기 위한 재활 서비스로, 건강과 안녕을 위해 제공된다.

한편 대한작업치료사협회에 따르면, 작업치료의 일반적인 정의를 신체적, 정신적, 발달 과정에서 어떠한 이유로 기능이 저하된 사람에게 의미 있는 치료적 활동(작업)을 통해 최대한 독립적으로 일상생활을 수행하고 능동적으로 사회생활에 참여함으로써 행복한 삶을 영위할 수 있도록 치료, 교육하는 보건의료의 한 전문 분야라고 하였다.

이러한 작업치료의 정의는 개인이 속한 사회적, 문화적 환경에 따른 가치관의 형성 과정이 다르기 때문에 크게는 나라와 지역, 작게는 직장, 학교, 가정환경에 따라 다르게 해석될 수밖에 없다. 작업치료 이론이 미국, 유럽 등에서 시작되어 발전했다 하더라도, 그들의 고유한 문화에 영향을 받아 성립된 이론과 철학을 무조건 국내 교육과 임상 현장에 대입시키는 건 지양해야 한다고 생각한다.

그렇다면 한국에서 태어나 작업치료학을 전공하고 면허를 획득하여 임상에서 활동 중인, 우리나라의 고유한 교육, 사회, 의료 문화에 영향을 받은 작업치료사들은 '작업치료'의 정의에 대해 어떻게 생각하고 있을까? 이론을 탐구하는 학자의 관점이 아닌, 우리 주변 '보통의 작업치료사'들의 이야기를 살펴보자.

> "클라이언트의 일상생활을 영위하게 도와주는 치료, 모든 사람들의 일상을 채워 줄 수 있는 치료, 장애의 유무를 떠나 한 사람에게 의미 있는 일(작업)을 할 수 있도록 도와주는 치료."
>
> _ 블로그 작업치료사 진

"작업치료는 한 개인이 수행하는 의미 있는 작업을 어떠한 원인으로 수행할 수 없게 되었을 때, 그 작업을 회복시켜주는 치료다."

_ 블로그 작업치료사 율이대디

"의학적 근거를 가진 '작업'을 수행하여 환자의 신체적 문제점을 개선 및 향상시키는 치료, 또는 인지활동을 활용하여 인지적 문제점과 필요한 보조기를 개발 및 훈련하는 역할 등을 통해 환자가 사회생활에 복귀하고 참여할 수 있도록 돕는 치료"

_ 네이버 블로그 혜니

"개인, 가족, 지역사회와 함께 시간을 보내면서 삶의 목표와 의미를 가져오는 활동. 즉, 일상생활을 하는 데 있어 어려움을 겪고 있는 사람들에게 삶의 목표, 의미를 얻게 하는 치료"

_ 유튜브 작업치료 잡화점

이들이 공통적으로 이야기하는 작업치료는 바로 "클라이언트의 가능성을 찾는 것, 또는 가능하게 하는 것이다."

국내 임상가들이 생각하는 작업치료는 환자들이 수행하기 어려운 작업에서 다시 가능성을 찾고, 치료를 통해 가능하게 만들어 주는 것이다. 이 작업은 일상적인 활동을 넘어서 각 개인이 자신의 삶에서 의미와 목적을 찾고, 도전을 극복하며, 더 나은 삶을 살 수 있도록 돕는 것을 말한다. 이것이 우리 주변 보통의 작업치료사들이 말하는 작업치료다.

작업치료의 역사

초창기 작업치료는 고대부터 시작되었다. 고대 이집트와 메소포타미아에서는 작업치료가 사용되었으며, 그 시기에는 작업을 통해 신체적 치료와 정신적 치료를 동시에 수행하였다. 그리스와 로마 시대에는 음악, 운동과 같은 작업이 정신질환 치료에 효과적으로 사용되었다. 이후 작업치료의 실제적인 적용은 1700년대에 들어서 유럽 정신병원 의사들에 의해 '직업치료(work therapy)'라는 명칭으로 시행되었다. 19세기 초, 장애인을 짐승 같은 존재로 인식했던 관점에서 인간으로서 치료가 마땅하다고 여기는 인본주의적 접근법에 따른 도덕적 치료(Moral treatment)가 대두되었다.

성립기 작업치료는 산업혁명과 함께 시작되었다. 산업혁명으로 인한 재해와 사고 등으로 재활 수요가 증가하면서 정신 활동과 근육 운동을 동시에 할 수 있는 '수공예 치료'가 치료적으로 인정받기 시작했다. 수공예는 반복적인 습관 훈련을 거쳐 직업활동에 복귀하는 실제적인 치료이며, 소아마비로 인한 장애인의 증가도 수공예 치료의 발전에 기여했다. 20세기에 들어서며 의과학의 원리가 형성되면서 작업치료의 과학적 접근법에 관심이 높아졌고, 제1차 세계대전을 통해 상이군인의 신체장애에 대한 작업치료의 수요가 급증하였다. 제2차 세계대전 시기에는 군 병원에 재활의학과가 개설되면서 재활운동과 작업치료의 중요성이 부각되었고, 의학적 모델의 틀이 마련되었다.

현대의 작업치료는 '작업'을 '목적 있는 활동'으로 정의하였다. '작업치료의 아버지'라 불리는 윌리엄 러시 던튼(William Rush Dunton)은 목적 있는 활동과 치료적 운동을 치료의 연속선상에서 보는 상호보완적인 관계라고 제안하였다. 그는 작업을 일상생활과 일에서 능동적으로 참여하는 경험이나 일로 보았고, 1993년에는 전통적 작업치료의 철학에 이어 '인간작업(MOHO)' 이론의 도입으로 "목적 지향적 행동이나 작업으로 이루어진 과제"로 개정되었다. 이후 현재까지 근거중심의 작업치료(Evidience-Based Practice)에 대한 중재와 연구의 중요성이 높아지면서, 작업치료의 과학적인 근거에 대한 연구가 활발히 진행되고 있다. 이처럼 작업치료의 개념은 시대의 흐름과 사회의 변화에 따라 의미와 역할도 변화하고 있으며, 현재의 작업치료는 건강과 기능에 초점을 둔 이론과 연구의 융합을 통해 진보하고 있다.[2]

국내 작업치료의 역사

국내 작업치료의 도입은 1950년대로 거슬러 올라간다. 6.25 전쟁 이후, 부상당한 군인들을 위한 효과적인 치료법으로 미국의 지원을 받아 작업치료사 교육기관이 설치되었다.[3] 1952년 부산 동래에 설립된 '정양원'이 1953년 '국립재활원'으로 개명되면서 한국 재활의학의 기초

---

[2] 최혜숙 외 8명, 『작업치료학개론(제6판)』, 계축문화사(2023), 11-26.
[3] Willard HS & Spackman CS, "Principles of Occupational Therapy", *Lippincott*, (1954).

1950년대	한국전쟁 중 부상당한 군인들을 치료하기 위해 외국 작업치료사가 입국하여 작업치료 시작
1953년	최초 재활원인 정양원이 '국립재활원'으로 변경
1960년대	작업치료사 면허제도 시행 및 국립 재활원에서 양성교육 시작
1969년	한국 최초로 최귀자 작업치료사 면허 취득
1970년	고려대학교 부속병원에 작업치료실 개설
1971년	연세대학교 부속 세브란스병원에 작업치료실 개설
1979년	연세대학교 원주의과대학 보건학과 설립 및 작업치료 전공
1987년	재활학과(물리치료, 작업치료를 함께 배움)
1991년	작업치료와 물리치료 전공 분리
1993년	사단법인 대한작업치료사협회(Korean Association of Occupational Therapists, KAOT) 창립
1995년	아시아 태평양 작업치료사협회에 가입
1998년	세계작업치료사연맹 가입
2006년	제1회 고령자치매작업치료사 교육과정 실시
2012년	"작업치료 미래 준비 위원회" 발족
2014년	보건복지부 면허신고제 시행
2016년	대한작업치료사협회 의료기관중심의 작업치료 기록 표준용어집 발행
2018년	[치매관리법] 시행규칙 치매안심병원 및 치매안심센터 작업치료사 필수 인력 개정
2019년	[지역보건법] 시행규칙 보건소, 방문 전담 관리 인력에 작업치료사 필수 인력 포함 개정
2020년	[정신건강복지법] 정신건강전문요원에 정신건강 작업치료사 포함 개정

[1-2] 한국 작업치료 역사의 주요 이슈

를 다지게 되었다. 당시 국립재활원 오정희 의무과장은 뉴욕대학교 메디컬센터에서 재활의학을 공부하고 귀국하여 한국 재활의학 발전에 중추적인 기여를 했다.

또한 에스더 박(Esther Park)은 미국에서 작업치료사 자격을 취득한 최초의 한국인 여성으로, 1960년대 초 한국으로 돌아와 국립재활원에서 작업치료사 교육 프로그램을 시작했다. 이후 1969년, 오정희와 에스더 박은 최귀자에게 작업치료를 교육시켜 한국 최초의 작업치료사 면허를

취득하게 했다.[4]

1970년에는 고려대학교 부속병원(현 고려대학교 의료원)을 시작으로 연세대학교 부속 세브란스병원(현 연세대학교 의료원)에서 작업치료실이 설립되었고, 이후 여러 병원에서 작업치료사가 양성되기 시작했다. 1979년에는 연세대학교 원주의과대학 보건학과가 설립되어 정규 교육과정을 통해 작업치료사를 배출하기 시작했다. 1987년에는 재활학과가 독립되어 작업치료와 물리치료를 동시에 학습했고, 1991년부터는 작업치료와 물리치료 전공이 완전히 분리되어 작업치료 교육이 전문적으로 실시되었다.[5]

1993년에는 대한작업치료사협회가 보건복지부의 승인을 받아 설립되었으며, 이후 1995년에 아시아 태평양 작업치료사협회에 가입하고, 1998년에는 세계작업치료사연맹(World Federation of Occupational Therapist, WFOT)에 49번째 정식회원국으로 국제적인 인정을 받게 되었다.[6,7]

---

[4] 이미자, "한국 작업치료의 현황과 대안", 대한작업치료학회지 Vol.6 No.1, (1998).
[5] 오윤택, "한국 작업치료의 역사", 대한작업치료학회지 Vol.5 No.1, (1994).
[6] KANG DH & LEE TY, "The Evolution of Occupational Therapy Profession in Korea", Asian Journal of Occupational Therapy Vol. 2 No. 1, pp. 3-9, (2003).
[7] 이미자, "한국 작업치료의 현황과 대안", 대한작업치료학회지 Vol.6 No.1, (1998).

누가 작업치료를 받을까?

　작업치료는 일상생활이나 작업 수행에 어려움을 겪는 모든 연령대의 사람들을 대상으로 한다. 이는 신체적, 정신적, 발달적, 사회적 또는 정서적 장애를 가진 사람뿐만 아니라 환경적 제약을 겪고 있는 이들에게도 제공된다. 예를 들어 신체장애, 정신 건강 문제, 발달 지연, 치매를 겪고 있는 사람들이나 사회적, 문화적 배경으로 인해 제약을 받는 자들도 포함된다. 작업치료사는 이렇게 다양한 필요를 가진 사람들이 일상과 작업 환경에서 더 나은 기능을 할 수 있도록 지원하며, 그 대상을 크게 네 가지 영역으로 분류할 수 있다. 발달주기적 영역, 신체적 영역, 사회적 영역, 정신적 영역이다[1-3].

　또한 클라이언트들이 가지고 있는 질환에 따라 진단적 분류를 할 수도 있고, 크게 6개의 군으로 나눈다. 그 항목으로는 신경학적 상태, 근

발달주기적 영역	신체적 영역	사회적 영역	정신적 영역
• 뇌성마비 • 자폐성 장애 등의 소아기 장애 • 치매나 경도 인지 장애 등의 노인기 장애 • 기타	• 뇌졸중 • 척수 손상 • 뇌기능장애 • 파킨슨씨병 • 류마티즘 • 당뇨 • 절단 • 기타	• 산업재해 • 자연재해 • 재난재해 • 기타	• 조울증 • 알코올 중독증 • 정신분열증 • 뇌기능 장애 • 주의력 결핍 • 충동장애 • 기타

[1-3] 주요 영역별 작업치료 대상

골격계/정형외과적 상태, 심폐계 상태, 발달적 상태, 정신사회적 상태, 일반적 의학 상태 등으로 분류된다.

그렇다면 과연 작업치료사들이 임상 현장에서 주로 접하는 클라이언트들은 어떤 질환을 가지고 있는 사람들일까?

국내의 한 연구에서 임상기관에 근무하는 작업치료사 358명을 대상으로 최근 3개월 이내에 가장 빈번하게 치료하는 진단명을 최대 3개까지 선택하는 방법으로, 작업치료사가 주로 치료하는 클라이언트의 질환별 특징을 파악할 수 있었다.[8]

먼저 신경학적인 상태 내에서는 뇌졸중(29.3%)이 가장 높았으며, 외상성 뇌손상(18.8%), 척수 손상(16.2%), 치매(11.9%), 파킨슨(10.4%), 뇌

---

[8] 이향숙, 장기연, 정민예, 구인순 & 우희순, "2013년 작업치료사 직무분석", *대한작업치료학회지*, 22(2), 89-112, (2014).

분류	진단명	건수	%
신경학적 상태	뇌졸중	292	29.3
	외상성 뇌손상	187	18.8
	척수손상	161	16.2
	치매	118	11.9
	파킨슨씨병	103	10.4
	뇌성마비	67	6.7
	저시력	16	1.6
	복합성 통증 증후군	10	1.0
	말초신경 증후군	7	0.7
	다발성 경화증	6	0.6
	말초신경병증	5	0.5
	근위축성 측삭 경화증	4	0.4
	요통	2	0.2
	척추갈림증	2	0.2
	기타	1	0.1
	해당 없음	14	1.4
	Total	995	100.0
근골격계/정형외과적 상태	골절	97	22.2
	골관절염	81	18.5
	관절대치술	62	14.2
	절단	46	10.5
	염좌	19	4.3
	기타	7	1.6
	해당 없음	125	28.6
	Total	437	99.9
발달적 상태	발달지연	103	19.6
	정신지체	91	17.3
	감각통합장애	63	12.0
	학습장애	37	7.0
	시각정보처리장애	24	4.6
	선천성기형	22	4.2
	영양실조	4	0.8

분류	진단명	건수	%
발달적 상태	기타	3	0.6
	해당 없음	179	34.0
	Total	526	100.1
정신사회적 상태	기분장애	53	11.8
	주의력결핍 과잉행동장애	51	11.4
	자폐스펙트럼장애	45	10.0
	행동장애	39	8.7
	불안장애	38	8.5
	인격장애	32	7.1
	조현병	26	5.8
	약물 남용	9	2.0
	기타	9	2.0
	해당 없음	147	32.7
	Total	449	100.0
심폐계 상태	심근경색증	59	18.5
	만성폐쇄성질환	42	13.2
	결핵	18	5.6
	울혈성 심부전	11	3.4
	기타	10	3.1
	해당 없음	179	56.1
	Total	319	99.9
일반적 의학 상태	당뇨	179	30.7
	전반적인 저하	100	17.2
	류마티스 관절염	98	16.8
	암	68	11.7
	욕창	52	8.9
	화상	16	2.7
	후천성면역결핍증	4	0.7
	기타	2	0.3
	해당 없음	64	11.0
	Total	583	100.0

[1-4] 진단적 분류에 따른 작업치료 대상

성마비(6.7%) 순으로 빈도가 높았다.

근골격계/정형외과적 상태의 세부항목에서는 골절(22.2%), 골관절염(18.5%), 관절대치술(14.2%), 상하지 절단(10.5%) 순이었다.

발달적 상태에서는 발달지연(19.6%)이 가장 빈도가 높았으며, 정신지체(17.3%)와 감각통합장애(12.0%)가 그다음을 이었다. 또한 이 분류의 클라이언트를 전혀 치료하지 않는 치료사도 34%에 달한다고 조사되었다.

정신사회적 상태에서는 기분장애(11.8%), 주의력결핍 과잉행동장애(11.4%), 자폐스펙트럼장애(10.0%), 행동장애(8.7%)순으로 나타났으며, 이 분류의 클라이언트를 전혀 치료하지 않는 치료사는 32.7%였다.

심폐계 상태에서는 심근경색증과 만성폐쇄성폐질환 환자의 비율이 높아지면서 심폐계 클라이언트를 치료하는 비율이 높아졌다. 일반적 의학 상태에서 작업치료사들이 주로 치료하는 대상은 당뇨, 전반적 저하, 암 군으로 나타났다.

대상자에 따른 작업치료의 역할[9]

인지/지각 기술 훈련

인지, 지각능력이 저하된 환자의 기억력, 판단력, 계산능력, 문제해

---
[9] 건양대학교 작업치료학과 홈페이지

결능력 등의 결함을 뇌의 기능, 구조 그리고 발달 과정에 기초한 재활 치료 방법을 통해 교정·향상시키며, 손상된 기능을 대체하도록 보완하는 기술을 훈련시킨다.

▍신체(운동-신경-감각)기능 증진 훈련

신경·근육계의 구조와 기능에 대한 기초 의학지식과 적절한 치료 도구/활동을 적용하여 관절의 움직임, 근력, 균형능력, 감각기능 등과 운동조절능력을 훈련시킨다.

▍일상생활활동 평가 및 훈련

일상생활 훈련은 식사하기, 옷 입고 벗기, 이동 훈련, 의사소통, 개인위생 등의 영역으로 나뉜다. 작업치료사는 환자 상태에 따라 각 영역별로 적절한 훈련 계획을 수립하고 훈련을 진행하며, 이에 필요한 보조도구와 보조기를 제작하고 사용 방법을 훈련시킨다.

▍정신사회적 적응 훈련

환자의 정신적 상태에 맞춰 치료 계획을 수립하고 환자의 신변처리 기술, 가치, 흥미, 자아에 대한 개념, 역할 수행, 대인관계, 자기표현, 시간 관리, 자아조절 등의 능력을 향상시킨다.

▍직장으로의 복귀와 사회활동들을 위한 프로그램 제공

직업 전 훈련, 직업평가(작업수행 등을 평가), 직무분석(직업평가 결과를 분석하고 적절한 직업 권유) 등을 실시하여 개인의 수행능력에 맞는 직업을 권유하고 사회적 재활(직업적 재활)을 돕는다.

▎주거환경 구조 조정

각 개인의 장애 상태를 평가, 분석하여 독립적인 생활을 할 수 있도록 집 안(화장실, 방, 거실, 부엌, 계단)과 밖(계단, 턱, 지면의 상태) 그리고 공공시설(도서관, 학교, 공기관) 등의 주거환경 평가와 평가 내용을 분석하여 구조 조정과 변경 등에 대한 자문을 한다.

▎상지 보조기 및 일상생활 보조 도구 제작 및 교육

환자의 손상된 기능을 교정시키거나 유지하기 위해 필요한 보조 도구의 종류를 추천하고 도구(splint 등)를 제작하며 사용법을 교육한다.

▎환자와 보호자 상담 및 교육

가족 및 환자에게 치료 방법, 보호자 교육, 퇴원 후 계획 등에 대한 구체적인 정보를 제공한다.

작업치료사는
어떤 직업일까?

우리나라는 국가시험을 통해 여섯 직종의 '의료기사' 면허를 발급하고 있다. 의료기사는 의사, 간호사를 포함하는 '의료인'에 비해 아마도 일반인에게는 생소하게 느껴질 수도 있을 것이다. 우선 언급한 직종은 모두 '보건의료인'의 범주에 속한다. 이는 "보건의료 기본법"에서 정하는 바에 따라 자격, 면허 등을 취득하거나 종사하는 것이 허용된 자를 말하며 국민에게 양질의 보건의료서비스를 제공하고 국민의 보건 향상에 이바지하기 위한 전문 직종이다. 동법상의 정의와 구분은 다음과 같다.

- **의료인**: 의료법상 보건복지부 장관의 면허를 받은 의사, 치과의사, 한의사, 간호사, 조산사

- **의료기사:** 의료기사 등에 관한 법률상 의사나 치과의사의 지도하에 진료 또는 의학적 검사에 종사하는 임상병리사, 방사선사, 물리치료사, 작업치료사, 치과위생사, 치과기공사
- **기타 보건의료 관련 면허 및 자격:** 약사, 한약사, 영양사, 위생사, 언어재활사, 보건의료정보관리사, 안경사, 간호조무사, 요양보호사

작업치료사는 법률상 의료기사에 속하는 직종으로 대통령령으로 정하는 업무(신체적, 정신적 기능장애를 회복시키기 위한 작업요법적 치료)를 수행한다. 본래 의료인이 하던 업무를 일부 분리하여 전문성을 강화한 직종이라고 할 수 있다. 국민의 건강을 보호, 증진하기 위한 보건의료인으로서의 작업치료사가 갖는 사회적 의미와 역할, 현재와 미래 전망에 대해서 알아보자.

작업치료사의 정의

작업치료사는 작업과 건강이 서로 긍정적인 관계가 있다는 전문적인 신념을 지니고, 인간을 작업적인 존재라는 전문적 관점으로 본다(미국작업치료사협회, 2014). 또한 작업을 통해 건강과 복지를 증진하는 당사자 중심의 보건 전문 분야다. 따라서 신체적, 정신적, 사회적, 발달 과정의 어떠한 이유로 기능이 저하되거나 활동 참여가 저하된 개인이 일상생활에 참여하도록 하는 것이 일차적 목표다. 이를 위해 작업치료사

는 사람들이 원하는 작업, 필요로 하는 작업, 해야 할 작업을 할 수 있는 능력을 향상시키기 위해 개인과 지역사회와 협력하거나 참여를 더 잘할 수 있도록 작업과 환경을 수정함으로써 이러한 목표를 달성한다(세계작업치료사연맹, 2012).

작업치료사의 윤리

전문직이란 장기간 체계화된 교육 훈련 과정을 통하여 고도의 전문지식을 습득하고, 공인 자격 또는 면허를 취득함으로써 지식과 기술을 사용할 수 있는 직업을 의미하며, 면허제도라는 법적인 효력으로 전문성이 유지된다. 여러 직업군 중 전문직 종사자들에게 다른 어떤 직업보다도 더 높은 수준의 윤리기준이 적용되는 이유는 전문적 지식 및 기술이 비윤리적으로 사용되었을 때 개인과 사회에 미치는 부정적인 결과가 타 직종에 비해 치명적이기 때문이다. 이러한 이유로 전문직은 더욱 높은 윤리의식을 가지고 자신의 직업활동에 임해야 한다는 사회적 요구가 높은 편이다.

직업윤리는 직업인에게 평균적으로 요구되는 정신적 자세나 행위규범을 말한다. 이는 일반윤리의 한 특수한 형태이며, 직업이 갖는 본래적 기능이란 목적을 충분히 달성하도록 조장하는 직업 행위의 사회적 공인 규범이다. 이는 모든 직업에 공통되는 윤리가 있고, 각 직종에 따라 특수하게 요구되는 특정 직업만의 윤리가 있다.

특히 국민의 건강을 보호하고 증진하는 일을 업(業)으로 하는 보건의료인은 높은 도덕성과 현명한 윤리적 판단이 필요하다. 최근 국내에서는 보건의료인의 직업윤리에 대한 전문교육과 올바른 인식 전개를 위해 보건의료 분야 8개 직군이 모여 '한국보건윤리학회'를 창립하고 윤리기준을 선언했다. 이에 따라, 윤리기준에 맞는 전문역량 획득을 위해서는 윤리적 인식, 태도, 감수성, 지식, 추론, 실천 등에 대한 표준 교안과 훈련이 필요하다고 강조했다(의료기사 직군별 윤리의식 조사 요약집, 한국보건윤리학회).

보건의료인 중에서도 작업치료사는 사람 중심의 보건의료복지를 실현하는 전문직으로 환자와 오랜 시간 동안 대면하며, 직접적인 신체 접촉을 통한 치료, 안전 및 비밀보장 등의 업무를 수행하기 때문에 직무 자체가 윤리적 요소를 포함하고 있다. 그러므로 작업치료사만의 고유한 직업윤리가 요구되며, 임상 현장에서 윤리적 판단이 필요한 상황을 인식하고 이에 대해 윤리적인 사고를 가지고 해결해 나가야 한다. 이를 위해 작업치료 전공자들은 학부 때부터 의료윤리에 대한 인식의 사고를 확장하고, 이에 필요한 보건의료와 사회, 생명, 윤리, 법 등의 지식도 함께 쌓는 노력이 필요하다.[10]

작업치료사는 각 개인에게 의미 있는 작업의 향상을 통해 건강과 삶의 질을 증진시키는 보건의료 전문가다. 작업치료사는 가정, 학교, 직

---

[10] 김지훈 & 정재훈, "작업치료사의 직업윤리와 교육에 대한 인식이 직무스트레스와 직무몰입에 미치는 영향", *디지털융복합연구* 제19권 제10호, (2021)

작업치료사 선서

나는 세상 어느 곳이든 나를 필요로 하는 사람들을 위해 의롭게 살며
작업치료사직에 최선을 다할 것을 여러분 앞에 선서합니다.

나는 장애로 인해 고통받는 이들에게 해로운 일은
어떤 상황에서도 하지 않겠습니다.

나는 작업치료 서비스의 수준을 높이기 위하여 최선을 다하겠으며,
치료를 하면서 알게 되는 개인이나 가족의 비밀을 누설하지 않겠습니다.

나는 최선을 다하여 보건의료 팀원으로서의 역할을 수행하겠으며,
나의 치료를 받는 사람들의 신체적, 정신적 안녕을 위하여 헌신하겠습니다.

작업치료사 윤리강령

제1조 작업치료사는 개인의 인권을 존중하고, 사상, 종교, 사회적 지위 등을 이유로 서비스 대상을 차별하지 않는다.

제2조 작업치료사는 서비스 대상자의 알권리 및 자기결정권을 존중한다.

제3조 작업치료사는 전문가로서의 품위와 자질을 유지하고, 자신이 맡고 있는 업무에 대해 책임을 진다.

제4조 작업치료사는 연구 및 교육을 통하여 검증된 치료서비스를 제공하며, 관련 분야의 지식과 기술에서 최고 수준을 유지한다.

제5조 작업치료사는 성실하고 공정한 방법으로 업무를 수행하며, 어떠한 부당한 압력에도 타협하지 않는다.

제6조 작업치료사는 비밀보장의 원칙을 준수하고 서비스 대상자를 신체적·정신적 불편이나 위험요소로부터 보호한다.

제7조 작업치료사는 존중과 신뢰를 기반으로 동료를 대하며, 상호권익을 증진시키기 위해 함께 협력한다.

제8조 작업치료사는 후배 양성과 교육수준의 고양에 힘쓰며, 공익 보장을 위한 전문가로서 사회적 책임을 갖는다.

제9조 작업치료사는 전문 분야의 정확하고 객관적인 용어를 사용하며, 치료사항에 관한 보고와 기록의 의무를 지킨다.

제10조 작업치료사는 작업치료의 제반 지침과 정부 법률 및 협회 정책을 준수한다.

[1-5] 작업치료사 선서 및 윤리강령

장, 지역사회에서 주어진 역할과 환경에 참여가 저하된 개인이나 집단을 대상으로 작업치료를 시행한다. 또한 대상자의 자기결정권을 존중하며, 신체적, 인지적, 정서적, 사회적 측면 등을 포함한 종합적인 수행능력 향상에 초점을 맞춘다. 이에 대해 대한작업치료사협회는 작업치료를 시행함에 있어 인간의 존엄과 가치를 존중하고 사회적 책무를 다하기 위하여, 작업치료사의 행위와 활동을 판단하는 윤리기준을 선언하고 이를 준수할 것을 권고한다[1-5].

작업치료 윤리강령은 선행, 무해성, 자율성과 비밀유지, 사회적 공정성, 절차의 공정성, 진실성, 충실도를 포함하는 작업치료 임상가를 위한 수행 기준을 제공한다. 이 윤리강령 지침은 임상가가 전문적인 의사결정을 내릴 때 도움을 준다. 작업치료 임상가는 치료의 법적 기준과 윤리를 따르고 이해할 책임이 있으며, 이러한 법과 규제를 통해 작업치료사는 권리를 획득하고 보호받는다.

작업치료사의 직무(한국직업사전)

▍직무개요

신체적, 정신적, 사회적 장애를 가진 모든 연령대의 사람에게 일상생활동작, 일, 여가활동 등 일상적인 생활을 수행할 수 있고, 기능 및 발달 수준을 유지·발전시킬 수 있도록 의미 있고 목적 있는 활동을 통하여 치료 프로그램을 계획하고 수행한다.

수행 직무

- 환자의 정보를 확인한다.
- 병력, 직업력 등 환자를 면담한다.
- 환자의 병력 등을 근거로 악력기, 인지/지각 프로그램, 도구 등을 사용하여 운동능력, 손기능능력, 감각능력, 인지/지각능력, 구강운동기능능력, 정신/사회기술능력, 일상생활동작능력, 환경, 직업, 놀이 여가 등을 평가한다.
- 평가에 의거하여 치료 계획을 수립한다.
- 치료 계획에 따라 환자의 신체적능력, 지적능력, 흥미에 맞는 활동을 선정하며, 일상생활동작 훈련, 인지/지각능력 향상훈련, 감각기능 훈련, 손기능, 운동기능 증진훈련, 구강운동기능 촉진훈련, 정신사회기술능력 향상훈련, 직업적응능력 향상훈련, 사회적응능력 향상훈련 등을 실시한다.
- 치료 과정, 경과 등을 관련 의료진과 함께 토의·평가한다.
- 계획, 훈련 실시 내용, 결과 등을 작성한다.
- 보호자와 환자를 대상으로 퇴원 전후 관리, 보조기, 의수족 관리 방법 등을 교육한다.
- 환자에 필요한 보조기를 제작한다.
- 근로/주거환경을 평가하고 개조·수정한다.
- 관련 문서와 치료기자재를 관리한다.
- 보험 청구를 위한 행정 업무를 수행한다.
- 다른 의료진들에게 작업치료와 관련된 연수 및 교육을 실시한다.

▍부가 직무

- 정규 대학교육: 3~4년제
- 숙련 기간: 2년 초과~4년 이하
- 직무기능: 자료(분석) / 사람(교육) / 사물(수동 동작)
- 작업 강도: 가벼운 작업
- 육체활동: 손 사용
- 작업 장소: 실내

작업치료사의 업무 범위

작업치료 업무 범위에 대한 명확한 정의는 "의료기사 등에 관한 법률 시행령"에 따라 작업치료사가 수행하고 있는 업무 행위를 제시하고 있다. 작업치료사만의 고유 업무는 개인에게 필요한 작업적 역량과 의지에 따라 삶에 참여하고 독립적인 삶을 살아갈 수 있도록 도움을 주는 것을 바탕으로 한다. 작업치료사가 수행하는 업무 범위는 다음과 같다 (개정 2019. 7. 2.).

- 감각, 지각, 활동 훈련
- 삼킴장애 재활치료
- 인지재활치료
- 일상생활 훈련: 일상생활에서 사용하는 물체나 기구를 활용한 훈련

- 운전 재활 훈련
- 직업 재활 훈련
- 작업수행능력 분석, 평가
- 작업요법적 치료에 필요한 기기의 사용, 관리
- 팔 보조기 제작 및 팔 보조기를 사용한 훈련
- 작업요법적 교육
- 그 밖에 신체적, 정신적 기능장애를 회복시키기 위한 작업요법적 훈련, 치료에 관한 업무

작업치료사의 흥미와 적성(한국직업능력연구원)

- 아프고 불편을 느끼는 환자들과의 접촉이 많기 때문에 남을 치료하고 도와주는 활동에 기쁨을 느끼며 봉사정신이 강한 사람에게 적합함.
- 신체적으로 불편한 사람을 치료하면서 많은 시간을 보내기 때문에 기본적인 체력이 요구되며, 환자가 반복적인 재활 훈련을 하도록 돕기 위해서는 인내심이 필요함.
- 신체의 질병뿐만 아니라 정신적인 질병에 대한 치료도 하기 때문에 환자에 대한 충분한 이해와 순발력 및 판단력이 요구됨.
- 인체의 구조 등을 포함하여 의학적인 지식을 갖추어야 함.
- 환자의 심리를 이해하고 불편한 점을 신속히 파악하기 위해서는 환자와의 의사소통이 중요하며, 특히 환자의 의지를 지속적으로 북돋아 줄 수

있도록 유대관계도 잘 맺어야 함.

작업치료사의 직업기초능력

최근 대학들은 학교에서의 교육과 산업 현장에서 요구하는 인재상의 격차를 줄이기 위해 국가직무능력표준(National Competency Standard, NCS)에 따른 직업기초능력평가를 도입하여, 산업 현장에서 필요로 하는 기술과 능력을 포함한 고급 교육을 제공하려는 노력을 하고 있다.[11.] [12] 직업기초능력은 직업에 관계없이 모든 직무를 수행하는 데 필요한 기본적인 능력을 의미하며, 이는 10개의 주요 범주와 34개의 세부 범주로 나뉜다. 이러한 분류는 대학뿐만 아니라 사회 전체에서 요구하는 직업능력을 효과적으로 파악하고 개발하는 데 중요한 역할을 한다.[13, 14, 15]

[11] P. G. Altbach & J. Balan, "World class worldwide: Transforming research universities in Asia and Latin America", *Baltimore: JHU Press*, (2007).

[12] S. T. Kim, "A study on the performance evaluation system for key competencies of university students", *Korean Public Administration Quarterly* Vol.21 No.2, pp. 599-628, (2009).

[13] Y. K. Yang & W. H. Chung, "Research in the direction of the reform of the liberal arts based on the NCS professional basic ability", *Korean Journal of General Education* Vol.8 No.4, pp. 45-68, (2014).

[14] K. P. Hong, "The development of the problem based learning program for enhancement of professional basic ability in national competency standards", *The Journal of Learner-Centered Curriculum and Instruction* Vol.15 No.7, pp. 585-619, (2015).

[15] A. J. Hong, Y. S. Jo & C. K. Park, "Needs analysis about NCS vocational competency in university students", *The Journal of Learner-Centered Curriculum Instruction* Vol.15 No.7, pp. 227-246, (2015).

순위	중요도	N(%)
1	의사소통능력	106(25.6)
2	대인관계능력	85(20.5)
3	문제해결능력	71(17.1)
4	직업윤리능력	43(10.4)
5	자기계발능력	37(8.9)
6	기술능력	29(7.0)
7	조직이해능력	25(6.0)
8	정보능력	16(3.9)
9	자원 관리능력	2(0.5)
10	수리능력	0(0.0)

※ 연구대상과 방법은 작업치료사로 근무 중인 138명을 대상으로 NCS에 근거한 10개의 대분류를 근거로 자신이 중요하다고 생각하는 항목을 각 3항목씩 중복으로 응답할 수 있도록 하였다.

[1-6] 작업치료사에게 중요한 직업기초능력

직업기초능력에 대한 교육은 현대사회에서 요구하는 인재를 양성할 수 있도록 지원하는 효과적인 교육 방법으로 직무와 관련된 지식과 기술, 태도 등을 형성할 수 있는 기회를 직접적으로 제공하는 데 초점을 두고 있다. 박아름(2021)의 '작업치료사의 직업기초능력 우선순위 조사 연구'에서는 국가직무능력표준(NCS)에 의한 10개 직업치료 능력 중 작업치료사에게 가장 중요한 항목에 대한 분석 결과, 응답의 분포가 가장 높은 1순위는 의사소통능력 106명(25.6%)으로 나타났고, 2순위 대인관계능력 85명(20.5%), 3순위 문제해결능력 71명(17.1%) 순으로 나타났다. 4순위는 직업윤리능력 43명(10.4%), 5순위 자기계발능력 37명(8.9%), 6순위 기술능력 29명(7.0%), 7순위 조직이해능력 25명(6.0%) 순으로 나타났다. 그 밖의 순위로, 8순위 정보능력 16명(3.9%), 9순위 자원 관리 능력 2명(0.5%), 10순위 수리능력 0명(0.0%) 순으로 나타났다[1-6].[16]

이 연구에서 가장 눈에 띄는 부분은 현직 작업치료사들이 업무 현장에서 가장 필요한 능력으로 1, 2순위 모두 타인과의 상호작용과 관련된 능력을 꼽았다는 점이다.

오히려 치료 기술을 포함하는 6순위의 기술능력보다도 월등히 높은 수치다. 이와 같은 결과는 여러 선행연구의 결과와도 일치해 시사하는 바가 크다.[17,18] 이는 작업치료사가 클라이언트와 함께 목표를 설정하고 치료에 대한 동기부여를 이끌어내기 위해, 상대방에 대한 공감능력을 포함한 원활한 의사소통능력이 무엇보다 우선적으로 필요하기 때문일 것이다. 또한 대부분의 임상 현장에서 의사, 물리치료사, 언어재활사, 사회복지사 등과 같은 다양한 직종과 팀워크를 이루어야 한다는 점에서 작업치료사의 대인관계능력은 그만큼 중요시되는 기초 능력이다.

---

[16] 박아름 & 손성민, "작업치료사의 직업기초능력 우선순위 조사연구", 한국응용과학기술학회지, 38(1), 208-216, (2021).

[17] M. S. Kim, "Program development and application for improving NCS vocational basic abilities", *Journal of Education & Culture* Vol.25 No.2, pp. 477-503, (2019).

[18] J. W. Lee & J. Y. Kim, "Importance- Performance analysis on university students' recognition of NCS vocational competency", *The Journal of Vocational Education Research* Vol.35 No.5 pp. 75-96, (2016).

작업치료사가
되는 방법

작업치료사가 되기 위해서는 전문대학(3년제) 또는 대학교에서 작업치료학을 전공하고, 한국보건의료인국가시험원에서 시행하는 작업치료사 국가시험에 합격한 후, 보건복지부장관의 면허를 받아야 한다(의료기사 등에 관한 법률 제4조 ①).

▍개설 대학

2025년 기준, 국내에는 총 65개의 교육기관에 작업치료학과 전공 과정이 개설되어 있다. 이 중 3년제 대학은 32개, 4년제 대학은 33개다.

• 3년제

가톨릭상지대학교	동강대학교	오산대학교
경남정보대학교	동남보건대학교	유한대학교
경복대학교	두원공과대학교	전남과학대학교
경북과학대학교	마산대학교	전주기전대학
경북보건대학교	부산보건대학교	제주한라대학교
경북전문대학교	수원여자대학교	춘해보건대학교
경인여자대학교	순천제일대학교	충남도립대학교
계명문화대학교	신구대학교	충북보건과학대학교
구미대학교	신성대학교	포항대학교
대구보건대학교	여주대학교	혜전대학교
대전보건대학교	연성대학교	

• 4년제

가야대학교(석/박)	대구대학교(석/박)	원광대학교(석/박)
강원대학교(석/박)	동명대학교	유원대학교
건양대학교(석/박)	동서대학교(석/박)	인제대학교(석/박)
경남대학교	동신대학교(석/박)	전주대학교(석/박)
경동대학교	백석대학교	조선대학교
경운대학교(석/박)	상지대학교	중부대학교
고신대학교	세명대학교	중원대학교(석/박)
광주대학교(석/박)	순천향대학교(석/박)	청주대학교(석/박)
광주여자대학교(석/박)	연세대학교(석/박)	한서대학교(석/박)
극동대학교(석/박)	우석대학교(석/박)	호남대학교(석/박)
김천대학교	우송대학교(석/박)	호원대학교

작업치료사 국가시험 (출처: 한국보건의료인국가시험원 홈페이지)

• 응시자격

취득하고자 하는 면허에 상응하는 보건의료에 관한 학문을 전공하는 대학, 산업대학 또는 전문대학을 졸업한 자(졸업예정자)

• 합격자 결정 기준

합격자 결정 필기시험에 있어서는 매 과목 만점의 40% 이상, 전 과목 총점의 60% 이상 득점한 자를 합격자로 하고, 실기 시험에 있어서는 만점의 60% 이상 득점한 자

• 작업치료사 시험 과목

시험 종별	시험 과목 수	문제 수	총점	문제 형식
필기	3	190	190	객관식 5지선다
실기	1	50	50	객관식 5지선다

※ 필기 과목: 작업치료학 기초(70), 의료관계법규(20), 작업치료학(100)

• 합격률

회차	응시자 수(명)	합격자 수(명)	합격률
2024년	1,774	1,591	89.7 %
2023년	2,162	1,939	89.7 %
2022년	1,995	1,577	79.0 %
2021년	2,142	1,950	91.0 %
2020년	2,073	1,935	93.3 %

자격증과 졸업 후 진로

| 취득 가능한 전공 관련 자격증(각 학교별 교육과정에 따라 취득 자격 주어짐)

종류		진로	시험	주관기관
국가 자격증	작업치료사	의료기관, 공공기관, 특수학교, 치매안심센터 등	필기, 실기	보건복지부
	감각발달재활사	복지관, 아동발달센터, 연구소, 특수교육지원센터	교과목 이수, 실습	보건복지부
	인간공학기사	연구소, 교육기관, 관련회사	필기, 실기	한국산업인력공단
	보건교육사	보건소, 공공기관	필기	한국건강증진개발원
	사회복지사	사회복지기관	필기, 실기	보건복지부
	보육교사	국립 및 공립보육시설	필기, 실기	보건복지부
민간 자격증	보조공학사	보조공학센터, 공공기관	필기, 실기	보건복지부
	고령자 치매 작업치료사	치매관련	필기, 실습	대한작업치료사협회, 한국치매협회
	심리상담사	노인심리, 미술심리상담	필기, 실기	한국민간자격개발원
	장애인직업능력 평가사	한국장애인고용공단, 복지관, 특수교육기관, 재활관련기관	필기	한국장애인고용공단
	병원서비스 코디네이터	병원서비스	필기	한국서비스진흥협회

[1-7] 전공 관련 자격증(출처: 건양대, 순천향대, 연세대, 우석대, 인제대학교 작업치료학과 홈페이지)

졸업 후 진로

분야	진로
의료기관	종합병원, 재활병원, 노인 요양병원, 정신병원 등
치매센터	광역치매센터 및 치매안심센터(지자체 산하)
보건직	보건소(보건직 공무원, 작업치료 면허 소지자 가산점 부여)
복지센터	장애인복지관 및 정신건강복지센터(지자체 산하)
특수교육	특수학교 및 특수교육지원센터(교육청 산하)
공공기관	국민건강보험공단, 한국장애인고용공단, 한국도로교통공단, 건강보험심사평가원, 국립과학수사연구원
재활공학	보조공학센터 및 의료기 회사
지역복지	장애인복지관, 노인복지시설
장애아동	장애아동 통합 어린이집/유치원, 발달장애아동 치료센터
소아청소년	소아청소년 신경정신과 병원
연구	교육 및 연구기관 등의 교수 및 연구원, 대학원 진학
의과대학	의과대학 기초의학교실: 해부학교실, 생리학교실
취업	의료기기 회사(취업 및 창업), 해외취업 및 유학

작업치료사 인력 현황

전국 작업치료사 배출 현황

2024년 12월 기준, 국내에 작업치료사 면허 등록자는 27,538명으로 2019년 18,415명보다 9,123명 늘어나 최근 5년간 49.5% 증가하였다. 그리고 20개의 보건의료 분야 직종에 대한 현황을 담은 〈2023년 보건의료인력 실태조사〉에 따르면, 지난 10년간 빠르게 증가한 인력에서 보건교육사(연평균 19.4%)에 이어 두 번째로 작업치료사(연평균 15.4%)가 랭크되었다.

(단위: 명)

	2019	2020	2021	2022	2023	2024
신규 면허등록자	1,765	1,877	1,905	1,899	1,578	1,873
누적 계	18,415	20,292	22,197	24,094	25,665	27,538

[1-8] 작업치료사 면허 등록자 현황(출처: 보건복지부)[19]

(단위: 명)

	평생회원	정회원	준회원	인증회원	총합
경기·인천	644	1,403	3,896	1,291	7,234
부산·울산·경남	280	780	1,869	543	3,472
서울	511	591	1,794	534	3,430
충청	379	454	1,402	505	2,740
대구·경북	218	486	1,008	288	2,000
광주·전남	110	216	906	385	1,617
전북	105	141	458	165	869
강원	88	91	303	139	621
제주	34	42	196	65	337
기타	29	9	118	35	191
총합	2,398	4,213	11,950	3,950	22,511

[1-9] 지역별 작업치료사 면허자 인력 현황(출처: (사)대한작업치료사협회 홈페이지 회원정보(2025년 2월 기준))[20]

[19] 각 연도 12월 말 기준으로 신규 누적계와 차이가 있을 수 있음.
[20] 등록된 협회원 22,511명 기준, '기타' 목록은 회원 정보에 직장 소재지가 입력되지 않은 회원으로 지부가 미표시되었음.

(단위: 명)

	평생회원	정회원	준회원	인증회원	총합
남성	613	970	2,437	1,214	5,234
여성	1,770	3,239	9,505	2,763	17,277
총합	2,383	4,209	11,942	3,977	22,511

[1-10] 남녀 성비별 작업치료사 인력 현황(출처: (사)대한작업치료사협회 홈페이지 회원정보(2025년 2월 기준))

지역별 인력 현황

직장 소재지 기준으로 지역별 활동하고 있는 작업치료사의 수는 경기·인천(7,234명), 부산·울산·경남(3,472명), 서울(3,340명) 순이며[1-9], 이는 상대적으로 인구 비율이 높은 서울, 경기·인천을 제외하면 지역별 인구수 및 작업치료학과 개설 학교의 수와 비례한다.

남녀 성비별 작업치료사 인력 현황

대한작업치료사협회에 등록된 정보에 따르면, 남성 작업치료사는 5,234명(23.3%), 여성 작업치료사는 16,007명(77.5%)으로 여성 치료사의 비율이 높은 비중을 차지하고 있다[1-10]. 이는 한국보건산업진흥원의 국내 전체 보건산업 종사자 수의 성별 통계상의 성비와 큰 차이를 보이지 않는 수준이다(남성 25.3% / 265,270명, 여성 74.7% / 781,444명). 최근의 정확한 통계조사는 존재하지 않지만, 대학교 입학생과 임상에서 남성의 비율은 이전보다 높아지는 추세다.

(단위: 명)

	상급종합	종합	병원	요양병원	의원	보건소	보건지소	한방병원	정신병원	총합
2019	294	833	2,495	3,533	217	1	6	86	-	7,465
2020	295	864	2,926	3,570	242	1	6	92	-	7,996
2021	309	917	3,224	3,425	284	2	6	88	12	8,267
2022	326	929	3,371	3,186	297	2	6	99	26	8,242
2023	324	964	3,838	3,020	305	2	6	96	33	8,588
2024	344	970	4,313	2,977	313	2	7	81	35	9,042

[1-11] 작업치료사 의료기관 종사자 수(출처: (사)대한작업치료사협회 홈페이지 회원정보(2025년 2월 기준))

▌작업치료사 근무 현황(의료기관)

2024년도를 기준으로 작업치료사가 가장 많이 근무하는 의료기관은 '병원'이다. 그 수는 4,313명(47.4%)으로, 근무자 수의 증가 폭도 가장 높았다[1-11]. 의료법상 30병상 이상은 '병원', 30병상 이하는 '의원'으로 분류되는데, 소규모 의원급 기관에서 근무하는 작업치료사는 상대적으로 적다. 이는 입원/외래환자의 비율과 관련이 있다. 의원급 의료기관은 주로 외래환자를 대상으로 하며, 병원급 의료기관은 입원환자의 비율이 높다. 작업치료가 필요한 환자들은 병원급 이상의 기관에 입원하여 일정 기간 이상 치료를 받는 비율이 높기 때문에 외래 중심의 의원보다 입원 중심의 병원에서 작업치료사의 수가 상대적으로 많은 편이다.

작업치료사의 연봉
- 현실과 기회

작업치료사의 연봉은 신뢰할 수 있는 기관에서 조사한 내용을 참고할 필요가 있다. 조사 결과는 재직자의 경력, 근무기관의 규모 등에 따라 실제 임금과 차이가 있을 수 있으니 최소한의 참고 자료로 활용하는 것을 추천한다(참고자료: 고용노동부, 보건복지부 통계).

▌워크넷(고용노동부 정보 시스템)

2023년 기준으로 작업치료사의 연봉 중윗값[21]은 3367만 원, 상위 25%는 4172만 원, 하위 25%는 2900만 원으로 조사되었다[1-12]. 조사 결과, 작업치료사 하위 25%의 집단은 타 직종에 비해 비교적 적은 연

---

21 데이터 집합을 크기순으로 나열했을 때, 정확히 중앙에 위치하는 값.

(단위: 만 원)

	중윗값	순위	상위(25%)	순위	하위(25%)	순위
작업치료사	3,367	3	4,172	3	2,900	5
물리치료사	3,240	4	3,973	4	3,108	3
임상병리사	3,200	5	3,626	6	3,000	4
방사선사	3,833	1	4,500	1	3,459	1
치과위생사	3,044	6	3,326	7	2,800	7
치기공사	3,765	2	4,326	2	3,350	2
언어재활사	3,108	7	3,678	5	2,850	6

[1-12] 작업치료사 연봉 및 타 직종 비교(출처: 워크넷)

(단위: 원)

	전체	상급 종합병원	종합병원	병원	요양병원	의원	보건소
합계	30,864,842	51,517,533	36,918,323	30,101,104	27,877,683	31,021,447	30,553,883
남	34,466,710	52,546,339	39,627,832	33,243,780	30,876,973	35,156,636	30,598,225
여	29,723,260	51,003,130	35,716,560	29,015,635	27,063,838	30,206,483	30,542,798

[1-13] 의료기관 유형별 근무 작업치료사 임금 평균(2020년 기준)

봉을 받는 것으로 나타났으며, 중윗값과 상위 집단으로 갈수록 비교 순위가 상승하는 것으로 나타났다.

▎보건복지부 보건인력실태조사

2020년 기준 조사에 따르면, 의료기관에 근무하는 전체 작업치료사의 평균 연봉은 약 3080만 원으로 나타났으며, 상급종합병원이 평균 약 5150만 원으로 가장 높았고, 요양병원의 평균 연봉이 약 2780만 원으로 가장 낮았다[1-13]. 임금 수준은 대체적으로 기관의 규모와 비례하는 차이를 보였으나, 규모가 큰 병원일수록 치료사의 경력이나 근속 연수가 높기 때문에 이에 대한 데이터 보정이 되지 않은 점은 감안해야 한다.

작업치료사 연봉에 영향을 미치는 것들

직업의 임금이 형성되고 결정되는 데에는 다양한 요인이 존재한다. 예를 들어 교육 수준, 개인의 경력, 해당 분야의 수요, 경제 상황 그리고 해당 직업의 사회적·경제적 가치와 밀접하게 연동된다.

작업치료사는 보건의료 분야에서 중요한 역할을 맡고 있다. 특히 고령화사회에서는 그 중요성이 더욱 부각되며, 환자의 재활과 일상으로의 복귀를 돕는 특수한 역할을 수행한다. 따라서 작업치료사의 임금은 이들이 제공하는 서비스의 중요성과 사회적 수요를 반영하는 지표라고 할 수 있다. 그리고 취직 후의 실제 급여 상승률은 개별적인 요인에 따라 차이가 날 수 있다. 특히 개인의 경력 발전과 직장에서의 지위 등이 그러한 요인에 해당한다. 이는 작업치료사 전체의 임금 상황에 영향을 받기보다는 개인의 노력과 사회, 조직에서 인정받는 기여도에 따라 영향을 받는다.

지금부터 다룰 내용은 작업치료사의 연봉에 영향을 미치는 요인과 우리의 가치를 높일 수 있는 방법에 대한 냉정하고 솔직한 나의 생각을 이야기해보고자 한다.

▎교육 및 자격 조건

작업치료사는 보건계열의 전문 직종으로 광범위한 분야의 학문 탐구가 필요하지만, 고소득 전문 직종에 비해 입시 경쟁률이 더 치열하거나 면허를 따기 위한 자격 조건이 까다롭다고 할 수는 없다. 이는 치료사의 공급량과 직업이 가지는 책임의 범위에 영향을 미친다. 이러한 부분은 어느 직종이나 임금에 영향을 미치는 요소다. 간호학과는 이미 학제를 4년으로 통일하였고, 물리치료학과도 이러한 움직임을 보이고 있다. 이들이 더욱 엄격하게 자격 관리를 하고, 교육 수준을 높이는 것을 통해 얻으려 하는 것이 무엇인지 우리도 함께 고민해봐야 할 시점이다.

또한 특정 분야의 추가 자격이나 전문 자격요건은 높은 급여를 받을 수 있는 근거가 되며, 이는 그 직업의 전문성과 기술의 가치를 반영한다. 어떤 분야든 전문성과 고도의 교육이 요구되지 않는다면 사회적으로 인정받기 어렵다. 이를 위해 고려할 수 있는 부분은 작업치료사 치료 업무의 많은 부분을 차지하는 일상생활동작 훈련이나 연하, 인지치료 등을 할 수 있는 전문 자격을 만들고, 자격을 얻은 치료사들에 한해서만 수가를 반영하는 방법 같은 것이다. 이는 우리와 밀접한 관계가 있는 다른 직종들처럼 추가 자격을 획득하여 연차가 쌓일수록 임금이 올라갈 수 있는 구조를 만들고, 그 치료 행위에 특별한 가치를 인정받는 방법이다. 우리가 분명히 알아야 할 점은 전문 자격증과 수가화 작업은 치료사가 제공하는 해당 치료의 과학적인 근거가 상당히 쌓인 후에 공론화가 가능하다는 것이다. 협회나 몇몇 학회의 노력만으로 되는 것이 아니며 임상에 있는 우리도 함께 고민하고 노력해야 할 부분이다.

▮ 수요와 공급의 차이

치료를 필요로 하는 수요의 크기는 해당 직종의 임금과 직결된다. 이는 인구 고령화, 만성질환의 증가, 스포츠 부상 증가 등 다양한 요인에 기인한다. 작업치료는 다양한 질환과 연결되어 있지만, 그 질병의 심각성이 낮은 대상군에서는 수요가 줄어드는 경향이 있다. 이는 앞서 작업치료의 대상에 관한 내용에서 확인할 수 있었다.

이러한 수요와 공급의 차이로 인한 임금 격차를 줄이기 위해서는 작업치료가 특정 유형의 중증질환뿐만 아니라, 경증질환을 포함한 다양한 수요를 가진 대상에게도 작업치료의 역량을 발휘할 수 있도록 저변을 확대해야 한다.

▮ 서비스 범위와 영향력의 차이

작업치료사는 환자의 일상생활과 직업적 기능 향상에 초점을 맞추고 있다. 이는 우리 직업의 정체성을 반영하지만, 우리의 역량에 비해 서비스 범위가 한정적인 면이 있다. 또한 환자들은 신체기능 향상에 대한 니즈가 상대적으로 높아 독립적인 일상생활에 대해서는 즉각적이고 긴급하게 생각하지 않는 면도 영향을 미친다.

이 때문에 작업치료가 가지는 직업적인 전통과 가치는 유지하면서도 환자뿐만 아니라 일반 대상인에게까지 영향력을 미칠 수 있는 다양성이 필요하다. 보건계열의 모든 직군은 각기 다른 방식으로 국민의 건강과 삶의 질 향상에 기여하고 있다. 그러므로 임금의 차이가 특정 직업의 중요성을 나타낸다고 볼 수 없다. 하지만 노동에 대한 정당한 가치를 인정받기 위해서는 작업치료도 시대적 흐름에 맞춘 다양성이 필요한 시점이라고 본다.

또한 국가적 차원의 노력도 필요하다. 이에 대해서는 한 신문기사에서 이지은 대한작업치료사협회장님이 인터뷰하신 내용에 공감하여 독자들과 나누고자 한다. "우리나라 의학은 국제적으로도 높은 수준에 올라서 있으며 국민 생명을 최선을 다해 지켜 나가고 있다. 하지만 중증장애를 포함해 다양한 만성질환을 가지고 살아가야 하는 국민에게 지속적이고도 전문적인 예방적, 의료적 건강 관리를 제공함으로써 국민 삶의 질을 높여야 할 책무가 국가에 있다. 이를 위해서는 영역별 보건의료 인력을 양성하고 배출하는 것뿐만 아니라 숙련된 보건의료 인력이 계속해서 임상 현장에서 자부심을 갖고 일할 수 있는 임금 체계를 만드는 데에도 국가가 관심을 쏟아야 한다."[22]

알려지지 않은, 조금 더 깊은 이야기

▮ 감당해야 할 사회적 불공평함

작업치료사의 직업적인 가치와 노동 강도에 비해 현재의 임금이 만족스러운 수준이 아니라는 점에 항상 동감한다. 우리의 비교 심리는 상

---

22 이지은(대한작업치료사협회 부회장), "[칼럼]작업치료사로 살펴본 보건의료인력 현재", 매일노동뉴스, 2022.07.11.

대적이어서 직업 간 또는 직업 내에서도 임금을 비교하고 자괴감을 느낄 때가 있다. 나 역시 평범한 사람이기에 연봉 상위 직업군이 부러울 때도 있고, 이내 허무함을 느끼던 시절도 있었다.

하지만 지나친 피해의식은 높은 확률로 불행을 낳기 때문에, 보다 나은 미래를 그리기 위해서는 조금 더 이성적이고 냉정해질 필요가 있다. 수만 년 동안 이어온 인류의 경제구조는 매우 촘촘한 시스템으로 구성되어 있다. 이유 없이 소득이 많거나 적을 확률은 굉장히 낮다는 뜻이다. 우리가 비교하는 임금 상위 직군은 그 직업을 얻기 위한 노력, 학력, 경쟁 조건 등의 난이도가 하위 직군보다 높은 편이다. 그만큼 투입된 시간, 노력, 재화도 상대적으로 많았을 것이다. 예를 들어 수능 한두 문제의 차이, 내신 0.5등급이라도 높았을 테고, 그 직업을 얻기 위해 더 힘든 과정을 겪었을 수 있다. 난 이런 노력의 차이로 나타난 결과가 불공평하다고 생각하지 않는다. 오히려 그런 생각에 매몰되지 않으려고 애쓰는 편이다. 내가 비교하는 대상보다 투입이 부족했던 요소를 찾아 그 간극을 메우기 위해 노력과 시간을 투자할 필요가 있다. 방향이 틀리지 않다면, 그 노력은 절대 헛되지 않을 것이다.

▮ 작업치료사는 월급이 적다?

사람을 억지로 가려서 만나는 편이 아니지만, 내 주변에는 꽤 괜찮은 결과를 만들어내는 치료사들이 많이 있다. 이들의 공통점은 사고가 긍정적이고, 생각을 실행에 옮길 줄 알며, 꾸준함을 유지할 줄 아는 사람들이라는 것이다.

- 고용 안정성을 포기하고 병원을 뛰쳐나와 창업하여 연매출 수십억 원을 올리는 치료사들
- 지방의 재활병원에서 시작해 노력 끝에 대학 교수가 되어 새로운 의미를 찾은 많은 선후배 치료사
- 학회활동을 하며 국내외 강사로서 존경을 받으며, 꽤 많은 부수입을 올리는 치료사들
- 치료 기술을 꾸준히 학습하여 대기업 이상의 연봉을 받는 치료사들

이들은 작업치료학과라는 같은 출발선상에서 시작했다. 분명 특별할 것 없는 평범한 치료사들이었다. 학력, 경력, 지능 등의 차이가 있다고 생각할 수 있지만 사회 전체 관점에서 보았을 때 그만큼의 차이를 만들어 낼 만큼 특별하다고 볼 수 없다. 학벌이든 출신 병원이든 그 차이는 충분히 노력으로 메울 수 있는 범위 안에 있다.

작업치료는 관점에 따라 누군가에게는 '사명감만 강조되는 직업'일 수도 있고, 어떤 이에게는 '사명감과 노력으로 가치를 창출할 수 있는 직업'일 수도 있다.

결론적으로 작업치료사라고 해서 무조건 임금이 적은 것이 아니고, 오히려 얼마든지 기회가 열려 있는 몇 안 되는 신성장 직업군 중 하나다. 하지만 신입 치료사일수록 자신의 가치를 올릴 수 있는 방법을 알지 못하거나 추가적인 노력이 부족했을 가능성이 높기 때문에, 주변에서 멘토를 찾고 그들을 모방하려는 노력을 꼭 당부하고 싶다.

▮ 수요가 늘어나는, AI가 대체할 수 없는 직업

어설픈 자기 위로와 희망 노래를 부르는 것이 아니다. 직업의 가치와 연봉이 시대별로 늘 동일하다면 비관적이겠지만, 시대에 따라 직업의 가치는 변화하고 소득 수준도 그와 비례하게 변화해왔다. 앞으로 우리가 살아갈 시대의 작업치료사는 더 이상 소수 직군도 아니고, 마이너 파트도 아닐 것이다. 우리의 핵심 수요 대상인 노인 인구는 기하급수적으로 증가하여 초고령사회 진입이 눈앞으로 다가왔다.

사회적 측면이나 정치공학적 측면으로 보아도 정부의 재정은 노인과 복지 분야로 향할 것이며, 노인성 질환의 회복과 유지를 목적으로 하는 민간병원들도 더욱 늘어날 예정이다. 미래 작업치료사 수요의 증가는 확정적이며, 로봇이나 AI로 쉽게 대체되지 않는 직업으로 여러 보고서에서 소개되고 있다. 인간만이 할 수 있는 대면 접촉, 사회적 기술, 팀워크 능력, 의사소통능력이 필요한 작업치료사와 같은 직업의 대체 가능성이 낮다는 설명이다.

앞으로 작업치료의 범위를 더욱 넓힌 다양한 분야에서 성공 모델들이 나오고, 그들의 비전을 공유하며 높은 수요층을 가진 작업치료사로서 우리의 가치를 높일 수 있는 그날은 이제 '미래'라고 표현할 만큼 먼 훗날이 아니다.

그들과의 차이점
- 물리치료사

"작업치료가 뭐에요?"란 질문만큼 우리를 힘들게 하는 건 물리치료와의 차이점을 인식시켜야 하는 환경이다. 물리치료는 작업치료에 비해 제도권 내에서 전통이 길고 넓은 범위의 대상을 포함하고 있기에 인지도가 높은 것은 인정한다. 하지만 외부 행사에서 갑자기 물리치료사로 소개되거나, 간호사들이 작업치료를 물리치료로 통치거나, 작업치료를 받는 환자가 휴대폰을 꺼내 들고 "나 물리치료 받고 있어"라고 이야기할 때면 씁쓸함이 밀려온다. 하지만 그런 감정보다 작업치료의 인지도를 높이기 위한 노력의 계기로 삼는 것이 바람직하다.

두 직종의 가장 큰 차이는 완전히 '전공이 다른 분야'라는 점이다. 당연한 말이지만, 작업치료와 물리치료는 이론을 가르치는 대학에서부터 완전히 분리되어 있다. 특히 이 두 직종의 전문가로 활동하기 위해서는 보건복지부에서 인정하는 '국가면허증'을 취득해야 하는데, 이 면허를 취득하기 위한 학위, 시험 등 모든 조건이 다르다.

일반 대중들에게 물리치료와 작업치료의 차이를 설명하고 이해시키는 것은 쉽지 않은 일이다. 전공자들은 학부 시절부터 전공에 대한 개론과 세부적인 이론 수업을 통해 그 차이점을 자연스럽게 받아들이고, 각각의 치료에 대한 고유성을 이해하게 된다. 결정적으로 실습과 임상에서의 경험은 두 직종의 차이점을 더욱 확연히 느끼게 하고, 환자에게 제공하는 치료적 접근법과 추구하는 결과물의 차이점을 인식하게 한다.

작업치료와 물리치료는 우리가 일하는 대부분의 공간에서 함께 팀을 이룬다. 작업치료사와 물리치료사는 재활이라는 타이틀을 걸고 있는 기관에서는 보통 함께 팀을 이루어 환자를 치료한다. 최근에는 공간적으로 완전히 분리되어 있지만, 예전에는 한 공간에서 구분 없이 두 직종의 치료사가 근무를 할 만큼 그 경계가 명확하지 않은 시절도 있었다. 임상적인 경험으로 좀 더 솔직히 이야기하자면, 치료사들은 각자 그 차이를 알고 있으나 정작 치료를 받는 환자들의 인식이 부족하거나 상대적으로 물리치료에 대한 요구도가 더 높았던 것이 사실이다.

사전적 정의에서 '작업치료'는 일상생활활동 훈련, 감각 운동, 소근육 훈련, 인지재활, 삼킴치료, 시·지각치료 영역을 다루며, 물리치료는 신체적, 신경학적 재활 영역을 다룬다.

치료적 중점 측면에서 물리치료사는 주로 환자의 신체기능 및 운동능력을 회복하고 향상시키는 데 초점을 맞춘다. 그들의 업무에는 근·

골격계 및 신경계 장애, 부상 회복, 만성 통증 관리 등이 포함된다. 또한 환자의 신체적 장애를 평가하고 운동요법, 수기요법, 근력 강화 운동, 통증 관리 기술 등을 통해 환자가 신체기능을 회복할 수 있도록 돕는다.

한편, 작업치료사는 환자의 일상생활 수행능력을 향상시키는 데 초점을 맞추고 있다. 우리의 역할은 환자가 일상생활, 업무 및 여가활동에 필요한 기능을 회복하고 유지하도록 돕는 것이다. 작업치료는 환자의 신체적, 정신적, 사회적 상태를 고려하여 일상생활(예: 개인위생, 가사, 업무 관련 활동)을 수행하기 위한 맞춤형 계획을 수립하고 실행한다. 또한 환자가 자신의 환경에서 독립적으로 기능할 수 있도록 다양한 기술을 가르치고, 적응형 보조 도구와 기술을 사용하여 환자의 자립을 돕는다.

한국직업능력연구원에서 작업치료사와 물리치료사의 차이점을 다음과 같이 설명하고 있다. 작업치료사(Occupational Therapist, OT)는 신체장애나 정신적 질환으로 사회생활에 지장이 있는 사람들에게 일상생활활동 훈련, 신체기능 증진 훈련, 지각 기술 훈련 등 각종 적응 훈련을 통해 다시 일상생활을 정상적으로 할 수 있고 직장으로 복귀할 수 있도록 하는 직업이다. 물리치료사(Physical Therapist, PT)는 질병이나 부상으로 일상생활을 하기 힘들거나 몸에 통증을 느끼는 사람에게 근력 강화 운동, 관절 운동, 스트레칭, 보행 훈련 등 물리적 방법을 적용하여 통증을 완화하고 회복시키며 장애를 최소화하는 직업이다.

작업치료와 물리치료를 설명할 수 있는 가장 대표적인 키워드를 꼽아보자면, 아마도 작업치료는 '일상생활'이고 물리치료는 '보행'이라고 할 수 있다. 쉽게 말해 물리치료사가 라면을 사러 갈 수 있게 한다면, 작업치료사는 라면을 끓이고 먹을 수 있게 치료하는 것이다. 또 다른 예로 물리치료사가 팔의 움직임 범위를 향상시켜 숟가락을 들 수 있도록 한다면, 작업치료사는 숟가락을 쥘 수 있게 하고 밥 먹는 법을 알려주는 것이라고 설명하면 대중들에게 더 쉽게 와 닿을 수 있을 것이다.

그렇다면, 현직에 있는 작업치료사들이 현장에서 경험하면서 느낀 작업치료와 물리치료에 대한 솔직한 이야기들을 보면서 그 차이점을 알아보자.

▎한림병원 재활도수치료센터 물리치료사 이혜정, 작업치료사 곽예진(youtube)

PT 이혜정 저희 재활도수치료센터에는 운동치료실과 작업치료실이 있는데, 운동치료실은 물리치료사 선생님들이 보행치료를 포함하여 대동작 재활 훈련을 하는 곳입니다.

OT 곽예진 작업치료실은 작업치료사가 일상생활동작 훈련을 포함해 소동작 재활과 인지, 연하치료를 하는 곳입니다.

▎효사랑전주요양병원(youtube)

물리치료는 열, 전기, 광선, 냉, 운동 등의 각종 기구를 치료사의 기술을 함께 적용하여 신체의 기능과 움직임 가능성을 극대화시키는 것을 목표로 한다면, 작업치료는 최대한 독립적인 일상생활을 목표로 합니다. 그래서 감각, 근력, 인지 및 삼킴 치료를 기본으로 하고, 이후 기능 훈련과 다양한 도구를 사용한 치료를 하고 있습니다. 예를 들어 물리치료가 손을 드는 것을 목표로 한다면, 작업치료는 손을 들어 밥숟가락을 잡고 밥 먹는 법을 훈련합니다.

▎노우아동발달센터 감각통합치료사(blog)

물리치료는 보이는 움직임을 기준으로 목표를 설정하고, 이를 훈련하기 위해 신경학적 근거를 기반으로 치료 계획을 세우고 실행합니다. 따라서 목표는 움직임을 기준으로 합니다. 예를 들면 뒤집기, 구르기, 앉기, 서기, 무릎 서기, 반 무릎 서기, 옆으로 걷기 등이 있습니다.

작업치료는 보이는 움직임과 현재 가진 최대 능력을 일상생활에서 어떻게 적용할 수 있는지를 고민합니다. 또한 운동능력을 향상시키기 위해 감각 처리가 올바르게 이루어지고 있는지, 지각 처리가 잘 실행되고 있는지, 치료 결과(output)가 어떻게 나오는지를 체크합니다.

▎작업치료 잡화점(youtube)

물리치료는 비장애인과 장애인 모두 받을 수 있으며, 주로 신체기능의 향상에 초점을 둡니다. 작업치료는 주로 일상생활을 수행하기 어려운 장애인을 대상으로 하며, 신체기능의 향상을 넘어 의미 있는 작업을 할 수 있도록 돕고, 직업 복귀를 위한 작업에 초점을 둡니다. 만약 중증장애로 직업 복귀가 어려운 경우에는 신체기능 향상을 목표로 치료를 진행하기도 합니다.

"물리치료는 걷고 뛰게 한다면, 작업치료는 산책하고 춤추게 한다."

임상실습 A+ 전략, 이것만은 알고 가자

미완성의 시절, 누구나 실습생을 거친다

보건계열 학생들에게 임상실습(이하 실습)은 매우 강한 기억으로 남는다. 나 역시 실습생 시절을 보냈다. 시간이 많이 흘렀지만 실습기관의 선생님 한 분 한 분의 모습과 말투, 그때 들었던 칭찬과 지적까지도 아주 또렷하게 기억하고 있다. 아마도 당시의 긴장, 불안, 초조함과 한순간도 놓치지 않으려는 집중력, 잘하고 싶은 동기부여까지 여러 감정과 인지기능이 함께 작용하여 잊히지 않는 장기 기억으로 남은 것 같다.

초긴장 상태였던 실습 첫날의 일이다. 실습기관의 선생님에게 내가 처음 들었던 코멘트는 "선생님은 작업치료사가 안 어울리는데"라는 다소 충격적인 말이었다. 조심스럽게 이유를 물어보았더니, 관상이 이 일과는 안 맞을 거 같다는 동양철학 사상 같은 이야기를 했다. 나의 인상이 안 좋다는 뜻인가 싶어 이후로 그 선생님과 눈이 마주칠 때면 내가 할 수 있는 가장 평화로운 미소를 지어 보이며 눈인사를 하곤 했다. 그럴 때면 그 선생님은 고개를 가로저으며, 입 모양으로 '안 어울려'라고 화답을 해주셨다. 이후 그 기관에 취업하여 선임으로 만난 그분은 내가 치료사보다는 좀 더 다이내믹한 일이 어울리는 관상이라며, 다급하게 위로 아닌 위로를 해주셨다.

두 번째 실습처에는 극강의 전투력을 가진 모교 선배가 인턴으로 근무하고 있었다. 그때가 4월이었으니 이제 막 병원에 적응해 나가며 좋은 이미지를 만들기 위해 노력하던 시기였을 것이다. 그 선배의 환자 중에 교통사고로 인해 하반신마비가 된, 한창 사춘기 감성을 가진 여자아이가 있었다. 지시에 잘 따르지도 않고 울거나 토라지는 등 선배를 참 난처하게 했던 환자였다. 아마도 어린 나이에 큰 사고로 인해 정서적인 문제가 있었을 것이다. 당시 그런 해석을 할 수 없었던 나는 굉장히 창조적인 사고를 저질렀다. 당시 나의 실습일지는 작업치료 팀장님께서 직접 점검을 해주셨는데, 그 여자아이에 관한 나의 관찰일지를 보시고는 박장대소를 하며 그 선배를 불러 일지를 보여주셨다. 학교의 전설 중 한 명으로 남아 있던 극강의 그 선배가 불타오르는 얼굴로 나를 바라보았다. 자살골과도 같은 그날의 일지 말미에 난 이렇게 적었었다. "담당 치료사와 라포[23] 형성이 되지 않아, 치료에 비협조적임. 이에 대

---

[23] 라포(Rapport): 주로 두 사람 사이의 신뢰관계를 나타내는 심리학 용어.

한 치료사의 문제해결이 필요함."

이 후의 일들은 각자의 상상에 맡기겠다.

현재는 수백 명의 실습생을 지도하였고 작업치료계에서도 어느 정도 입지를 다졌지만, 당시에 나는 한없이 어설프고 개념 없던 '실습생'이었다. 이런 고백을 하는 이유는 실습생의 눈에 베테랑처럼 보이는 선생님들도 누구나 여러분과 같은 미완성의 시절이 있었다는 것을 알려주기 위해서다. '임상실습'은 아직 여러모로 부족한 학생들이 비로소 작업치료사가 되기 위한 경험을 쌓는 중요한 과정이다. 지금부터 그 시간을 더욱 의미 있게 채워 나가기 위한 이야기들을 해보려 한다. 실습 첫날, 긴장하는 얼굴로 치료실에 들어오는 실습생들에게 내가 늘 당부하는 메시지가 있다.

"이 실습의 경험을 마지막으로 내년에 임상에 나가게 됩니다. 즉 실습 마지막 날의 모습이 취업 후 첫날의 모습과 비슷할 겁니다. 나는 여러분들이 어떤 사람인지 잘 알지 못합니다. 활발한지, 소극적인지, 목소리가 큰지 작은지, 다만 작업치료사로서 환자에게 신뢰를 주려면 그에 맞게 본인의 모습도 변화가 필요할 겁니다. 우리 병원은 여러분이 작업치료사가 되기 위한 마지막 연습장입니다. 긴장은 하루 이틀만 하시고, 여러 선생님들을 관찰하면서 치료사처럼 말하고 치료사처럼 행동하는 연습을 하길 바랍니다. 이미 실습을 거친 많은 선배들처럼 여러분들도 잘할 수 있습니다."

▍임상실습이란?

산학협력을 기반으로 해당 전공 분야의 실무능력 향상을 위해 전공과 관련된 실습 과정이다. 학생은 산업현장을 직접 체험하고 실습기관에서 요구하는 지식, 기술, 태도를 배양하여 취업 분야의 실정 및 취업능력 향상을 이루도록 하며, 실습기관은 실습생에 대한 실무교육을 실시하는 교육제도다.

▍임상실습의 필요성

작업치료 교육은 보건의료 전문가로 활동하기 위해 필요한 이론과 실기를 터득하여 실제 작업치료 업무를 수행할 수 있는 작업치료사를 양성하는 과정이다. 따라서 환자를 근거중심에 의해 평가하고 치료하기 위해서는 학교의 이론 교육과 함께 임상에서의 실무 경험과 실제적인 치료 교육이 필수적이다.

① 작업치료사로서 기본적 자질, 태도, 지식과 기능을 학습
② 치료의 과정을 경험하고 작업치료 기술을 심화시켜 통합
③ 학교에서 학습한 이론을 바탕으로 환자 평가 및 치료에 필요한 실질적인 적용 방법 실습
④ 임상에서 필요한 사회적 경험을 습득하여 실무능력을 극대화

▍임상실습의 목표

① 임상 현장 중심 전문 인력 양성: 실습기관에서 요구하는 직무능력과 현

장 능력을 강화하여 해당 분야의 취업 역량을 키운다.

② 진로 탐색 및 진로 설계: 취업 후 진로 설계 및 직접적인 체험을 통한 진로 적합성을 높인다.

③ 직업기초능력 및 사회성 강화: 대인관계, 직장 예절, 직업윤리를 준수하여 사회에서 요구하는 역량을 강화한다.

④ 학습 동기 향상: 희망 취업기관에서 필요한 전공 지식, 기술, 태도, 자격을 인지하고 부족한 역량을 개발한다.

실습 시 유의사항

① 학교와 학과를 대표한다는 마음가짐을 가지고 실습에 임한다.

② 임상실습은 학교 교육의 연장이므로 책임감을 가지고 성심성의를 다해 임한다.

③ 출·퇴근 시간을 정확히 지키고, 부득이한 사유를 제외하고는 결석 및 조퇴를 하지 않는다.

④ 작업치료 실습생으로서 품위를 지키며 올바른 언어, 복장, 태도 등에 유의한다.

⑤ 환자에게 친절히 대하며 알기 쉬운 말을 쓰고, 경어를 사용한다.

⑥ 기관의 모든 직원에게 예의 바른 태도를 갖추고 지시사항에 대해 수용적이며 성실한 태도로 임한다.

⑦ 병원 내의 치료 도구 및 장비 사용 시 주인의식을 가지고 소중히 다룬다.

실습 사전 준비사항(기관마다 상이함)

① 예방접종(항체 검사) 및 결핵 검진

② 기관에서 요구하는 실습 복장 준비(예: 실습복, 단화, PK 티셔츠, 흰 가운, 머리망 등)

③ 실습일지 기록 방법(SOAP note) 숙지

④ 작업치료 주요 평가 매뉴얼 학습

⑤ 의학용어 및 임상용어 학습

⑥ 실습기관의 정보 및 특징 파악(학과 자체 지침 자료 및 기관 안내문 참고)

A+ 받는 실습생의 전략

실습은 기관당 4~8주 동안 이루어지며, 실습 점수는 해당 학기 학점에 반영된다. 또한 취업과 직간접적으로 연결되는 경우도 있으며, 학생 스스로 자신감을 가지고 임상에 진출하기 위해 실습기관에서 인정을 받고, 좋은 결과로 실습을 완수하는 것은 큰 도움이 된다. 임상에서 여러 실습생들을 지도해본 결과, 실습 시 최고점을 받는 학생들은 그들만의 특징적인 태도와 자세가 있다. 단, 실습은 꼭 만점을 맞는 것만이 최고의 가치를 가지는 것은 아니다. 각자가 가진 역량에 맞게, 본인의 가치와 부합한다고 생각되는 부분들만 적용하길 바란다.

- **실습 초반 전략**

    ① 첫 인상이 중요하므로 밝은 모습과 목소리로 인사하기

    ② 실습지도 선생님의 치료실 소개 및 오리엔테이션 경청하기(기본과 핵심

내용 설명)

③ 치료실 구조, 치료 도구 이름 및 위치를 최대한 빨리 파악하기

④ 멍하게 있는 등 집중을 흐트러지지 않게 하고, 상황과 분위기에 따라 센스 있게 대처하기

⑤ 치료에 방해가 되지 않는 선에서 적극적으로 치료를 관찰하고 배우려는 자세 보이기

- **클라이언트 상대 전략**

  ① 클라이언트의 이름을 기억하여 밝게 인사하기

  ② 클라이언트의 안전을 고려하여 휠체어 및 침대의 고정 장치를 수시로 파악하기

  ③ 클라이언트의 질환 및 정서 상태를 파악하여 개개인의 특징에 맞는 의사소통하기

  ④ 클라이언트의 사소한 증상이나 요구도 그냥 지나치지 않기

  ⑤ 치료는 연속성이 있으므로 전날 시행했던 도구들을 미리 파악하여 세팅 준비하기

- **과제 만점 전략**

  ① 실습일지 성실히 빠짐없이 작성하기

  ② 과제의 핵심을 파악하여, 장황한 내용보다는 핵심에 집중하기

  ③ 출처가 없는 커뮤니티 자료보다는 전공 서적과 최신 저명 논문을 근거로 작성하기

④ 과제 마감일보다 (가장) 빨리 제출하고, 피드백 받기

⑤ 피드백을 받고 끝내지 않고, 수정된 자료를 제출하는 성의 보이기

⑥ 발표 과제 시 스피치 연습 많이 하기(긴장감으로 인해 부족하다고 해도 준비한 흔적은 남음)

- **태도 만점 전략**

  ① 철저한 근태는 기본 중에 기본으로 가장 중요함(성실성, 책임감의 지표)

  ② 모든 치료실의 선생님께 인사 잘하기(작업치료사와 한 팀임을 명심할 것)

  ③ 실습 시 복장 및 출·퇴근 복장도 신경 쓰기(실습기관을 대하는 마음가짐)

  ④ 이론 및 치료에 대한 질문은 선 공부, 후 질문하기

  ⑤ 지시나 코멘트를 들었을 경우, 이해 여부를 명확한 대답으로 표현하기

  ⑥ 담당 치료사가 하는 치료를 잘 파악하여 센스 있게 돕기

  ⑦ 치료 장비나 치료 도구 사용법 빨리 익히기(허락을 맡은 후 쉬는 시간에 연습해보기)

  ⑧ 어려운 일일수록 솔선수범하기

  ⑨ 지도해 주는 치료사분들에게 감사한 마음 갖기

실습지도 선생님이 보내는 편지

안녕하세요. 실습 선생님들. 실습지도 담당 윤대석 쌤이에요. 오늘은 병원 문을 들어서며 어떤 생각을 했나요? 아직도 많이 긴장되나요,

아니면 이제 좀 적응이 되었나요? 사실 우리도 선생님들에게 궁금한 게 많아요.

원래 실습은 '부족함을 채우는 시간'이라 철저히 준비해도 예상치 못한 곳에서 부족함이 드러날 수 있어요. 하지만 충분히 개선할 수 있는 부분입니다. 너무 힘들고 복잡한 상황에서는 때로 단순하게 생각하며 지혜롭게 극복해보면 어떨까요. 지금 이 순간에도 시간은 흐르고, 다음 주쯤이면 이 낯선 공간도 분명 익숙해질 거예요. 끝이 보이지 않는 첫 1~2주 차 때와는 반대로 끝나갈 무렵의 실습생들은 오히려 시간이 너무 빨리 지났다는 소감들을 흔하게 이야기해요. 수만 명의 작업치료 선배들이 이미 경험하고 성장한 이 시간에 자신을 믿고 맡겨보세요.

'실습'은 학생 신분으로 '사회인의 공간'에 들어가는 경험이지요. 세상이 좀 유연해졌지만, 학생들이 힘들게 느끼는 건 어찌 보면 당연한 것 같아요. 여러분을 보면, 낯선 공간에서 무표정한 선생님들을 보면서 덜덜 떨던 예전 제 생각이 날 때가 있어요. 마음으로는 여러분들의 실수도 이해하고 다정하게 토닥여 주고 싶지만, 우린 여러분에게 작업치료사로서의 책임과 자질을 철저히 가르쳐야 하는 의무가 있답니다. 혹시 우리가 너무 냉정하고 차갑게 느껴질 때가 있다면 상처받지 마세요. 진심이 아니니까요.

제가 가장 안타까울 때는 여러분들이 가끔 실습 도중에 하차하거나, 작업치료 자체를 포기하는 소식을 들었을 때예요. 아직 어떤 색깔의 꽃을 피울지 모르는 소중한 후배들이 짧은 경험만으로 작업치료를 포기하는 모습을 볼 때면 선배로서 책임감을 느끼고 무척 미안한 마음이 든

답니다. 하지만 여러분들의 단편적인 실습 경험이 작업치료 전체의 모습은 아니에요. 단언컨대, 아직 펼쳐보지 않은 챕터에 더 큰 장점과 매력이 담겨 있는 직업이랍니다. 우리 조금만 힘내요. 전국의 실습 담당 선생님을 대신해서 인사할게요.

"오늘도 실습생의 하루를 보내느라 고생 많았어요."

임상실습기관 및 지도자의 역할

- 학생 실습 지도를 통해 치료기술과 지식을 향상시킬 수 있는 계기가 되므로 학생지도에 대한 긍정적이며 진취적인 태도를 취한다.
- 작업치료사에 대한 충실한 역할 모델을 보여주고, 긍정적인 직업관을 심어준다.
- 실습을 지도하는 현장 작업치료사는 교사, 후원자, 조언자, 매니저, 역할모델, 코치, 동료로서의 역할을 수행한다.
- 다른 기관 혹은 같은 병원 동료들과 의견을 나누고 실습지도 향상 방안을 연구한다.
- 실습 평가 항목을 개발하고 평가에 대해 대학과 교류한다.
- 학생과 학생 사이에 혹은 직원과 실습생 사이에 불필요한 문제가 발생하지 않도록 지도한다.
- 실습생과 동석하는 외부 일정(식사 등)은 팀장 및 실습 담당자의 승인 후 시행한다.

💡 리얼토크, '임상실습생'의 하루

안녕하세요. 저는 순천향대학교 작업치료학과 4학년에 재학 중인 양하민입니다. 제1차 실습은 '풀꽃 감각통합 발달 상담 연구소'에서 아동 실습을 마치고, 2차는 성인/노인/아동 분야의 실습으로 '순천향대학교 서울병원'에서 모든 과정을 마쳤습니다.

Q 실습하기 전에 어떤 준비를 하고 나오셨나요?

우선 실습을 경험한 선배들에게 직접 연락을 하였습니다. 그래서 실습 과정에서 주어지는 과제, 주로 접하게 되는 환자군 그리고 병원 및 센터의 분위기 등에 대한 다양한 정보를 알게 되었습니다. 이를 통해 실습지에서 현장의 분위기에 대해 더 잘 이해할 수 있었습니다. 특히, 중점적으로 다루는 질환군이나 치료 기법에 대해 더 깊이 파악하기 위해 공부를 하였습니다. 또한 출근하기 전에 교통수단과 경로를 정확히 파악해 두었습니다.

Q 실습생의 일과가 궁금해요. 어떻게 하루를 보내세요?

오전 8시 반에 작업치료실에 도착하는 것으로 하루가 시작됩니다. 치료시간에는 관심 있는 환자를 자유롭게 관찰(observation)합니다. 치료사 선생님들의 치료 방법, 환자 반응 등을 자세히 관찰하며 파악할 수 있는 아주 소중한 시간입니다. 필요한 치료 도구 준비와 세팅도 저의 역할 중 하나입니다. 또 치료 세션이 끝나면 접촉한 모든 도구들을 즉시 소독하는 것도 실습생의 중요한 역할 중 하나입니다. 이런 과정들을 통해, 치료 임상에서 직접적으로 학습하며 치료사 선생님의 보조 역할을 하면서 임상에 대한 지식과 경험을 쌓을 수 있습니다. 이처럼 실습을 통해 저는 전문적인 작업치료 지식과 실무 기술을 발전시킬 수 있는 기회를 가지며, 실제 환자 치료 과정에 참여하면서 중요한 경험을 쌓을 수 있었습니다.

Q 실습하면서 가장 힘든 것은 어떤 점인가요?

환경에 적응하고 업무를 익히는 것이 낯설었지만, 이는 시간이 지나면서 적응해 나갔습니다. 아무래도 서 있는 시간이 평소보다 많기 때문에 체력 관리에도 신경을 써야 할 것 같습니다.

Q 실습하면서 가장 유익했던 점은 무엇일까요?

작업치료사로서의 역할이 단순히 신체적 회복을 돕는 것을 넘어 환자의 심리적, 감정적 지지자가 되어야 한다는 것을 깨달았습니다. 환자들의 아픔을 가까이에서 보며 희망과 위로를 주기 위해 노력하는 과정을 보면서, 감정적 회복에도 한 걸음 나아갈 수 있는 치료사가 되어야겠다는 방향을 잡을 수 있었던 소중한 시간이었습니다.

Q 가장 기억에 남는 에피소드나 환자가 있다면 이야기해주세요.

꽃다운 나이에 횡단보도를 건너다가 차에 치여 사고를 당한 학생이 있었습니다. 어린 나이에 해보고 싶은 것도 많고 할 수 있는 것도 많은데, 한순간의 사고로 인해 몸을 움직이지 못하는 학생의 상황이 너무나도 안타까웠습니다. 현재 상황에서 최대한의 활동을 할 수 있도록 노력하시는 담당 치료사 선생님이 정말 멋져 보였고, 재활을 공부하는 제가 나중에 그런 역할을 할 수 있겠다는 생각에 큰 자부심을 느꼈습니다. 작업치료학과 학생으로서, 이 길을 꼭 걸어가야겠다는 다짐을 다시 한번 확고히 하는 계기가 되었습니다.

Q 여러 선생님들 중 인상 깊었던 선생님이 있나요?

순천향대학교 서울병원 작업치료실의 파트장님입니다. 파트장님은 전문적인 치료 스킬은 물론, 실습 학생들에게 작업치료사로서의 전망과 미래에 대한 조언, 면접 팁까지 많은 이야기들을 나눠주셨습니다. 특히 파트장님의 환자에 대한 세심한 관심이 인상 깊었습니다. 환자가 좋아하는 것을 파악하고 기억했다가, 그것을 치료에 적극적으로 녹여내는 파트장님의 모습에서 많은 것을 배웠습니다. 저도 파트장님처럼 환자 개개인에 귀 기울이고 그들의 삶의 질을 높일 수 있는 작업치료사가 되도록 노력하겠습니다. 짧은 실습 기간이었지만, 인생 선배님으로서 해주신 말씀과 작업치료 선배님으로서의 가르침들 다시 한번 감사합니다!

Q 이제 졸업반이네요. 나중에 어떤 분야에서, 어떤 작업치료사가 되고 싶나요?

초기에는 아동 분야에서의 작업치료에 매력을 느껴 아동 작업치료에 대한 목표가 있었습니다. 실습 과정에서 성인 분야의 작업치료를 경험하면서, 이 역시 매우 의미 있고 흥미로운 분야임을 생각하게 되었습니다. 그래서 저는 한 분야에 국한되지 않고 모든 사람에게 필요한 작업치료사가 되고 싶다는 생각을 했습니다.

Q 앞으로 실습 나올 후배들에게 실습 팁을 준다면?

실습은 배움도 있지만 직장생활의 첫걸음이라고 생각합니다. 단순히 바라만 보는 학생의 자세를 넘어 치료사 선생님 옆에서 보조하고, 치료 방법과 직장 안에서의 행동들을 배울 수 있는 시간입니다. '이걸 왜 해야 하지?'라고 생각하기보다는 "이 과정을 통해 사회 경험은 물론 치료 경험이 많은 선생님들을 관찰하고 배울 수 있다!"라는 생각을 가져야 한다고 생각합니다. 실습에 나가면 처음 겪는 일도 많고, 힘든 상황이 있을 수 있습니다. 하지만 어떤 조건에서도 배움은 나 자신이 만드는 것입니다. 어느 실습기관을 가든 배우고 익혀야 할 점을 스스로 찾으려는 적극적인 태도가 중요하며, 이러한 자세를 가지고 실습에 임한다면 어떤 기관에서든 잘 해낼 수 있을 것입니다. 걱정하지 마세요. 실습 누구나 거쳐 온 과정입니다. 파이팅!

💡 리얼토크, 신입생에게 듣는 작업치료학과 대학생활

안녕하세요. 순천향대학교 작업치료학과 2학년에 재학 중인 박소정입니다.

Q 작업치료학과를 선택한 계기 또는 이유가 있을까요?

사촌동생이 발달장애를 가지고 있고, 할머니께서는 파킨슨병을 앓고 계셔서 제가 할 수 있는 일이 무엇인지 찾아보다가 작업치료사라는 직업을 알게 되었습니다. 또한 사람들을 돕는 일에 많은 보람을 느끼고, 해부학이나 의료·생명 쪽을 공부하는 것에 흥미가 있어 선택하게 되었습니다.

Q 작업치료학과에서는 어떤 공부를 하나요?

1학년에서는 생명과학, 작업치료학개론, 의학용어, 해부학, 생리학 등 기초 과목을 배우고, 2학년 때부터 기능해부학, 활동분석, 재활의학, 작업치료평가 및 실습, 신경과학, 아동검사 및 평가, 이학적검사 및 실습, 정신의학아동작업치료학 및 실습, 정신사회작업치료학 및 실습, 운동치료학 및 실습, 신경계작업치료학 및 실습, 일상생활활동 및 실습 등 전공필수 및 심화과목 등을 배웁니다.

Q 가장 흥미 있었던 과목이나, 기억에 남는 수업이 있나요?

해부학과 기능해부학에서 근육이나 뼈, 근육을 지배하는 신경, 인체의 구조, 근육의 움직임 등을 배우면서 우리 인체에 대해 잘 알 수 있어서 가장 흥미로웠습니다.

Q 작업치료학과 입학 전 생각했던 것과 경험 후 차이가 있다면 무엇인가요?

2학년 박소정 입학 전에는 소근육 훈련이나 인지재활 위주로 치료한다고 생각했는데, 입학하고 많은 수업들을 들으면서 의미 있는 활동을 중심으로 기능적인 부분과 정신적인 부분, 일상생활, 연하, 작업평가 등과 많은 이론들에 근거하여 치료한다는 것을 알게 되었습니다.

2학년 임홍재 물리적인 치료와 몸을 사용하는 치료가 많을 줄 알았는데, 생각보다 몸을 쓰는 치료가 많이 없다는 것을 알게 되었습니다.

2학년 백가현 작업치료의 범위가 좁은 줄 알았는데, 생각보다 넓다는 것이 신기했습니다.

2학년 김은주 시각적 자료로만 공부하는 것이 아니라 평가도구나 실험, 휠체어 등 실습이 꽤 있고, 연습할 수 있는 시간을 따로 주셔서 좋았습니다.

2학년 박헌영 다른 사람을 도울 수 있는 것에서 뿌듯함을 느끼고, 수업이나 실습, 실험이 어렵지만 나중에 취업했을 때 보람을 느낄 수 있는 학문이라는 것을 알게 되었습니다.

2학년 조수빈 다양한 평가도구와 클라이언트의 특성에 맞춰 여러 평가 방법을 사용한다는 것에 대해 배우며 작업치료에 대한 매력을 더 느낄 수 있었습니다.

Q 작업치료학과만의 자랑이 있다면?

취업할 수 있는 기관이 다양하고, 나이와 상관없이, 경력단절 없이 면허증만 있다면 취업이 가능하다는 점입니다. 또한 고령화나 선천성 질환, 산업재해 등과 같은 사회적 요인으로 인해 치료의 수요가 많아 전망이 밝은 것으로 알고 있습니다.

Q 졸업 전에 학교에서 꼭 해보고 싶은 게 있다면?

저희 학과에는 랩실이 있는데, 그중 세포배양과 생리학 연구실에 들어가 실험을 배우고, 기초 지식을 쌓고 싶습니다. 졸업 전에 제 이름이 들어간 논문을 쓰고, 인지재활과 관련된 프로그램도 개발해보고 싶습니다.

Q 개인적인 목표가 있나요? 어떤 분야에서 일하고 싶어요?

대학병원이나 종합병원에서 급성기 환자들을 보며 경력을 쌓고, 다른 분야의 환자들을 접하고, 병원을 다니면서 대학원에 진학하여 더 심도 있게 배우고 싶습니다. 이후 연구 쪽이나 사회복지시설을 설립하여 봉사하는 삶을 사는 것이 목표입니다.

Q 본인이 생각하는 작업치료를 한 단어나, 한 문장으로 표현한다면?

모두가 평등하게 건강한 삶을 누릴 수 있도록 돕는 학문

Q 마지막으로 예비 작업치료학과 학생들에게 해주고 싶은 이야기가 있다면?

작업치료라는 분야가 많이 알려진 것이 아니라 고민할 수도 있을 것 같은데, 직접 경험해보니 의료계에서 필수적인 직업군이고, 미래 사회에 필요한 다양한 지식을 쌓을 수 있었습니다. 또한 타인의 건강한 삶에 관여하는 것 자체가 자부심을 느끼며 살 수 있는 직업이라고 생각합니다. 후배분들도 후회 없는 선택이 될 것으로 확신합니다. 미래의 유망 전문직 작업치료사로 만나요!

OCCUPATIONAL
THERAPIST

(제2장)

작업치료사의

첫걸음

꿈의 실현,
작업치료의 문을 열다

　첫 직장은 큰 병원에서 시작하고 싶었다. 대학생활을 하며 노력한 결과를 이력서 경력란 맨 위에 한 줄로 설명하고 싶었다. 때로는 나의 목표가 지나치게 맹목적이고 세속적이라고 느끼는 이들도 있었지만, 그때의 마음이 내게는 이정표였고 중심이었다.

　요새는 작업치료 국가 면허시험이 11~12월에 치러지지만, 당시에는 겨울방학이 끝날 무렵인 2월에 치러졌다. 그리고 대학병원 취업의 등용문인 인턴 모집 기간은 빠르면 9월 말경부터 전형이 시작되었는데, 내가 갈망하던 '서울아산병원'은 타 기관보다 이른 10월 초부터 전형이 시작되었고 "1차 서류전형, 2차 전공 및 영어 시험, 3차 면접"이란 일반적인 채용과정을 거쳐야 했다. 각 전형을 차례로 통과하면 최종 선발이었다. 당시에는 이른바 국내 big3(현재는 big5)라고 불리는 대형병원의 채용시장 분위기는 누구나 자유롭게 지원은 가능했지만 교수님의 추천서를 받은 학교당 2명 정도의 지원자가 다소 유리한 사례도 있었다. 추천서를 받은 지원자들은 대부분 성적이 우수하였기에 다른 부분에 더 집중할 필요가 있다고 생각했다.

토익과 자체 영어 시험(의료 상황 관련 RC)을 동시에 준비해야 했는데, 이 부분은 사전 조사를 통해 미리 알고 있었다. 각 학교의 최상위권 간의 경쟁이었고, 내가 우위에 있다고 생각하지 않았기에 누구보다 일찍 준비를 시작했다. 하지만 졸업반 3월까지도 목표하는 토익 점수에 한참 미치지 못하면서 걱정이 앞섰다. 많은 사람들이 다니는 유명한 어학원에 다니고 있었지만 이대로는 안 될 거라는 불길한 예감이 들었다. 또 한 번 뭔가 확실한 변화가 필요한 순간이었다.

고민 끝에 내게 맞는 공부법도 파악할 수 있고 확실한 텐션을 받기 위해 개인 지도(과외)를 받기로 결정했다. 대학생이 같은 대학생에게 과외를 받는 건 쑥스러워서 상위권 대학 영문학과나 영어교육학과 석/박사 재학생을 구인하는 광고를 올렸고, 곧 좋은 선생님을 만날 수 있었다. 영어교육학 석사 마지막 학기를 앞둔 선생님께 나의 상황과 목표를 설명해 드렸고, 그때부터 단지 '영어 점수를 만들기 위한 공부'를 시작했다. 영어 실력을 키우는 방법 중 가장 좋지 않다고 알려진 한국적인 교수법이었으나, 덕분에 이후 취업 경쟁에서 영어 점수로 인해 손해를 보지 않을 정도까지 단기간에 점수를 올릴 수 있었다.

10월 중순 경, 1차 서류 전형을 통과하고 아산병원 자체 영어 시험 및 전공 시험을 치르기 위해 병원에 방문했다. 대강당에는 약사부터 모든 의료기사, 행정/기술직 지원자들이 모여 동시에 시험을 치렀는데, 고사장 문을 열고 들어서는 순간 모인 사람들의 규모에 놀랐고 지원자들의 엄숙한 분위기는 흡사 수능 시험에 비할 정도로 긴장감을 유발했다. 다행히 몇 개월 전부터 준비했던 의학영어 문제집이 큰 도움이 되어, 시험을 잘 치를 수 있었다. 결과 발표 후 최종 면접만이 남았다.

면접은 내가 가장 공을 들였던 관문이었다. 대학 시절 다양한 경험을 해보긴 했지만, 본래 내향적인 성격 탓에 타인에게 내 생각을 조리 있게 전달할 수 있는 능력이 탁월하지 않아 좀 과하다 싶을 정도로 준비를 했다. 졸업반 첫 학기 때부터는 함께 다니는 친구들에게 예상 면접 질문을 나눠주고, 무작위로 아무 때나 질문해 줄 것을 부탁했다. 평소 대화에 반이 장난이었던 미성숙한 우리였기에 처음에는 뜻대로 되지 않았지만, 이내 진지한 나의 태도에 친구들도 도움을 주기 위해 많은 노력을 해주었다. 밥을 먹다가도, 술을 마시다가도, 심지어 목욕탕에서도 친구들은 무심코 질문을 던졌고, 절친한 친구들 몇몇과는 최대한 실제처럼 구현한 모의 면접을 자주 보았다. 문을 열고 들어오는 자세와 걸음, 말할 때의 표정, 제스처 등 디테일한 부분까지 서로 수정해 주었다.

시간이 흘러 최종 면접의 시간이 왔다. 1조 1번으로 면접실 문 앞에 첫 번째로 서 있었다. 긴장했지만, 동시에 자신감도 있었다. 대기하며 서 있는 그 짧은 몇 초 동안 간절하게 기도했다. '제발 오랜 시간을 준비한 사람만이 대답할 수 있는 어려운 질문을 해주세요.' 그 당시 나는 쓸데없어 보이는 정보들까지, 예를 들어 치료실 전화번호부터 설립자(故정주영 회장)의 일대기까지 줄줄 외우고 있었다. 마침내 오랜 기간 준비했던 면접장의 문을 열었다. 사실 실제 면접에서는 내가 준비한 세세한 정보들을 묻는 질문들이 나오지는 않았다. 하지만 취업처에 대한 많은 정보를 알고 있다는 자신감이 큰 도움이 되었고, 다른 질문에 대한 답변 시에도 응용하여 답변할 수 있는 재료가 되기도 했다.

드디어 모든 전형이 무사히 끝이 났고, 나는 몇 년 동안 유별나게 준비하며 그토록 염원하던 병원의 최종 합격 통지서를 받았다. 누군가에게는 대단하지 않은 성과일 수도 있고, 이제 겨우 기간제 수련 과정에 합격한 것일 뿐이라는 것도 잘 알고 있었다. 하지만 항상 원하는 결과에 몇 퍼센트 부족함을 느껴야 했던 나에게는 큰 의미가 있었다. 이 경험은 절실한 노력으로 결실을 맺을 수 있다는 자신감을 갖게 해준 첫 번째 계기가 되었다. 지나고 보니, 아마도 이때부터 나만의 삶의 기준을 세우고 그 이하로 떨어지지 않으려 꾸준히 노력했던 것 같다.

대학시절 친구들이 나에게 왜 이렇게까지 오버해서 취업을 준비하느냐고 묻곤 했다. 나는 내가 부족하다는 것을 처음부터 인정하고 시작했다. 그래서 더 철저하고 전략적으로 준비했다. 이십여 년 동안 나보다 열심히 살아온 사람들과 경쟁해서 성공할 확률을 높일 수 있는 방법은 이것이 유일하다고 믿었다. 이렇게 목표하던 곳에 취업하면서 나의 대학생활은 막을 내렸다. 존경하는 여러 교수님들, 나의 소중한 친구들 그리고 내게 주어진 다양한 경험들, 그 시절과 나의 학교가 참 고맙고 그립다.

이제부터 여러분과 같은 출발선에서 시작한 평범한 작업치료사가 임상의 길을 걸으며 바라본 여러 풍경들에 대해 이야기해보려 한다.

막내 작업치료사의 하루,
대형병원에서의 성장 이야기

아직도 기억이 생생하다. 2월 3일 국가고시를 마친 후 다음 날이 첫 출근이었다. 모든 신체 시계가 국가고시에 맞춰져 있다가, 바로 다음 날 출근을 한다는 것이 뭔가 현실로 와 닿지 않았다. 아직 졸업도 하지 않은 학생 신분인 데다가 국가 면허도 없이 작업치료사라는 직함을 달고 일할 내 모습이 도무지 상상이 되지 않았다. 그토록 꿈꾸던 병원에 합격해 출근한다는 설렘보다는 이런저런 걱정들로 뒤척이다가 새벽 3시가 넘어서야 겨우 잠이 들었다.

알람소리가 울리기도 전에 눈이 떠졌다. 수능시험이나 입대 당일에도 알람을 수십 개 맞춰놔야 일어나던 나였지만, 첫 출근에 대한 중압감은 나의 무의식을 지배했다. 양복을 어색하게 걸치고 집을 나서면서 휴대폰을 보니 가장 친한 친구 두 명에게서 메시지가 와 있었다. 집 앞에 파란색 1톤 트럭 안에서 자고 있으니 출근할 때 깨우라는 황당한 이야기였다. 영문도 모른 채 서둘러 집을 나섰다. 영하의 날씨에 하얀 연소 가스를 내뿜고 있는 파란 트럭이 보였고, 정말 그 친구들이 트럭 안에서 자고 있었다. 그리고 트럭 뒤의 짐칸에는 익숙한 나의 자취집 짐들이 실려 있었다.

나는 마지막 학기에 국가고시 준비를 위해 학교 근처에서 단기 자취를 했었다. 집주인은 2월 3일이 만기였던 계약 기간에서 하루도 더 연장해 주지 않을 테니 당일 아침까지 짐을 빼지 않으면 알아서 처리하겠다고, 국가고시 전날 응원의 메시지를 보내왔었다. 하지만 시험을 마치고 피폐해진 몸을 이끌고 그 많은 짐을 처리할 엄두가 나지 않았고, 이삿짐센터를 알아볼 정신도 당시에는 없었다. 무엇보다 중요한 국가고시와 첫 출근에 피해가 될까 거의 자포자기한 상태였는데, 그 사연을 익히 알고 있던 친구들이 차를 빌려 내 방의 짐을 모두 정리해서 온 것이었다. 너무 큰 감동이었다. "첫 출근 축하한다. 쫄지 말고 가서 잘해!"

신기하게도 긴장했던 마음이 녹아내리면서, 소중한 친구들의 말대로 정말 잘할 수 있다는 용기가 생겼다.

출근 첫 주차에는 오리엔테이션과 다양한 교육으로 스케줄이 구성되어 있었다. 그해 병원의 모든 부서의 인턴으로 선발된 인원은 약 100명 정도로 기억한다. 넓은 대강당에서 교육 전담팀 직원분들의 교육이 시작되었다. 병원 소개와 재단 및 모기업에 대한 역사, 주요 부서 소개 및 시설 라운딩, 고객 응대, 이미지 메이킹, 친절 교육 등이었다. 나는 그저 인턴 신분에 불과하다고 생각했지만, 병원에서는 소속감과 애

사심을 심어주려는 의지가 보였다. 특히 환자나 고객들을 상대하는 부서의 사원들에게는 그들의 한 마디 한 마디와 표정이 병원의 이미지 형성에 긍정적 또는 부정적인 영향을 줄 수 있기에 더욱더 교육에 신경을 썼던 기억이 난다. 2주 차부터는 치료실 내부 교육이 빡빡하게 진행되었다. 치료실 내 신입 교육 담당 선생님들의 교육이었다. 전산 프로그램 사용법, 개인정보 보호, 환자 안전, 감염 관리와 소독제 사용법 같은 치료 이외의 내용부터 환자 응대 방법, 치료실 기구 사용법 등 수많은 교육이 정신없이 진행되니 일주일이 또 지나 있었다.

재활의학과에 소속된 인턴은 나를 포함해 10명이었다. 그중 작업치료사는 4명, 물리치료사는 6명으로 병원과 재활의학과의 규모에 비해 적은 인원을 채용했다. 크게 입원과 외래, 소아 유닛으로 공간과 인력이 분리되었고, 순서에 따라 배치되어 일정 기간 근무 후 로테이션을 하여 모든 치료실을 경험해보는 구조였다.

공식적인 업무 시간은 08:30~17:30이었지만, 인턴의 암묵적인 출근 시간은 오전 06:30~06:50이었다. '최대한 일찍' 도착해서 세탁된 수십 벌의 치료복을 사이즈별로 예쁘게 정리하여 차곡차곡 쌓아 놓는 것으로 업무가 시작되었다. 다음에는 각 치료실 별로 소독제를 채워 넣고, 치료용 테이블 및 도구를 닦았다. 치료실의 모든 사무용 책상과 컴퓨터를 소독하고 키보드 사이사이를 면봉으로 깨끗하게 세척한 후, 저녁 이후 사용된 컵 등 식기를 설거지했다. 그리고 시계를 보면 어김없이 7시 30분쯤 되었다. 그러면 고개를 한 번 끄덕이고 다시 출발한다. 정수기가 멀리 떨어져 있어 약수터에 가듯 몇 개의 물통을 들고 가서

물을 받은 후 레몬 슬라이스 하나씩 물통에 넣어 놓으면 비로소 치료를 위한 공간 세팅이 완성되었다.

그럼 이제는 치료 스케줄 관련 업무가 시작된다. 신규로 내원하는 환자 목록을 확인, 정리한 후 전산상의 여러 치료 스케줄을 설정하였다. 진료과의 간호사 및 레지던트와도 소통해야 했기에 신속성과 정확성이 요구되었다. 이제 거의 끝났다. 아니 아직 공식적인 업무는 시작도 안 했다. 8시 20분이 되면 매일 스탠딩 회의를 진행한다. 그날의 중요한 이슈를 공유하고, 8시 30분에 드디어 첫 타임 환자를 맞이한다.

점심시간에는 환자 치료와 관련된 의료진과의 팀 미팅이 주 1~2회 있었고, 재활의학과에 소속되는 순간부터 과 내 각종 위원회와 TF팀, 스터디 그룹에 동시에 소속되었다. 이런 활동에서 나오는 회의나 미팅은 오전 업무 시간 전이나, 업무 시간 이후에 자주 있었다. 그곳에서 발생하는 다양한 자료 준비와 기획을 서포트하는 것도 당연히 막내 사원의 일이었다. 주말 역시, 이래도 되나 싶을 정도로 행사와 교육이 많아 바쁘게 뛰어다녔다. 나만 이런 건가 싶어 늦은 시간 다른 치료실을 가보면 어김없이 동기들이 남아 잔업을 하고 있었다. 측은한 눈빛으로 토닥여 주는 서로의 존재 자체가 큰 위로가 되었다. 우리는 입사 후 몇 개월간 해가 떠 있는 바깥 풍경을 본 적이 없었다. 그땐 이 모든 게 당연하던 야만의 시대였다. 현재 병원의 문화보다 더욱 보수적인 분위기였기에 서열 문화에서 오는 관례나 지켜야 할 예절 같은 것들이 많았다. 내가 알기로 요즘에는 대학병원을 포함한 대형병원들도 이 정도의 업무와 치료 외적인 일이 신입들에게 주어지지 않는다. 당시와 현재 사이의 직장 문화에는 많은 변화가 있었다. 이전에는 직장 내에서 군대에서나 사용하는 '군기'라는 말을 자연스럽게 사용할 정도로 위계질서가 강했고, 선임의 길이 내가 앞으로 가야할 길이라는 동일선상의 목표를 가지고 따라갔다.

이후 몇 년이 지나 일과 생활의 원만한 균형을 추구하는 '워라밸'이라는 신조어가 등장했다. 그리고 비슷한 시기에 '직장 내 갑질'이나 병원에서의 '태움 문화' 같은 키워드가 화두가 되어 언론 및 온라인상에서 큰 논란이 되는 일이 있었다. 최근에는 익명의 오픈 채팅방이나 게시판에 사건의 진실 여부를 알 수 없는 직장 내 부조리함을 공유하기도 한다. 언급되는 것만으로도 기업과 개인의 이미지가 실추될 수 있기에, 직장 내에서 서로 원하지 않는 시간과 말은 공유하지 않는 건조한 관계가 되었다. 시대가 변했고 사람들의 생각과 인식도 비례하게 변화했다. 난 그때의 우리도 이해하고, 지금의 우리도 이해한다.

또한 내가 이전 세대의 직장 문화를 겪어본 거의 마지막 세대라는 점도 나쁘지 않다. 그때의 힘겨웠던 경험들이 모든 면에서 나의 역치를 높여주어, 어디서든 힘을 덜 들이고 자신감 있게 일할 수 있었다. 무엇보다 열심히 살았던 모범적인 표본들이 모인 집단에서 선후배와 동료들의 삶의 태도나 치료 및 업무를 수행하는 모습을 보며, 많은 것을 느꼈고 닮아가려 노력한 시간이 소중한 자산으로 남아 있다.

다양한 경험은 작업치료사의 깊이를 만들어 준다. 여러 세대와 교류하며 공감하고 인정받았던 경험은 다양한 환자의 삶을 이해하는 데 중요한 역할을 한다.

치료사라고
치료만 하는 게 아니에요

    2020년 한국직업사전 제5판에 수록되어 있는 국내 직업의 수는 12,823개, 직업명은 16,891개다. 이 중 '치료사'라는 이름을 가진 직업은 놀랍게도 정식 등록된 '물고기치료사'를 포함해도 11개 직종뿐이다. 거기에 학과 이름에 '치료'가 들어가며, 국가에서 인정하는 면허가 필수 조건인 직업까지 범위를 좁히면 단 두 개의 직업만 남게 된다.

    우리는 치료사가 되기 위해 학교의 정식 교과과정을 통해 이론 및 실습과 같은 기본적인 소양 교육을 받는다. 의료, 보건, 치료 관련 과목 이외에 일부 교양을 보충하고, 어학이나 컴퓨터 등의 스펙을 쌓기 위해 부단히 노력한다. 하지만 학부 과정에서 이 모든 노력의 시간들은 결국 한 가지 목표로 모아지는데, 바로 '작업치료 국가고시'를 통해 작업치료사 면허를 획득하는 것이다. 학교 차원에서도 대외 홍보용으로 국가고시 합격률과 취업률이라는 정량적인 수치가 매우 중요하다. 사정이 이렇다 보니, 학교와 학생의 목표가 일치하는 어느 시점부터는 오로지 작업치료사 면허 획득을 위한 커리큘럼이 만들어지고 학생들은 이를 따르게 된다. 물론 학생들의 미래를 위한 우선순위가 있으니 이해할 수 있는 부분이다. 졸업 요건 충족과 작업치료 면허 획득을 동시에 이루는 과정이 학생과 지도하는 교수들에게도 쉽지 않다.

다만 우려되는 부분도 있다. 우리는 작업치료학과를 전공하고 작업치료사 면허를 획득해 작업치료사로 사회에 진출하여 환자를 치료하고 가정과 사회에 복귀시키는 '치료사'라는 의미 있는 정체성을 형성하지만, 반대로 어떤 상황에서는 그것이 한계가 되기도 한다. 학생의 신분을 벗어나 사회에 진출하면, 동시에 현실 감각도 재빠른 업데이트가 필요하다. 기관마다 차이가 있겠지만 일정 규모의 기관들은 우리에게 치료 이외에도 다양한 역할을 부여하고 역량을 시험하는 경우가 많은데, 그때마다 정체성의 혼란을 겪으면 곤란하다. 우리는 치료사이면서 조직의 일원으로서 그 시스템을 유지하고 발전시켜야 하는 직장인이기도 하다. 어떤 업무가 주어질 때 '치료사는 치료만 잘하면 되지'라는 마인드로 접근하면 나와 주변을 모두 힘들게 만드는 길이 열린다.

신입들이 주로 겪는 이러한 부분들은 학교에서 배운 정보와 임상에서의 차이에서 오는 '괴리감'이라고 할 수 있다. 사람과 장소에 따라 상대적으로 느끼는 정도의 차이가 있어 어떤 이들은 이내 적응하고 받아들이지만, 어떤 이들은 꿈을 펼쳐보기도 전에 작업치료의 길을 포기하는 안타까운 사례도 많이 보았다. 어떤 직종이든 주 업무만 잘하는 인원만으로는 발전적인 미래를 기대하기 어렵다. 우리가 속해 있는 치료실도 마찬가지다. 다양한 분야에서의 경험이 자신의 역량을 키우고, 내가 속한 직장의 발전과 더불어 작업치료사의 저변을 넓히는 연료가 될 수 있다는 인식의 변화가 필요하다. 소중한 작업치료 후배들이 사회에 나와 우리의 역할을 치료에만 국한하지 않고, 가능성에 도전하여 작업치료사의 저변을 넓힐 수 있길 바란다.

환자는 치료에서만 신뢰를 느끼지 않아요

인턴의 공식 복장은 넥타이까지 장착한 완벽한 정장 차림이었다. 대학을 갓 졸업한 신입이 정장에 대한 안목이 뛰어날 리도 없고, 사실 패션까지 신경 쓸 겨를도 없었다. 어느 출근길, 로비에서 재활치료팀 전체 팀장님을 만났다. 항상 멋진 수트 차림에 좋은 향이 나는, 누가 봐도 훤칠하고 멋진 꽃중년이었다. 반갑게 인사하면서 점심시간에 팀장님 방에서 차 한잔하자는 말씀을 남기고는 올라가셨다. 분명 '언제 밥 한 번 먹자'라는 지나가는 한국식 인사치레는 아니었다. 긴장되는 마음으로 방문을 두드렸다. 처음으로 그분과 마주 앉게 되었다.

"윤 선생은 환자에게 신뢰를 주기 위해 어떤 방법들이 있다고 생각하나요?"

면접을 다시 보는 건가 싫었다. 뭔가 학생스럽지 않으면서, 입사한 지 한 달도 채 안 되었지만 고민의 흔적이 담긴 나만의 철학을 이야기하고 싶었다. 어떻게 하면 '이 자식, 제법인데?'라는 인상을 줄 수 있을까? 온갖 말 주머니들이 머리 주변을 서성거렸다.

"정확한 평가를 통해 환자의 손상된 기능을 파악하고, 환자 맞춤형 치료를 통해……."

"아니, 그런 거 말고요. 여기 올 정도면 공부도 잘했을 것이고, 꾸준히 열심히 해야 하는 환경이니 치료적인 부분은 알아서 잘 성장할 거라 믿어요."

당황해하는 나를 보며 팀장님은 한 마디 덧붙이셨다.

"우리 병원의 이미지는 함께 만들어가야 해요. 윤 선생의 음성, 표정, 제스처, 의상 하나하나가 우리 병원의 이미지입니다."

그러면서 팀장님은 내가 담당하는 환자가 퇴근하는 나의 모습을 로비에서 마주쳤을 때에도 멋진 복장과 젠틀한 인사로 대해주라는 말씀을 하셨다. 보통 여러 매체나 서적에서는 첫 인상을 강조한다. 그만큼 처음으로 남기는 인상이 강렬하게 자리 잡아 이후의 관계에도 크게 영향을 미친다는 것이다. 하지만 병원에서의 치료사는 그것만으로는 부족하다. 작업치료사는 병원에서 일하는 모든 인력 중에 환자와의 접촉 시간이 가장 길다. 환자와 매일 30분에서 1시간씩 일대일로 대면하며, 신체와 정서적인 부분까지 맡기는 직업은 우리가 유일하다. 그렇기 때문에 첫 인상뿐만 아니라 중간 인상, 끝 인상까지 신뢰를 유지해야만 환자가 안심하고 우리에게 몸과 마음을 맡길 것이다.

당시 팀장님의 긴 서론 끝에 내게 주신 결론은 놀랍게도 오늘 내가 입은 셔츠와 넥타이 매치가 어울리지 않는다는 것이었다.

생존전략: 스피드레이서

입사한 지 한 달쯤 지나 어느 정도 병원 생활에 적응이 될 때쯤 치료실 선배님 한 분이 조용히 나를 부르셨다.

"윤 선생. 앞으로는 선임들이 여러 가지 일을 지시할 거야. 만약 다음 주까지 가져오라고 하면 언제까지 할 거야?"

의중이 예상되어 전날까지 결과물을 드리겠다고 대답했다.

"아니, 오늘이나 내일까지는 가져다줘야지. 그럼 내일까지 달라고 하면?"

"오늘이요……?"

"그래! 오늘까지라면 오전에! 기한이 없거나, 최대한 빨리 달라고 하면 지금 시작해야지."

지금은 모교에 교수로 부임한 학교 선배(정원규 교수)의 애정이 담긴 충고였다. 어차피 한 번에 만족을 줄 수 없으니, 최대한 빨리 피드백을 주고 완성까지의 시간을 줄이라는 취지였다. 이 병원에서 10년 가까이 근무한 멘토였던 선배가 처음으로 힘주어 말하던 그때, 본능적으로 느낄 수 있었다. 이것이 나의 '생존전략'이 되겠구나.

대부분의 병원들은 일일 근무 8시간 기준으로 30분씩 적게는 12타임, 많게는 16타임을 꽉 채워서 치료를 한다. 환자를 평가하고 치료 계획을 세우며, 치료 후 기록까지 해야 하므로 저연차 치료사들은 그 일만으로도 업무 시간 내에 끝내기 힘든 경우가 많다. 하지만 대학병원이나 규모가 있는 재활병원에서는 각종 행정과 교육 업무의 비중이 높다.

중요한 행정 업무는 주로 직책자들이 책임을 맡아 진행하지만, 부수적인 자료 조사 및 정리는 주니어들의 몫이다.

어차피 여유 있게 쉴 수 있는 시간이 주어진 환경이 아니었다. 업무의 지시와 보고 모두 치료 시간 중에 이루어졌다. 주어진 전략대로 일을 최대한 빠르게 결과물을 제출하는 데 초점을 두었다. 나의 주관적인 완성도 100보다는, 90 이상의 가장 빠른 결과물을 목표로 했다. 내가 생각하는 완성도와 선임의 기대치 차이는 실제로 존재했다. 비록 여러 번 피드백을 주고받아야 했지만 '윤 선생에게 일을 주면 가장 빠르다'라는 인식을 심어주었다.

수평적인 인간관계에서도 부탁에 대한 빠른 응답은 대부분 긍정적이다. 직장에서도 마찬가지로 빠른 응답은 선임에게 후임이 그 부탁의 중요성을 인식하고 있다는 무언의 신호로 작용한다. 동시에 그 일을 높은 우선순위에 두었다는 표현으로 받아들여진다. 나의 캐릭터를 만들어갈 때 효과적인 '생존전략'이었다. 이후 근무지를 옮겨 어느 정도 연차가 쌓일 때까지도 항상 지키려고 노력했던 부분이다.

물론 치료사는 환자의 치료가 우선이다. 그리고 현재를 살아가고 있는 세대가 받아들이기 힘든 부분이 있다는 것도 잘 알고 있다. 다만 저연차 치료사들은 한동안 누군가에게 만족을 줘야 하는 시기가 분명히 온다. 그 누군가는 기성세대이거나 그 세대의 마인드를 가진 사람들일 것이다. 필요한 시기와 상황에 사용해 볼 것을 추천한다. 그런 당신을 인정하지 않을 이유가 없기 때문이다.

몇 점짜리 치료사?

당시 병원의 'UM(Unit manager)'이라는 직함은 작업치료를 대표하는 실장의 직책이었다. 송영진 UM은 작업치료사를 위한 연하치료(삼킴곤란치료)의 이론을 정립해서 교과서로 사용될 만한 수준의 서적을 집필하신 분이다. 학부 시절부터 그분이 쓴 책으로 연하치료를 공부했다. 여러 학회나 외부 활동에서의 그분의 모습은 본인 분야에서 재활의학 전문의보다도 해박한 지식으로 후학들에게 모범이 되던 분이었다. 하지만 입사 후 팀의 막내 입장에서 그분은 너무나 크고 어려운 존재였기 때문에 훈련병이 주임원사를 대하듯 항상 어려웠다. 평소 필요한 말씀만 하시다가, 가끔 내뱉는 조용한 이야기에도 반경 몇 미터 내의 치료사들이 모두 집중하게 만드는 아우라가 있었다. 무엇보다 모든 팀원은 그분을 단지 부담스럽게만 느끼는 것이 아니라, 진심으로 존경하고 있었다.

15년 전이었는데도, 당시 아산병원 작업치료는 물리치료와 인력과 공간을 거의 같은 비율로 확보하고 있었다. 현업에 있는 치료사들이라면 이와 같은 인프라 확보가 얼마나 힘든 성과들이 겹겹이 쌓인 결과인지 알 수 있을 것이다. 팀 내 대부분의 선임들은 그분의 리더십과 수완이 밑바탕이 되었다고 여러 번 힘주어 이야기했다. 이처럼 전설적인 분의 질문 한 마디가 나에게 미친 어떤 영향력에 대해 이야기하고자 한다.

처음으로 내가 준비한 스터디 내용을 발표하는 날이었다. 며칠 밤을 새웠는지 모르겠다. 이건 누가 시켜서 하는 숙제가 아니라, 나를 보여주는 쇼케이스라고 여겼다. 발표가 끝나고 선임들의 평이한 질문들이 오갔고 마찬가지로 무난하게 답변을 하고 마무리가 되려던 그때, 팔짱을 끼고 있던 UM은 나지막한 목소리로 내게 물었다. 발표에 대한 총평이었을까?

"선생님은 잘한다는 기준이 몇 점 정도라고 생각해요?"

무방비 상태였다. "90점⋯⋯ 이상이라고 생각합니다."

그러자 UM은 실망스러운 표정으로 말을 이어가셨다.

"90점? 우리 기준은 항상 100점인데. 내가 선생님을 잘못 봤네. 99점 이하는 다 똑같아요. 잘하지 못하는 사람! 자, 여기까지 합시다."

한 사람씩 자리를 뜨고 홀로 남겨진 치료실에서 정말 많은 생각을 했던 것 같다. 정보를 전달했다는 느낌보다 모인 사람들의 시간과 에너지를 훔친 것 같은 자책감이 들었다. 내가 더 나은 결과물을 가져왔어도 충분하지 않았을 것이다. 다만 발표를 준비하는 마음가짐의 커트라인을 90점에 두고 있었다는 것을 이번 발표를 통해 선임과 동료들에게 자백한 시간이었다. 이후에도 여러 경험을 통해 100점을 목표로 두고 준비한 결과와 90점만 넘겨보려는 결과물은 큰 차이가 있다는 걸 알 수 있었다.

적당한 노력은 언제나 감흥이 없다. 반대로 올바른 방향 설정과 마구 쏟아붓는 시간과 노력의 결과물은 먼저 경험한 사람들이 알아보고 인정해 준다. 보통 최대치의 결과물로 인정받는 데 익숙해지면, 그때부터는 남의 시선이나 압박에 의해서만 노력하지 않는다. 본인만의 상향된 결과에 대한 기준이 확고해지고, 그 이하로 내려가는 걸 스스로 용

납하지 않는다. 누군가는 스트레스만 받지만, 누군가는 그 시간을 이겨 내고 인정과 자아실현의 단계까지 가기도 한다.

역시 누구나 100점짜리 치료사가 될 필요는 없다. 그 동기가 타인을 위해서라면 더욱 그렇다. 하지만 이제 먼 길을 시작하는 주니어급 치료사들은 기대에 따른 높은 기준을 부정적으로만 받아들이지 않았으면 한다. 누군가에게 인정받는다는 건 그 사람의 머릿속 긍정적인 폴더에 저장되는 것과 같다. 우리가 탐구하는 이론에서 레퍼런스는 객관성이 중요하지만, 인적 레퍼런스는 직간접적인 경험을 통해 어느 정도 주관적인 부분도 인정해 준다. 좋은 자리에 자신 있게 소개해 줄 사람, 중요한 자리에 믿고 내세울 만한 사람, 그동안 상대방이 쌓아 놓은 결과를 인정하고 함께 노력하여 성과를 공유하고 싶은 사람은 머릿속 그 폴더에서 먼저 찾게 된다.

살아남는다는 보장도 없잖아?

적응에 최적화된 동물이 바로 인간이다. 그 속에 내가 있고, 내 앞에는 밀린 설거지가 쌓여 있다. 시간대별로 쌓여 있는 설거지도 콧노래를 부르며 할 수 있을 때쯤 내가 이곳에 적응이 되었다는 걸 느낄 수 있었다. 대부분 공감하겠지만, 남자들은 손이 많이 가는 행동은 잘 하지 않으려 한다. 종이컵에 믹스커피 하나 타서 마시는 것도 망설이다가 이내 귀찮다며 포기한다. 반대로 이곳의 여선생님들은 여러 욕구에 따라 음료를 마시는 경우가 많았다. 주로 본인의 컵이나 텀블러를 사용한다. 갈증을 느낄 때는 기본적으로 물이나 각종 차, 달달한 게 당길 때는 초코베이스류 파우더, 출출할 때는 미숫가루나 시리얼, 건강을 챙기려 할 때는 곡물차나 심지어 컵 안쪽 표면에 들러붙어서 떨어지지도 않는 마 주스를 즐기기도 했다. 항상 최적의 상태로 음료를 즐길 수 있게 개인 컵을 세척하는 것이 당시 인턴의 부지런함을 보여주는 덕목 같은 것이었다.

점심시간이 끝나갈 무렵, ADL실(일상생활동작 훈련실)에서 어김없이 컵을 세척하고 있을 때였다. 한 선생님이 들어와서 본인의 컵을 챙겨 돌아서다가 이내 옆에 서서 나를 지켜보는 게 느껴졌다. 내가 할 수 있는 건 경쾌하고 깨끗한 소리가 날 때까지, 남들과 차별화된 덕목을 보여주는 것뿐이었다. 그 선생님은 치료 연차로는 나보다 4년 선배로, 나처럼 인턴으로 병원에 들어와서 수년의 계약직 기간을 거쳐 정규직 발령을 받은 지 얼마 안 된 선배였다. UM에게도 인정받아 삼킴장애와 관련된 치료와 연구에도 함께 협업하는 일이 잦았고, 모든 생활에 흐트러짐이 없는 사람이었다. 한마디로 정의하자면 'UM 미니미' 같은 전투력을 갖추고 있었다. 그런 부담스러운 존재가 내 설거지를 지켜보고 있는 것이다. 조심해야 한다.

"선생님은 여기서 나가면 뭐 할 거야?"

침묵을 깬 선배의 첫 질문은 한 번도 생각해보지 못했던 것이었다. 입사한 지 얼마 안 되었기 때문에 더욱 그러했다. 학교에 입학하면서부터 줄곧 이 병원에 입사하여 일하는 모습만 상상했지, 이후의 계획은 없었다. 마땅한 대답이 떠오르지 않았다. 수세미를 내려놓은 채 아직 생각해본 적이 없고, 그저 선생님처럼 여기에 남고 싶다고 대답했다.

"여기에 남는다는 보장도 없잖아. 미리 준비는 해야지."

"어떤 준비를 하면 좋을까요?"

"만약 재활병원에 가게 된다면 보바스 치료[24] 교육 같은 것도 미리 들어 놓으면 좋을 것 같고."

담담한 척했지만, 선임의 한 마디 한 마디가 내 가슴에 무게 추를 하나씩 추가하듯 마음이 무겁게 내려앉았다. 어른의 탈만 썼지, 한없이 어렸던 나는 그 질문과 구체적인 설명들이 그 당시에는 참으로 서운했다. 가장 최근에 정규직이 된 선생님의 기준에 나의 여러 퍼포먼스가 부족해 보였던 것이라는 생각이 들어서였다. 진짜 그러하다면, 이건 누구의 탓도 아니고 내 능력의 문제라고 생각하니 더욱 나의 존재가 작게만 느껴졌다. 이후 며칠간은 오랜 짝사랑 상대에게 거부당한 듯한 공허한 마음으로 일했던 기억이 난다.

인간은 새로운 환경에 적응하기 위해 많은 에너지가 필요하지만, 줄곧 익숙해지면 뇌 속에 새로운 신경망이 생성되어 최소한의 에너지로 생활을 이어간다. 그러다 보면 그 새로움이 더 이상 힘겹지 않고 편안해지며, 그 편안함이 유지되면 안주하게 되는 것이다. 편안함 속에서도 내가 가야 할 방향과 그곳에 다다르지 못했을 때의 플랜 B, 플랜 C는 반드시 필요하다. 그래야만 허우적대지 않고 멘탈을 잘 잡을 수 있다. 대비 없이 마주하는 불확실한 미래는 재앙과도 같다. 내가 원치 않거

---

[24] 중추신경계 손상 환자를 치료하는 대표적인 방법으로 많은 재활병원에서 널리 사용되는 치료 기법.

나, 만족스럽지 않은 환경은 우리에게 늘 새로운 스트레스를 주기 때문이다. 엄밀히 말하면, 자신에게 주어진 환경은 자신의 성적표와 같다. 그곳은 내게 잘못한 것이 없다. 원래 그런 곳이었고, 그런 곳이 아니라고 내게 말한 적도 없다. 그러므로 자신의 꿈의 크기와 비례하게 노력하고, 빠르게 준비하는 것은 필수적이다.

그때 나에게 그 선임의 현실적인 질문이 주어지지 않았다면, 미래를 준비하는 성숙한 자세를 시간이 훨씬 많이 지나서야 깨우쳤을 것 같다. 미래는 정해져 있지 않고, 목표를 항상 이룰 수는 없다. 나는 첫 번째 목표를 이루기 위해서는 누구보다 성실하고 빠르게 준비했지만, 이후에는 단지 현재만 살았던 것 같다. 가까운 미래에 닥칠지도 모르는 불만족스러운 미래에 대한 불안감은 나중에 갚아도 되는 대출처럼 뒤로 미뤄 놓으려고 했던 것이다.

> 그때 그 질문을 했던 박은정 작업치료사는 이후 나와 가장 가까운 선임 중 한 명으로, 내가 나약해질 때마다 현실적인 조언으로 중심을 잡아주었다. 또한 대한연하장애학회에서 홍보위원으로 함께 활동하며 학술적인 부분에서 롤 모델이 되어주었고, 현재는 후학 양성을 위해 경기도 남양주에 있는 경복대학교 작업치료학과의 교수로 부임하여 여전히 열정적으로 교육과 연구를 이어가고 있다.

작업치료사의 첫인상

환자와의 첫 만남은 보통 신규 환자가 치료실에 처음 내원했을 때 이루어진다. 대학병원의 재활의학과에는 급성기 환자(발병 후 0~3개월)의 수가 상대적으로 많다. 신경계 손상 환자들은 신경과나 신경외과에서 외과적 처치나 수술을 마친 후 재활의학과로 전과를 온다. 최근 연구를 보면, 발병 후 재활 시기가 빠를수록 예후가 좋다는 근거가 차곡차곡 쌓이고 있다. 이런 이유와 병원의 재원일수를 줄이기 위한 노력이 더해져, 재활치료실에 처음 내원하는 시기가 더욱 빨라지고 있다.

중추신경계 환자의 경우, 발병 자체만으로도 정상적인 컨디션에서 크게 벗어나 있고 수술 또는 여러 약제의 사용으로 인해 온전한 상태로 치료실을 방문하는 것이 매우 드문 일이다. 작업치료사는 이렇게 힘든 상태에 있는 환자들에게 재활의 필요성을 설명하고 설득하는 역할을 한다. 환자와 보호자들이 위급한 응급상황과 중대한 신경학적 처치를 마친 후, 생사의 갈림길에서 벗어나 안도의 숨을 내쉴 무렵에 만나는 사람 중 하나가 작업치료사인 것이다. 이것이 우리가 끊임없이 공부하고 다양한 방법을 동원해서 그들에게 신뢰를 주어야 하는 핵심적인 이유다.

먼저 환자 및 동반한 보호자와의 첫 만남 시 치료에 대한 소개는 필수적이다. 환자의 인지기능이 우리의 설명을 이해하지 못할 수준이라면 보호자에게 초점을 맞춘다. 보통 다음과 같은 순서로 진행한다.

▌치료실과 치료사 소개

"안녕하세요, ○○○ 님. 이곳은 작업치료실입니다. 저는 앞으로 ○○○ 님을 맡아 치료를 진행할 작업치료사 ○○○입니다. 금일은 처음 방문하셔서 ○○○ 님의 기능 수준을 알아보기 위해 몇 가지 평가를 진행하겠습니다."

▌재활 일정 및 목표 설정

"금일 평가 결과를 바탕으로 저와 함께 일 1~2회 치료를 받으실 예정입니다. ○○○ 님이 질환으로 인해 스스로 수행하지 못하는 일상생활을 최대한 독립적으로 수행하는 것을 1차 목표로 합니다. 그리고 병전에 직업이나 본인에게 의미 있는 작업이 있었다면, 그에 필요한 신체 동작이나 인지기능을 훈련하여 가정과 사회로 복귀하는 것을 2차 목표로 하고 있습니다."

▌동기부여

"의학적으로 재활 효과가 가장 높고, 회복이 빠른 시기를 발병 후 6개월까지로 보고 있습니다. 가장 힘든 시기인 것을 저희도 잘 알고 있지만, 최대한 병전의 건강한 일상으로 돌아갈 수 있도록 조금만 더 힘을 내주십시오. 저희도 최선을 다해서 돕겠습니다."

아직 대중들에게 '작업'과 '작업치료'라는 말은 낯설다. 그리고 처음 만나게 된 치료사의 존재도 그러할 것이다. 그렇기에 '작업'의 정의를 설명하지 않더라도 치료실과 담당 치료사에 대한 소개로 신뢰를 주는 것이 마땅하다. 특히 대중들은 재활에 대한 이미지를 정형외과적 질환과 연결시키는 경우가 많다. 보통 일상적인 생활환경에서 발생하는 염좌나 가벼운 골절, 요통, 디스크 등의 재활은 여러 매체에서도 쉽게 접할 수 있고, 일생에 몇 번씩은 정형외과 등에서 직접적인 경험을 하기 때문이다. 만약 나와 내 가족이 중대한 질병을 앓지 않는다면, 우리에 대한 이미지는 자연스레 정형외과적 질환을 관리하는 치료사로 한정되어 있을 것이다. 그렇기 때문에 치료 방향에 대한 부연을 해도 좋고, 재활 일정 및 목표를 공유하는 것도 좋은 방법이다. 환자의 니즈를 반영한 현실적인 치료 목표는 인터뷰 및 일상생활동작 평가 이후 설정하는 것이 올바른 순서다.

또한 환자의 기본적인 신체 컨디션을 이해해야 한다. 감기만 심하게 걸려도 손 하나 까딱하기 싫을 때가 있지 않은가. 환자들은 그보다 몇 십 배, 몇백 배까지도 컨디션이 저하된 상태다. 지금 당장 힘든 환자들에게 긍정적인 예후를 위해 적극적인 재활을 해야 한다고 설득하는 것은 쉽지 않다. 힘든 과정을 동행할 치료사와의 라포를 형성하는 것이 무엇보다 중요한 이유다. 진심을 담은 메시지로 그들에게 동기부여를 해주고 희망을 심어주는 것이 작업치료의 첫 시작이라고 할 수 있다.

일반 대중들은 뇌졸중, 척수손상, 암과 같은 중대한 질병에 대해 전문적인 지식이 부족한 편이다. 게다가 이러한 질병의 치료 과정과 예후에 대한 불안감을 가지고 있다. 이렇듯 재활치료실은 희망과 걱정이 공존하는 공간이다.

끝까지 살아남는 스페셜리스트와 제너럴리스트

'스페셜리스트'의 의학적 정의는 전문의나 전문가 또는 특수 분야에 한정된 의사로서, 고도의 훈련을 받아 전문 진료가로 인정된 의사를 뜻한다. 사회적으로는 '한 분야에서 특정한 지식과 업무 능력을 가진 사람'이라고 정의한다.

이러한 능력을 지닌 사람들은 한 가지 일에 몰두하여 그 분야의 마스터 수준까지 도달하는 데 유리하다. 그들의 일반적인 특징은 주변 환경에 쉽게 동요되지 않고, 본인이 추구하는 일에 대한 집중도가 높다는 것이다. 확고한 방향을 설정한 이후에는 어떤 이벤트에 의해 경로를 이탈해도 본래 자리로 회귀하는 능력이 뛰어나다. 조직 내 능력 있는 리더들은 이러한 인재를 활용하여 최상의 성과를 내야 할 때 그들이 집중할 수 있는 무대를 만들어 준다.

나와 비슷한 연배의 선임이 두 명 있었다. 그중 한 선임은 인턴으로 입사해 우수한 평가를 받고 계약직 전환을 통해 근무를 이어가고 있는 치료사였다. 그는 인턴들보다 일찍 출근하여 늘 같은 표정과 자세로 오전 업무 전까지 작은 미동 하나 없이 행정 업무를 수행했다. 아침 출근 인사를 해도 듣지 못할 때가 많았고, 언제 출근해 있었냐는 되물음을 받는 것도 일상이었다. 그 선임은 치료실에서 일어나는 크고 작은 서류 업무와 통계 업무, 업무 보고 시안 등을 수행하는 데 특화되어 있었다. 치료 관련 행정에 대한 전반적인 이해가 깊었기에 3년 차 계약직임에도 관리자의 시선으로 보고서 워딩이 가능했다. 선임의 이러한 능력은 치료적인 교육 업무로도 확장되었다. 직접 프레젠테이션을 하지 않더라도 실습생이나 신규 입사자를 위한 전반적인 교육 자료를 도맡아 만들었다. 이후 본인의 자료와 여러 선생님들의 자료를 모아 도서 형식의 교육 자료집을 발간할 때도 비중 있는 역할을 차지했다. 한두 개 또는 두세 개의 일이 동시에 끝나면 다시 그만큼의 일이 주어지는 상황이 반복됐다. 그러나 그 상황을 바라보는 주변 사람들만 힘들었지 정작 본인은 어김없이 그 자리에서 똑같은 표정과 자세로 주어진 일을 묵묵히 해냈고, 성과는 늘 특별했다. 지금까지 임상과 학회, 대학원 등에서 많은 치료사들을 만나봤지만, 아직까지 나에게는 이 선임이 치료 행정 및 교육 분야에서 가장 완벽한 스페셜리스트다.

이와 대조적인 캐릭터는 바로 '제너럴리스트' 또는 '멀티플레이어'다. 그 정의를 보면 '여러 가지 업무를 두루두루 잘하는 사람'을 뜻하는데, 업무나 지식의 깊이는 스페셜리스트보다 상대적으로 얕지만 더 넓은 범위를 다루는 사람을 보통 제너럴리스트라고 부른다. 이들의 특징은 본인에게 주어진 일뿐만 아니라 주변에서 벌어지는 모든 일에 관심도가 높다는 점이다. 이들은 수행하는 모든 일에 중상 정도의 목표치를 정하고 다양한 일을 동시에 수행하는 것에 능하며, 소수보다 다수에게 골고루 인정받을 때 자기만족도가 높다.

이러한 특징을 가진 또 다른 선임 한 명은 외부 병원에서 1년의 경력을 쌓고 계약직으로 들어와 업무를 이어가던 4년 차 치료사였다. 첫인상부터 이 병원에서는 느낄 수 없었던 푸근함이 있었다. 후임들의 업무적 실수나 업무 외 규율에 어긋나는 일에도 따끔한 지적보다는 따뜻한 지도와 이해심을 보여주었다. 그래서 후배들이 단순히 혼나지 않기 위해 스스로를 통제하는 방법을 터득하는 것보다 본질적인 마인드가 변화될 수 있도록 이끌어 주는 사람이었다.

이 선임은 신규 사업을 기획할 때면 항상 새로운 아이디어를 제공하여 뛰어난 능력을 보여주었다. 또한 그 업무가 자리 잡기 위한 초기 세팅과 진행상황에서 발생할 수 있는 여러 제한점을 예측하는 능력도 탁월하여 팀원들이 미리 대비할 수 있는 틀을 만들어 주었다. 대부분의 치료사들은 연하재활팀이나 인지재활팀 등 특정 팀에 속하지 않으면 기능적 작업치료 및 일상생활동작 치료를 주 업무로 하였는데, 이 선임은 새롭게 기획되는 다양한 업무에 거의 모두 투입되곤 했다.

아산병원은 수술형 공장이라 불릴 정도로 각종 암이나 뇌혈관, 심장, 폐 수술 환자의 수가 많다. 하지만 뇌혈관 질환이나 정형외과적 질환 이외의 질병에 대한 재활은 아직 태동 단계 수준이었기 때문에 작업치료팀은 기존 재활 대상군 이외의 새로운 대상군에 대한 재활프로그램 개발을 위해 노력을 쏟고 있었다. 그중 암 재활에 대한 필요성이 대두되었는데, 이때 이 선임이 유방암으로 인한 유방 절제술 환자들을 위한 그룹재활을 기획하였고 치료 강사 역할까지 수행하였다. UM은 이 선임이 적임자라고 여겼다. 유방암 절제술 특성상 상대적으로 나이대가 젊은 여성도 많았고, 중요한 신체 일부의 변화로 인해 정서적으로 예민해진 분들을 상대해야 했기에 강사의 역할은 매우 중요했다. 단지 이론만 전달하는 프로그램으로는 환자들에게 만족감을 줄 수 없었다. 그 상황에서도 선임의 고유한 공감능력과 화법, 본인이 속해 있는 공간의 분위기를 따뜻하게 만들 줄 아는 능력이 빛을 발했다. 걱정스러운 표정으로 한쪽 가슴을 움켜쥐고 방문했던 환자들의 그룹치료실에서 선임의 리드하에 재활운동을 시작하면 금세 치료실 너머로 들려오던 환자들의 웃음소리가 아직도 귓가에 선하다.

이 선임의 또 다른 역할은 '파라(하반신마비, paraplegia)환자 그룹재활'이었다. 주로 척수 손상으로 인해 발생하는 마비 중 하체의 움직임에 영향을 주는 상태를 쉽게 '하반신마비'라고 한다. 이러한 환자들 중 하체의 감각 및 운동기능을 완전히 상실한 하반신 완전마비 환자들은 일상 및 사회 복귀를 위한 조기재활과 교육이 필수적이다. 물론 치료사와 일대일로 집중적인 훈련을 진행하는 것이 효과적이나, 제한된 인력으로 모든 환자를 소화할 수가 없었다. 심지어는 주어진 입원 기간(약 4주)이 지나도록 단 1회의 치료나 교육도 받지 못하고 퇴원하는 환자들도 있었기에 이에 대한 대책이 필요했다. 그때 또 이 선임의 능력이 발휘되었다.

특수작업치료 수가코드(일대일, 30분)를 단순작업치료(일대다수, 10분 이상)로 변환하여 하반신마비 환자들을 위한 그룹치료를 시행하는 아이디어였다. 총 7회에 걸쳐 매일 다른 주제로 그들에게 필수적인 훈련과 교육을 실시하였다. 역시 프로그램 구성과 진행은 이 선임이 맡아서 시행했다. 결과적으로 치료실 수익의 지장을 주지 않는 범위에서 이전보다 많은 이들에게 치료를 제공할 수 있었다. 이후 파라 그룹에서 시작된 이 아이디어는 경추 손상 그룹, 편마비 그룹 등으로 확장되어, 인력의 추가 투입 없이 더욱 많은 이들에게 치료를 제공할 수 있었다. 이 밖에 원예치료, 요리치료 등 특수 프로그램에도 이 선임은 항상 보조 강사로 투입되었다. 그는 어디에서든 필요한 존재가 되어 다양한 능력을 발휘하는 진정한 '제너럴리스트'였다.

사람들은 첫 직장이 중요하다고 말한다. 치료사도 마찬가지다. 학생의 신분에서 벗어나 처음 마주하는 직장의 시스템과 함께하는 사람들이 보여주는 퍼포먼스는 신입에게 큰 영향력을 미친다. 치료 및 업무수행 등 아직 모든 면에서 표준이 형성되지 않은 상태에서 우리는 주변을 모방한다. 보통 그 부분에서 가장 출중한 사람을 대상으로 하고, 나중에는 그를 표준으로 여긴다. 직장을 옮기더라도 첫 직장의 시스템 및 사람들과 끊임없이 비교한다. 이처럼 '흡수율'이 가장 높을 때 겪었던 경험들은 향후 직장생활에서도 보이지 않은 상하한선 범위를 만들게 된다.

내게 가장 완벽했던 '스페셜리스트' 윤인진 작업치료사는 그해에 바로 정규직이 되었고, 현재 소아치료실의 UM이 되어 여전히 깊이 있는 업무의 리더 역할을 하고 있다. 또한 아이디어 뱅크이자, 가장 널리 반짝이던 '제너럴리스트' 박지은 작업치료사는 약간의 순혈주의(인턴 출신)가 존재했던 정규직 입사 문화를 이겨내고 그다음 해에 당당히 정규직이 되어, 현재는 성인치료실 UM으로서 가장 핵심적인 부서의 리더로서 인정받고 있다.

1만 분의 1,
고객 칭찬 최우수 직원

"나는 칭찬 한마디면 두 달을 살 수 있다." 마크 트웨인의 이 짧은 말은 강력한 의미를 담고 있다. 어떤 이유에서든, 우리가 살아가는 모든 과정에서 누군가에게 인정과 격려를 받는 것은 성장과 발전을 이끌어내는 역할을 한다. 누구나 한 번쯤 인생을 살면서 어떤 어려움에 부딪혔을 때 친구, 가족, 동료, 혹은 낯선 이의 칭찬 한마디로 인해 새로운 에너지를 만들어냈던 경험이 있을 것이다.

작업치료사가 환자에게 치료로서 그들의 일상에 의미 있는 영향을 준다면, 환자들은 감사와 칭찬, 격려로 우리의 일상에 긍정적인 영향을 준다. 힘든 치료를 마치고 전해 듣는 환자의 진심 어린 감사 인사 한마디에 그날의 노고를 보상받기도 하고, 보행이 불편한 환자가 절뚝거리며 들고 오는 커피 한잔에 내일의 에너지를 채우기도 한다. 이렇게 환자의 칭찬과 격려의 메시지는, 마크 트웨인이 말한 두 달보다도 더 긴 시간 동안 잔잔하게 우리 직업의 의미와 소중함을 느끼게 해준다.

첫 번째 칭찬

임상에 첫발을 내민 신입 치료사들은 학교에서 배운 이론을 실제적으로 적용해보는 것만으로 희열을 느끼지만 동시에 환자들을 대하는 것이 부담스럽다. 혹시 그들이 회복할 수 있는 기회의 시간에 어설픈 자신을 만나 피해를 주는 것이 아닌가 하는 착한 고민도 자주 하는 시기이다. 그런 겸손함 마음을 지닌 신입 치료사들은 자신의 부족한 치료에 대한 보상으로 환자들에게 더욱 친절하게 대함으로써 또 다른 만족감을 준다. 그래서 자칫 무뚝뚝해 보일 수 있는 시니어 치료사보다 열정적인 주니어 치료사들이 좀 더 친절하게 느껴지기도 하고 라포 형성에 긍정적일 때도 있다.

나 역시 지금보다 환자들의 안타까운 상황에 더욱 감정이입이 되었던 시기가 있었다. 바로 인턴 때였다. 노인분들은 나의 할머니나 할아버지 같았고, 중년의 환자들은 내 부모님처럼 여기며 치료적인 부분 이외에 정서적인 부분도 케어하면서 부족한 실력을 열정으로 채워 나갔다. 다만 공감능력이나 친절함은 치료 실력과는 별개의 문제였기에, 때론 그들에게 미칠 나의 영향력에 불현듯 막막해지고 마음이 무거울 때도 있었다.

그러던 어느 날, 사내메일에 뜬금없이 발신자가 '병원장'으로 되어 있는 개인 메일이 와 있었다. 영문도 모른 채 그 내용을 확인하고, 예상치 못한 편지글에 갑자기 눈물을 왈칵 쏟은 기억이 있다. 그 메일은 50대 뇌졸중 환자의 아내분이 병원에 보낸 '칭찬카드'였다. "집안 가장의 갑작스런 병환에 아무것도 해줄 수 없어 무력하게 하루하루를 보내던 때, 윤대석 작업치료사님의 치료와 진심 어린 위로에 조금씩 회복해가는 남편의 모습을 보며 희망을 가지게 되었습니다……."라는 내용으로 시작하는 장문의 글이었다. 내가 치료사로서 역할을 못하고 있다는 압박의 매듭이 한 바퀴 풀리면서 긴장감이 해소되는 느낌에 눈물이 났다.

환자들의 질환에 대해 치열하게 공부하고 치료했지만 중증 환자들의 회복은 나의 노력과 비례하게 뜻대로 되지 않아서, 마음이 한없이 작아졌던 시기였다. 그렇게 고된 하루 일과를 마치고 무거운 발걸음으로 2호선 지하철에 올라 차창을 바라볼 때면 한껏 센티해지곤 했다. '나보다 더 실력 있는 선임들에게 치료를 받았다면 더 빨리 나아지지 않았을까?' 회복이 더딘 몇몇 환자들이 떠올라 자책하며 퇴근하는 날도 많았다. 하지만 어디다 표현할 곳도 마땅치 않았을뿐더러, 혹시나 이런 자신 없는 생각이 표정과 행동으로 나타나면 더욱 곤란해졌기에 꾹 삼키던 날들이 있었다. 환자분들은 병원과 그 안의 의사, 치료사를 믿고 하루하루 희망을 이어가는 상황이라는 걸 잘 알기에 속으로 삼킬 수밖에 없었다. 그러던 어느 날 정성스럽게 전해온 나의 임상 첫 번째 칭찬 메시지는 큰 위로가 되었다.

그때의 나에게, 그리고 같은 고민을 하고 있을 지금의 신입 치료사들이 있다면 꼭 전하고 싶은 메시지가 있다.

"지금 그런 고민의 시간을 보내고 있다면 치료사로서 건강하게 성장하고 있다는 증거예요. 어린 시절, 빨리 키가 자랐으면 하는 마음에 날마다 키를 재고 벽에 표시해보면 원하는 만큼 자라지 않아 답답했던 기억이 있죠. 하지만 잘 먹고 잘 자고, 또 하루하루 시간이 지나 무심코 키를 재보면 나도 모르는 사이에 성장해서 예전보다 높은 곳에 빗금을 표시했을 겁니다. 우리 직업에서의 당신도 이때와 마찬가지예요. 능력 있는 선임들의 가르침을 받으며 환자들의 회복을 위해 순수하게 고민하고 공부하는 지금의 하루하루는, 매우 영양가 있는 식단이고 성장을 촉진하는 성장호르몬이에요. 당신은 느끼지 못하지만 이 또한 분명 성장하고 있는 과정입니다. 꺾이지 않는 마음으로 잘 이겨내면 어느 순간 치료사로서 부쩍 성장한 자신을 발견할 수 있을 거예요. 그 증거는 당신과 함께 일하는 주변 선임들의 현재 모습이에요. 그들 모두 딱 당신만큼 고민했던 시기가 있었죠. 그러니 안심하세요. 선생님이 롤 모델로 삼고 벤치마킹하는 선임이 있다면 당신은 최소한 그만큼 성장할 거예요. 어쩌면 평균 신장이 점점 늘어나는 것처럼, 그 이상으로 성장할지도 모르겠네요. '라떼는 말야' 처럼 진부하게 들리지 않았으면 좋겠어요. 이 메시지는 내가 예전의 나에게 해주고픈 이야기이기도 하니까요. 말이 길어지네요. 어쨌든 마지막으로 꼭 전하고 싶은 말은요. '괜찮아요, 선생님. 작업치료사는 그렇게 성장하는 거예요.'"

받아내는 칭찬

거의 모든 병원에는 고객들이 친절한 직원을 칭찬하는 문화가 있고, 이를 표현하기 위한 여러 시스템이 있다. 가장 일반적인 방법이 손 글씨로 칭찬카드를 쓰거나, 병원 홈페이지 방문 등 온라인으로 글을 남기는 것이다. 하지만 종이카드는 어디서나 쉽게 볼 수 있도록 비치되어 있지 않고, 홈페이지 방문을 통한 접근도 회원가입 등의 절차로 인해 접근성이 좋은 편은 아니다. 그래서 병원의 환자나 보호자들은 의료진들에게 고마운 마음을 가지고 있어도, 작정하고 시간을 내어 찾아서 쓰지 않는 이상 여간해서는 칭찬카드를 쓰기가 쉽지 않다.

심지어 신체적으로나 정신적으로 매우 불편한 상황에 처해 있지 않은가? 그럼에도 병원과 내원하는 고객들과의 상호 칭찬 문화는 병원에서 장려하는 부분이었다. 또한 병원과 의료진에 대한 만족도 지표는 정부기관에서 정기적으로 진행하는 병원 평가에 중요한 부분이기 때문에 '고객만족'은 그때나 지금이나 병원의 중요한 긍정지표 중 하나다.

재활치료팀 내에도 자체적인 고객만족 TF팀이 있었다. 정기적인 회의를 통해 병원이라는 특수한 공간에서 다양한 니즈를 가진 고객들에게 만족을 줄 수 있는 방법을 연구하는 것이다. 환자가 방문한 시점부터 시간의 흐름과 공간의 이동에 따라 다음과 같은 전략을 사용했다.

① 따뜻한 음성으로 첫 인사하기
② 부드러운 제스처로 치료 공간으로 안내하기

③ 치료사 소개하기
④ 치료에 대해 명확하게 설명하기
⑤ 질문 시간을 통해 궁금증 해소시키기
⑥ 치료 및 도구 적용 시 목적 설명하기
⑦ 객관적인 평가를 통한 기능 상태 설명하기
⑧ 금일 치료 총평 및 다음 치료에 대한 계획 설명하기
⑨ 끝 인사하기

고객만족을 위한 재활치료팀의 전략은 특별한 기술이 필요치는 않으나, 업무의 한 부분으로 정착시키기 위해서는 개인과 팀 차원의 집중적인 노력이 필요하다. 다양한 환자를 상대하는 만큼 변수가 많은 치료실 업무환경에서 새로운 시스템을 추가한다는 것은 선임이 시키면 무조건 따르는 상명하복식의 방법으로는 무리가 있다. 조직원 전체가 필요성을 공감하고, 셀프 모니터링을 통해 습관화하는 과정이 필요하다.

일 만분의 일

입사 2년 차에 접어들 무렵, 점심 식사 후 선임들과 함께 병원 이곳저곳을 산책하며 이야기를 나누는 것이 낙이었던 때가 있었다. 뭐가 그리 즐거웠는지 자세히 기억은 나지 않지만, 선·후임들과 이런저런 농담도 하며 웃고 즐길 만큼 어느덧 병원이 편안한 공간이 되었던 어느

날이었다. 선임들과 커피를 들고 새로 오픈한 신관의 휴게공간으로 향했다. 한강을 파노라마뷰로 즐길 수 있는 멋진 야외 휴게공간으로 환자와 직원들에게 사랑받는 곳이었다. 마침 그곳에 들어섰을 때, 평소와 다르게 시끌벅적 사람들로 붐비고 있었다. 그 가운데에 한 직원분이 어색한 포즈로 사진을 찍고 있었고, 그를 둘러싸고 있는 사람들은 병원 방송국 스튜디오 직원들이었다. 여러 대의 카메라를 이용해서 어떻게든 멋진 사진을 한 장이라도 찍기 위해 요리조리 앵글을 바꿔가며 정성스럽게 촬영을 이어가고 있었다. 무슨 경사스러운 일인지 궁금하기도 하고, 당사자의 어쩔 줄 모르는 모습이 재미있기도 해서 선임들과 함께 구경꾼이 되어 한참을 지켜보았다. 그 직원은 사진 촬영을 겨우 마치고 아나운서와 함께 인터뷰를 이어갔다. 조명처럼 반짝이는 강물을 배경 삼아 미소 띤 선한 얼굴로 이야기하는 그의 모습이 참 멋있게 느껴졌다. 그는 '고객 칭찬 최우수 직원'이었다.

당시 병원에서는 고객만족을 위한 다양한 프로모션 중 분기별로 가장 칭찬 스코어가 높은 직원을 선정해 시상하는 이벤트가 있었다. 대단한 상금이나 부상이 주어지지는 않았지만 15,000명에 가까운 직원 중에 환자와 고객들에게 가장 인정받는 직원으로 선정되는 것 자체가 명예로운 일이었다. 세상에는 다양한 직업이 있으며 그들을 평가하는 기준은 기관마다 다르고, 지표 또한 다양하다. 그중 일반 기업체에 속한 직업군들은 상품 개발이나 아이디어 등 회사에 물질적인 이익을 가져오는 데 공을 세웠거나 영업을 통해 높은 실적을 달성한 직원들을 가장 영예롭게 치하한다. 공공기관은 그 이름에서도 드러나듯, 공공서비스 향상을 위한 업무능력과 해당기관에 민원 업무의 효율적인 수행, 관리 능력이 우선시될 것이다.

대다수의 치료사가 근무하는 병원에서 직원을 평가하는 기준은 물론 직군에 따라 다르다. 의사는 수준 높은 진료와 수술로 환자의 질병을 예방, 조기 발견, 치료 및 관리를 통한 건강 유지가 우선일 것이다. 간호사들은 병실 및 진료 환경에서 전반적인 환자 케어의 우수성을 중요한 평가 지표로 삼고 있다. 이외에 행정직 및 기술직, 우리가 속한 의료기사 등도 직군 고유 업무의 수행능력을 가장 최우선 지표로 활용한다. 하지만 이렇게 많은 직업군이 공통적으로 평가받는 매우 중요한 업무 지표가 있다. 바로 고객만족을 위한 '친절함'이다.

우리가 하는 모든 일이 환자와 고객의 건강 회복을 도모하고, 그로 인한 만족감을 주는 것이다. 수십 년 전, 이전 세대들은 병원 방문 자체가 부담스러웠다. 네모반듯한 하얀색 고층 건물은 이유 모를 긴장감을 유발했고, 실내에 들어서면 출처를 알 수 없는 병원 냄새가 코를 찔렀다. 또 무표정한 원무과 직원들과 지시하듯 안내하는 간호사를 만난 후, 오랜 시간 대기하고 들어간 진료실의 의사들은 권위적인 어투로 본인의 할 말만 하고 환자의 이야기는 들으려 하지 않았다. 물론 나열한 위의 예시들을 모두 일반화할 수는 없지만, 적어도 과거의 환자들은 병원을 방문할 때 친절함과 높은 서비스 마인드까지 기대하며 방문하지는 않았다.

하지만 현재의 병원 분위기는 이전과 사뭇 다르다. 한국의 인구 대비 병상 수는 1000명당 12.8병상으로 OECD 국가 중 1위를 차지할 정도로 병의원 수는 기하급수적으로 늘어났다(경제협력개발기구, OECD) 평균 연령과 사적보험 가입자 수 증가와 같은 이슈를 배제할 수는 없지만, 병원의 양적 팽창으로 인한 병의원의 환자 유치 경쟁은 내원객의 호칭이 '환자'에서 '고객'으로 변화하는 계기를 마련했다. 예전에는 대학병원을 방문하려면 몇 개월은 기본으로 기다리고 그마저도 해당 병원의 인맥을 이용해서 진료를 신청하는 사람들도 많았다. 하지만 현재의 고객들은 병원을 쇼핑하듯 골라서 방문한다. 중증질환으로 인해 꼭 진료 받고 싶은 유명 전문의가 있지 않은 이상, 불만족스러운 서비스를 감내하며 한 병원만 고집하는 고객들은 이제 찾아보기 힘들다. 칭찬은 보통 표현하기보다 마음속에 담아 두지만, 불만은 아주 작은 것이라도 이전과 다르게 강력하게 표현하는 것이 현대시대에 우리가 마주하고 있는 '환자'이면서 '고객'이다. 그의 인터뷰가 끝나갈 무렵 우리가 발걸음을 돌렸을 때 옆의 선임이 내 어깨를 툭 치며 말했다. "선생님도 한번 고객 칭찬 최우수 직원 해봐!"

반쪽짜리 고객 칭찬 최우수 직원

감동의 첫 칭찬카드를 받은 이후 한 달에 한두 번 정도 환자들에게 칭찬메시지를 받았다. 치료사는 환자와의 절대적인 접촉 시간이 많은 만큼 다른 동료들에 비해 특별히 높은 빈도는 아니었다. 칭찬의 개수를 떠나 예상치 못한 시점에 전해오는 환자들의 순도 높은 칭찬은 언제나 기분 좋은 하루를 만들어 주었다. 하지만 그날 그의 인터뷰를 본 이후로, 내겐 칭찬이 목표가 되어버렸다.

　며칠 후, 고객만족을 위한 회의 시간이었다. 그날의 안건은 재활치료실에 방문하는 고객들의 만족도를 높이기 위한 방안과 그 만족도의 지표 중 하나인 칭찬카드의 수를 늘리기 위한 일종의 전략회의였다. 먼저 칭찬카드 비치 장소를 재배치하는 방안에 대해 논의했다. 당시는 병원에서 정해 놓은 일률적인 장소인 복도 중간 벽면 어딘가에 부착되어 있었다. 하루에도 몇 번씩 지나치는 곳이지만 직원들조차 그곳에 카드가 비치되어 있는지 몰랐을 만큼 사람이 모이거나 머무는 곳이 아닌 곳에 있는 것이 일차적인 문제였다. 해결 방안으로 환자 및 보호자 대기공간에 추가적으로 비치하여 노출 수준을 높이기로 했다. 대단히 창의적이지 않았으나 결과는 놀라웠다. 월별 통계에서 재활치료팀 전체가 받는 칭찬카드의 수가 2배 이상 늘었다.

　우리는 여기서 그치지 않고 이전 아이디어에 또 다른 아이디어를 쌓아 올렸다. 카드를 비치해 놓은 대기공간에 치료사들의 이름이 쓰인 사진과 칭찬스티커 판을 제작하여 추가로 배치한 것이다. 고객들이 칭찬하고 싶은 치료사의 이름 밑에 스티커를 부착하도록 하여, 꼭 칭찬의 글을 쓰지 않더라도 칭찬을 위한 가벼운 행동을 시작할 수 있도록 유도했다. 이런 방법으로 칭찬카드 건수는 지속적으로 늘어났다.

　난 아마도 이 시점부터 칭찬을 받는 것이 아니라 받아내려 했던 것 같다. 어찌 보면 영업사원의 실적처럼 공개되어 있는 칭찬스티커 판의 스티커가 하나둘씩 늘어가면서 혼자만의 경쟁을 했다. 스티커의 숫자만큼 수신되는 칭찬메시지도 늘어났고, 주변 선생님들은 이러다가 윤 선생이 진짜 최우수 직원이 될 수도 있겠다며 놀라워했다. 비정규직 신분으로서 원내 수상과 같은 실적이 미래에 도움이 될 거라는 조언은 나의 마음을 더욱 흔들었다. 또 다른 선생님들은 단기간에 이렇게 많은 칭찬을 받을 기회가 흔치 않으니, 더 힘내보자며 격려하기도 했다. 나를 유난히 아끼던 몇몇 선임들은 내 환자와 보호자들에게, 담당 치료사에게 응원의 글 한번 적어주시면 힘이 날 거라며 은근히 종용하는 선행도 베풀었다. 나 역시 환자가 퇴원할 때쯤에는 칭찬카드를 받기 위해 인위적인 노력을 했다. 몇 개월이 지나 결국 난 해당 분기 병원에서 가장 많은 칭찬메시지를 받은 '고객 칭찬 최우수 직원'으로 선정되었다.

며칠 후 병원장님을 비롯한 주요 경영진이 시상을 위해 사내 방송팀을 대동하여 치료실로 방문하였다. 일종의 세리머니로, 군대로 치면 군단장, 사단장, 연대장이 동시에 이등병이 근무하는 내무반에 방문하는 격이니 치료팀 전 직원이 나와 병원장님을 중심으로 원을 만들어 박수를 쳐주었다. 모두 함께 화기애애하게 사진을 찍고 기념식이 끝났다. 팀장님을 비롯해 팀원들은 짧은 축하 인사를 건네고 각자의 자리로 돌아갔다.

나 역시 애매한 기분으로 치료 테이블로 이동하였는데, 이미 그 자리에는 치료를 기다리던 환자와 보호자가 자리하고 있었다. 의식 없이 침대에 누운 채 호흡기를 쓰고 있는 환자가 보였고, 그를 허망하게 바라보던 보호자는 아무런 여유가 느껴지지 않는 표정으로 내게 말했다.

"좋은 상을 받으셨나 봐요. 훌륭한 선생님이 담당이라서 우리 엄마

한테는 행운이네요."

그 말이 불씨처럼 내 귀로 훅 들어와 금세 얼굴까지 번져 화끈거림을 느꼈다. 아무 말 없이 허공을 응시하고 있는 환자를 보는 순간 더 이상 그 자리에 서 있기조차 힘들었다. 축하 인사에 마땅한 대답도 하지 못한 채 양해를 구하고 혼자만의 공간을 찾아 몸을 숨겼다. 한동안 누구의 시선도, 축하도 부끄러웠고, 난 떳떳하지 못했었다.

칭찬 영업사원

'면목(面目)'이라는 말은 사전적으로 세 가지 정도의 의미가 있다. '얼굴의 생김새' '남을 대할 만한 체면' '사람이나 사물의 겉모습'으로, 기본적으로 우리의 얼굴을 의미하면서 더 확장되어 '체면'이란 말로도 쓰이곤 한다. 그래서 '면목이 없다'라고 하는 것은 '부끄러워 남을 대할 용기가 나지 않는다'라는 말과 일맥상통한다. 누군가를 마주할 때 얼굴을 대면하게 되는데, 얼굴을 들지 못하니 체면이 서지 않는다는 의미다. 당시 나의 마음을 그대로 표현하는 말이었다. 말 그대로 나는 환자를 볼 면목이 없었다.

그때의 나는 만 명이 넘는 직원 중 칭찬으로는 최고의 실적을 올렸지만 칭찬을 목적으로 치료하고 환자를 실적으로 생각하며 생활했던, 단지 '칭찬 영업사원'에 불과했다. 이후 한동안 환자들을 대하는 평소의 친절함이 스스로 가식처럼 느껴지기도 했다. 정말 대단한 부작용이 아닐 수 없었다. 자책의 시간을 가지면서 나와 이 직업에 대해 여러 각도에서 바라볼 수 있는 계기가 되었다. 많은 생각이 흔적처럼 남았고, 다행히 이 시기 또한 치료사로서 감내하고 간직해야 할 정신적 자산을 남겨주었다.

"우리가 돈이 없지, 가오가 없냐."라는 영화 〈베테랑〉의 명대사가 있다. 대기업의 수사 청탁을 눈감아주는 동료 경찰의 팔을 비틀며 주인공이 내뱉는 대사다. 자본주의 사회에서 직업적 소명의식만을 품고 사는 건 때론 아둔해 보이기도 하고, 그때는 맞고 지금은 틀리는 경우도 많다. 그만큼 개개인별, 상황별 변수가 시간의 흐름에 따라 발생하기에 이전과 같은 초심을 끝까지 지켜내는 것이 현실적으로 쉽지 않다. 다만 큰돈을 벌기 위해 치료사라는 직업을 택한 사람은 드물 것이다. 그만큼 물질적인 보상보다는 환자에게 치료로서 삶의 의미를 다시 부여하고, 그에 따른 정신적 가치를 추구하는 것이 선행되어야만 정체성이 흔들리지 않는다. 그러한 본질이 유지되어야 우리의 가치도 올라가는 것이다. 가치가 올라 누구에게나 인정받는 치료 실력이 완성된 후에, 부차적인 보상으로 물질이 따라와야 이 직업을 떳떳하게 유지할 수 있다.

냉정하게 이야기하면, 아직까지 작업치료사가 사회적으로 대단히 존경받는 직업은 아니지만 환자와 보호자들이 가장 힘든 시기에 믿고 의지하는 대상임에는 분명하다. 그들에게 면목이 없는 치료사의 존재 가치는 점점 0에 수렴하게 된다. 작업치료는 주사나 수술적 치료처럼 일회성으로 끝나지 않고, 오랜 시간 그들의 '일상'에 스며들어 치료행위를 하기 때문에 진심이 아닌 의도된 선행은 그들에게 어떠한 만족감도 줄 수 없다. 그들에게 만족을 주지 못하는 치료사는 결국 본인 스스로도 직업적인 만족을 얻지 못하고 매너리즘에 빠지는 경우를 수도 없이 보았다.

난 다시는 인위적인 칭찬을 '받아낼 결심' 따위는 하지 않기로 다짐했고, 치료사의 덕목 중 '진심'의 중요성을 스스로 깨닫고 나서야 마음의 안정을 찾았다. 출퇴근길, 로비에 내걸린 대형 현수막 속에 나의 사진을 힐끗 쳐다보며 그동안 부끄러웠던 행동들이 생각나 실소가 나오기도 했다. 그 이후 이전보다 환자를 더욱 진심으로 대했고, 오히려 더 편안하게 치료를 했던 것 같다. 그렇게 몇 달이 지난 후 구내식당 옆에서 우연히 집어든 사내신문에 나의 사진과 '진짜' 칭찬메시지가 실려 있었다. 칭찬의 개수에 상관없이 해당 월에 가장 감동적인 칭찬 사연을 소개하는 섹션이었는데, 사연 작성자는 이전에 고객칭찬 최우수상 시상 직후 축하 인사를 건넨 의식이 없던 그 환자의 보호자였다.

[2-1] 당시 사내신문에 실린 '진짜' 칭찬메시지

(제3장)

정규직
작업치료사로서

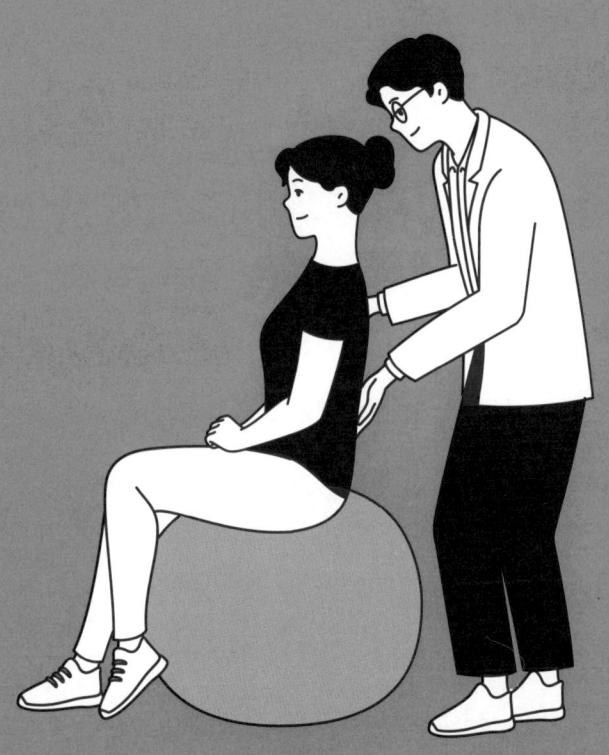

한 걸음 더
나아가기

인턴으로
살아남기

344명. 국내 27,538명의 작업치료사 중 상급종합 의료기관에 근무하는 작업치료사의 숫자다. 이들 중 일정 인원은 근로 기간의 끝이 정해진 계약직이다. 작업치료 분야의 특성상 계약직은 인턴 또는 기간직으로 나뉘기도 한다. 이런 구분은 치료사의 경력에 따라 편리하게 분류하기 위함이며, 결국 근로 기간의 시작과 끝이 정해져 있는 비슷한 신분이다. 노동법상 근로계약 기간은 1개의 기관에서 2년 이상 연속으로 근무할 수 없다. 그 이유는 계약 기간에 제한을 두지 않으면 사측이 정규직을 채용하지 않고 계약직으로 무한정 대체하여 사용할 수 있기에 이러한 병폐를 방지하기 위함이다. 취지는 좋았으나 법이 시행되던 초기 전국에 높은 비율로 퍼져 있던 그 많은 계약직이 정규직으로 전환되는 해피엔딩은 없었다. 우리 치료사들도 당시 개정된 노동법으로 인해 갑작스럽게 계약이 연장되지 않아 다음 해 채용시장에 단번에 쏟아져 나왔다. 나 또한 계약 만료를 앞둔 계약직 2년 차였지만 누구도 경험해 보지 못한 제도였기에, 현실감 없이 나에게 닥칠 미래를 준비하지 못한 채 시간을 보냈었다.

최근에는 수련 과정을 뜻하는 '인턴제도'가 계약직 선발로 통합된 형태로 채용되어 그 수가 줄어가는 추세이지만, 재활의학이 시작된 초창기부터 2020년 이전까지는 대학병원을 비롯한 일정 규모 이상의 병원에 취업하기 위한 방법은 학부를 졸업하고 해당 병원 인턴에 선발되는 것이 유일한 채용 경로였다. 제아무리 국가고시 1등이라 하더라도 대학병원에 단번에 정규직으로 뚫고 들어오는 것은 불가능에 가깝다. 그렇기 때문에 대학병원을 지망하는 학생들은 인턴과정에 선발되는 것을 현실적인 목표로 두고 각자의 노력을 쌓아 올린다.

인턴을 준비하는 이들의 일반적인 특징은 학부에서 높은 성적을 유지하고, 남들보다 이른 시기에 스펙 관리를 시작하여 졸업 학기부터 취업시장에 뛰어든다. 지원하는 건 개인의 자유이기 때문에 유명 병원이 채용공고를 올리면 보통 수백 명 이상이 지원한다. 다만 1차 서류전형에서 학점, 어학 점수, 수상 경력 등 정량적인 평가로 보통 5~10배수 정도의 지원자만 남겨 두고 걸러진다. 여기서 시사하는 첫 번째는 평생 안고 가야 하는 학부 성적에 대한 중요성이고, 두 번째는 몇 백대 일 정도 되는 높은 경쟁률의 무의미함이다. 학부 시절 본인의 목표가 경쟁률이 높은 유명 기관이 아니더라도, 당장 몇 년 후에도 그 생각에 변함이 없으리라는 보장은 없다. 학점이 높다 해서 취업을 골라서 할 수는 없지만, 서류전형을 통과할 정도의 성적대를 유지해야만 선택의 폭을 넓게 가져갈 수 있다. 그리고 높은 경쟁률에 놀랄 필요가 없는 이유는 어차피 면접에 선발될 정도의 사람들은 지원자 중 일부이기 때문이다. 일정 규모 이상의 기관들은 인사팀에서 지원자의 각 지표별 종합 점수를 합산하여 정해진 순위의 자료가 치료팀에 전해진다. 이후에 그 순위를 바꾸려면 누구나 받아들일 수 있는 객관적인 타당성이 완벽하게 증명되어야 하기에, 일명 누구의 백(back)으로 선발된다는 이야기는 과거의 전설 같은 이야기다. 이후 기관에 따라 필기시험 및 한두 번의 면접을 거쳐 최종 선발된다. 본인의 학부 기간의 노력에 대한, 사회에서 주는 성적표를 처음 받아보게 되는 시기다.

인턴 초반 극복하기

작업치료 인턴 동기는 나를 포함해 4명이었다. 각자 국가고시를 마치고 바로 다음 날 출근했기에 첫 인상에서 서로의 몰골은 좋은 기억으로 남아 있지 않다. 일주일간 병원 집체교육을 받고 각각 배치된 치료실로 분리되었다. 우리 중 가장 여성스러운 매력을 가지고 있던 남자 동기 한 명은 예상대로 소아치료실로 배치되었고, 나와 두 명의 동기는 우선 성인치료실로 함께 배치되었다. 성인치료실 내에서도 여러 파트로 나눠져 분리되었지만, 물리적으로 멀지 않은 거리였다. 대학을 졸업하고 입사한 인턴의 신분임에도, 우리보다 병원에 먼저 나오기 시작한 실습생보다도 치료실의 돌아가는 사정을 모르는 상황이니 모든 게 애매한 포지션이었다.

인턴의 병원 적응을 위한 멘토 선생님이 있었는데, 나의 멘토는 나보다 2년 앞서 입사한 계약직 신분의 일명 '스페셜리스트'였다. 치료적인 부분은 각 파트 담당 선생님의 교육으로 이루어졌지만, 병원 생활의 전반적인 부분은 멘토 선생님이 맡아 적응을 도와주었다. 신입이 직장에 적응한다는 건 시스템과 문화를 이해하는 것부터 시작된다. 특히 겪어보지 못했던 새로운 문화를 받아들이는 건 신입에게는 어려운 일이다. 예의, 태도와 같은 문제들은 생활 속에서 파생되는 다양한 상황들이 있기에 그 문화라는 것을 전체적으로 이해해야만 응용이 가능하다. 많은 수의 신입들이 첫 직장생활을 힘겨워하는 부분은 자신의 생각과 직장 문화 차이에서 오는 '괴리감'이다.

그 차이를 이겨내기 위한 동력은 생존하려는 의지의 크기와 비례한다. 당시 우리 인턴들의 목표는 1년의 과정을 마치고 계약직으로 전환되는 것이었다. 보통 내부 평가를 통한 가장 우수한 한 명에게 기회가 주어지기 때문에 인턴에게 주어지는 모든 상황과 과제는 압박의 연속이었다. 치료나 행정 관련 프레젠테이션이나 주어진 서류 업무 등에서 내가 어떤 수준의 사람인지를 매번 증명해야 하는 상황은 언제나 버거웠다. 학생 때는 노력의 결과를 과제나 시험을 통한 학점으로 평가를 받는다. 보통 한 학기 기준으로 피드백을 받는 것에 익숙해져 있고, 온라인상 성적표의 점수는 평가자의 감정이 느껴지지 않는다.

반대로 사회에서는 업무 지시에 의한 피드백이 매우 즉각적이다. 내

보고서를 받아 든 업무 지시자의 표정으로 이미 짐작할 수 있고, 수정이나 보완을 요구하는 부분에서 감정이 섞인 말들이 돌아오기도 한다. 하지만 그 감정을 온전히 받아들일 필요는 없다. 그들을 이해한다기보다는 나 자신을 지키기 위해서라도 상대방의 말에 감정을 걷어내는 것은 자신의 몫으로 돌리는 편이 더 낫다.

보통 직장에서 상처되는 말을 들으면, 나와 내 주변 사람을 기준으로 삼고 비교하며 힘들어하는 경우가 많다. 만약 이런 경우에 나였다면, 내 친구였다면, 학교 교수님이였다면 이런 식으로 이야기하지 않을 텐데. 하지만 사회에서 만나는 사람들은 나와 비슷한 환경에서 성장하지도 않았을 뿐만 아니라, 기본적으로 해결해야 할 문제와 주어진 환경 자체가 다르다. 기가 막힌 우연으로도 나와 비슷한 성향의 사람들로만 채용되어 팀을 이룰 확률은 더욱이 희박하다. 소름끼치게도 '나'를 유독 힘들게 하는 캐릭터들은 어느 직장에나 존재한다. 그런 캐릭터를 극복할 수는 없어도, 그들로 인해 내 감정이 지배당하지 않을 정도의 면역력을 조금씩 키워가자는 생각이 현명하다. 내가 통제할 수 없는 부분에 대한 스트레스는 과감히 내려놓자. 담아 두지 않고 그냥 흘려보내는 기술을 익히는 것도, 앞으로의 사회생활에서 나 자신을 지키는 중요한 방어 수단이다.

신입 치료사는 모든 면에서 서툰 것이 당연하다. 타인에게 부족한 부분을 지적받는 것에 자괴감을 느낄 필요는 없다. 새로운 환경과 사람들을 상대하며 본래 자신의 자리였던 것처럼 능숙하게 인정받는 것은 불가능하다. 내가 직장에 적응하는 시간만큼 직장(시스템, 사람)도 나에게 적응하는 시간이 필요하다. 서로가 적응하는 시기에 상처받고 섣불리 지금의 자리를 내려놓는 선택을 하지 않길 바란다. 새로운 자리에 어울리는 치료사가 되기 위해 필요한 초기 아이템을 장착하는 시기는 최소 몇 개월의 시간이 필요하다. 학부 시절부터의 오랜 노력으로 지금 이 자리에 당신이 있는 것이다. 이 자리가 바로 당신의 자리라는 뜻이다. 시간과 노력의 힘을 믿고, 긴장하지 않은 상태에서 본래의 실력을 보여줄 수 있을 때까지 조금만 더 힘을 내보자. 아직 본 무대에 오르지도 않았다.

인턴 동기애(愛)

시간이 지나 인턴 시절을 떠올리면 잔잔한 웃음이 나온다. 분명히 그 시절은 힘들었고 괴로웠지만, 1년을 하나의 챕터로 모아보면 행복한 시간이었다. 가장 큰 이유는 함께한 사람들과의 좋은 기억, 바로 동기들과의 추억 덕분이다. 당시 병원의 인턴도 기수가 있었다. 인턴 12기인 우리는 작업치료사 4명, 물리치료사 6명이었다. 당시에는 퇴근 후에도 대부분 남아서 끝내지 못한 일을 하거나 치료에 대한 스터디를 한 후 퇴근하는 분위기였기에 함께하는 시간이 많았고, 자연스레 서로의 생각과 감정을 공유하며 서로가 서로에게 많은 영향을 주었다. 우리는 서로에게 거울과도 같은 존재였다. 모든 것이 서툰 인턴 동기들은 본인이 어떤 상황을 직접 경험하지 않아도 서로의 경험을 간접적으로 보고 들고 나누며 시행착오를 줄여가는 상호보완적 관계다.

보통 시간차를 두고 인턴들끼리 순환 업무를 했기 때문에 상대방이 하는 업무에서 긍정적 또는 부정적 피드백이나 주의사항을 공유하지 않으면 그들이 했던 실수를 나도 되풀이하게 된다. 그렇기 때문에 어느 누구와 신뢰관계를 맺지 못하면 큰 손해를 감수해야 한다. 나의 이익을 위해 상대방을 이용하거나, 작은 일이라도 뒤에서 험담하는 일은 가장 주의해야 한다. 몸과 마음이 지쳐 있을 이때, 누군가의 이기적인 사고방식과 행동은 단번에 관계를 멀어지게 만들고 그만큼 만회하기도 어렵다. 하지만 아무리 대인배처럼 마음을 먹으려 해도 인턴 종료 시에 관리자와 선임들에게 최종 평가를 받고, 그 결과를 바탕으로 미래가 결정되다 보니 자연스럽게 경쟁의식이 생기는데, 이때 중요한 건 얼마나 세련된 방식으로 경쟁을 이어가느냐의 문제다.

아직 사회 경험이 적은 인턴들은 이런 부분에서 여러 가지 서툰 경험들을 하게 된다. 각기 다른 국가면허를 취득한 다양한 직종이 모인 재활치료팀의 특수성을 따졌을 때, 팀원 간의 조화와 배려는 더욱 강조되는 덕목이다. 간혹 지나친 경쟁의식을 숨기지 못하고, 동료의 약점이나 실수를 부각시키거나 본인의 성과만을 강조하는 행동은 언제나 좋은 평가를 받지 못한다. 서로의 긍정적인 영향력을 주고받고, 각자 부족한 부분을 채워 나갈 때 비로소 발전한 자신을 보게 된다. 힘든 시기를 함께 보내는 동기와의 건강한 관계를 위한 노력은 인턴 전 과정에서 가장 선행되어야 할 요소다.

힘든 시기를 함께 보내는 동기들과의 좋은 관계 유지는 인턴 생활에서 무엇보다 중요하다. 다행히 인턴 12기 10명의 동기들은 서로에게 비타민과 같은 존재였다. 업무 교체를 할 때는 자세한 업무 매뉴얼에 본인의 경험담까지 꼼꼼히 기록하여 자신과 같은 실수를 하지 않도록 배려하였고, 혹 동기의 실수나 누락된 업무가 있으면 몰래 채워주며 서로에게 감동과 신뢰를 주었다. 마음이 힘든 날에는 동기들과 새벽까지 술잔을 기울이며 한바탕 웃고 떠들고 나면 위로가 되었고, 몸이 힘든 날에는 어설프게 배운 치료로 서로의 몸을 이리저리 만져주던 그 손길에 몇 날을 버틸 수 있는 에너지를 받았다. 비록 지나친 피로로 인해 푸석했지만, 푸르렀던 우리는 이제 모두 중년이 되었다. 하지만 아직까지도 그 소중한 시절을 추억한다. 서로의 거울이 되어 기쁨과 슬픔을 자신의 일처럼 고스란히 함께 느끼고 바라보던 우리의 우정 말이다. 그들과의 첫 만남은 '인턴 동기'였지만, 이제는 인생 전체를 공유하는 '인생 동기'가 되었다.

행사의 신

과거에 비해 가장 크게 변한 직장 문화 중 하나는 축소된 단체활동이다. 당시의 조직 문화를 가장 잘 나타내는 주요 키워드로는 '단합, 화합' 같이 원팀으로 결속을 다지는 단어들을 빼놓을 수 없다. 회식만 해도 재활의학과, 재활치료팀, 작업치료실 단위의 회식과 위원회, 스터디 그룹 내에서 각각의 명분을 가진 모임 스케줄이 빼곡했고, 병원 전체 행사와 각종 학회, 정기 MT, 워크숍, 체육대회 등 주말을 반납하고 참석해야 하는 행사들도 셀 수 없이 많았다. 나열한 모든 행사에서 막내 역할을 해야 했고, 인턴으로서 불참한다는 건 애초에 상상할 수 없는 선택지였다. 당시에는 분명 힘든 시간이었지만, 동기들이나 다른 병원 치료사들과도 추억을 쌓을 수 있는 값진 시간이었다.

수많은 행사 중에서 기억에 남는 두 가지 행사가 있다. 첫 번째는 가을에 개최되는 '5개 병원 체육대회'다. 우리 병원을 포함한 비슷한 규모의 병원 재활치료팀 직원들이 모여서 구기종목과 응원 대결 등으로 친목을 다지는 행사였는데, 우열을 가리기보다는 마치 대학생으로 돌아간 듯한 축제 같은 분위기에서 진행되었다. 또한 행사가 끝난 후 행사에 참여한 다른 병원 치료사들과 이야기를 나누며 다름과 같음을 느끼는 경험도 나름 큰 재미를 주었는데, 주로 누가 더 힘들게 생활하는지에 대한 내용이었다.

두 번째로 기억에 남는 행사는 '인턴 전체 모임'이다. 이 행사는 매년 2월경에 열렸으며, 인턴 1기부터 가장 최근 인턴까지 모두 모이는 자리였다. 모임의 가장 큰 취지는 현재 인턴을 하고 있는 기수의 인턴 과정 종료를 앞두고, 그동안의 고생과 노력을 치하하며 미래의 성공을 기원하는 것이었다. 그들에게 축하 메시지와 함께 인턴 기수 음각이 새겨진 고급 도장을 증정 받았는데, 앞으로 살면서 도장이 필요한 중요한 날에 지금 이 순간을 기억하라는 깊은 의미를 담고 있었다. 실제로 나는 이날 받은 기념 도장을 인감도장으로 사용하며 큰돈이 들어가는 계약 시에 사용하고 있다. 이 모임에는 인턴을 마치고 병원에 남아 있는 분들뿐만 아니라 병원을 떠나 자리를 잡은 분들이 전국에서 자발적으로 모였다. 지금의 우리처럼, 행사라면 지긋지긋했을 인턴 출신의 선생님들이 누구 하나 강요하지 않았음에도 대부분 참여했던 것이다. 무엇보다 그 자리가 특별했던 이유는 선배들의 인턴 이후의 이야기를 들으며, 막연했던 나의 미래를 그려볼 수 있는 자리였기 때문이다.

그분들은 우리의 불안한 마음을 읽어나가듯 병원을 떠난 이후 준비해야 할 부분에 대한 조언과 함께, 할 수 있다는 용기를 불어넣어 주었다. 모 병원에 육아 대체 단기 계약직으로 입사했다가 생각지도 못한 자리가 나서 정규직이 된 선생님, 계약직으로 다니던 병원의 수도권 분원이 개원하면서 단번에 작업치료 실장으로 근무하게 된 선생님, 인턴을 마치고 미국 유학을 통해 현지 작업치료사로 근무하게 된 선생님, 석·박사 학위를 병행하다가 좋은 조건으로 교수로 가게 된 선생님 등 우리와 마찬가지로 인턴을 마치고 겪은 특별한 경험들과 지금의 위치에 자리 잡기까지의 생생한 이야기를 들으면서 미래에 대한 두려움은 줄었지만, 한편으로는 우리가 정말 떠날 시간이 다가왔고 이제 현실의 문을 열기 위한 준비를 하는 기분이었다.

헤어져야 할 시간

이 시기에 인턴들은 병원에 남는 사람과 떠날 사람이 정해진다. 상황에 따라 모두 병원을 떠나기도 한다. 아이러니하게도 대학병원의 인턴들은 학부 시절 동기들보다 뛰어난 성적과 상대적으로 높은 스펙을 갖추고도 가장 낮은 임금을 받으며 미래가 불투명한 환경에서 일하게 된다. 보건계열을 제외한 경우에는 찾아보기 힘든 취업 조건이다. 물론 이 모든 상황을 알지 못하고 진로를 결정할 만큼 정보력이 부족한 사람은 없겠지만, 자신의 선택이라고 해서 마지막에 병원을 떠나는 허무함과 상실감이 사라지는 건 아니다. 이들 대부분은 대학을 다니는 동안 칭찬과 존중을 받는 것에 익숙한, 착실한 학생들이었을 것이다. 하지만 병원에서의 자신은 외부로부터 한없이 부족한 존재임을 확인받고, 이내 초라해진 자신의 모습에 적지 않게 당황하게 된다. 내가 인턴 시절 가장 힘들었을 때 친한 친구에게 했던 말이 있다. "영원아, 내가 바보가 된 것 같아."

가장 패기 넘쳐야 할 나이의 인턴들은 누가 마음을 툭 건드리기만 해도 눈물을 쏟아낼 만큼 마음 약한 존재들이다. 열정의 크기만큼 좋은 평가를 받고 싶지만, 마음처럼 되지 않는 날이 더 많다. 선임에게 업무에 대한 지적이라도 들으면 내 점수판에 점수가 깎이듯 상실감을 느낀다. 또한 태도, 말투 등의 업무와 상관없는 부분에서 지적을 듣는 날이면 지금까지 잘 살아왔던 내 삶의 방식이 부정당하는 것 같아 혼란을 느낀다. 아프니까 청춘이라지만, 아직 통증에 대한 내성이 생기기 전의 청춘들은 작은 상처도 참 아파하며 견뎌낸다.

일 년이란 시간이 우리에게 남긴 것은 무엇일까? 기쁨과 슬픔과 역경이 공존했던 이 시기는 대단히 강한 기억으로 머릿속뿐만 아니라 몸에도 저장된다. 인턴 시절 긴장하며 익혔던 여러 경험들을 마치 업무의 표준처럼 여기며 이직 후에도 "예전 병원은 이랬는데, 저랬는데" 하면서 시도 때도 없이 이전 직장을 소환할 만큼 첫 직장에서의 첫 경험은 오래도록 우리에게 영향력을 미친다.

마침내 일 년을 마무리하며 스스로에게 여러 질문들을 던지게 된다. '내가 치료사로서 많이 성장했을까?' '나의 노력을 세상이 알아줄까?' '내가 떠나도 날 기억해 주는 사람들이 있을까?' 2월의 인턴들에게는 두서없는 질문과 복잡한 생각들이 머릿속에서 떠나지 않는다. 하지만 이 모든 질문과 생각들도 우리가 도전하지 않았다면 내게 오지 않았을 것들이다. 그 질문에 대한 답을 찾으려 다시 노력하고 새로운 한 발을 내딛는 것만으로 우리는 한 단계 도약한 것이다. 자신 있게 울타리 밖으로 나가보자. 다시 도전하고 또 다시 이겨내며, 점점 더 진정한 작업치료사 그리고 사회인의 길로 들어서게 될 것이다.

계약직으로
버티기

　본격적인 생존 전쟁이 시작된다. 졸업 후 첫 직장에서 인턴이나 계약직 1~2년의 경력을 마치는 시기에 해당 병원의 정규직 자리가 나지 않으면, 외부로 눈을 돌려 다시 채용시장을 두드리게 된다. 짧은 경력을 뛰어넘을 정도로 모든 조건이 우수한 지원자는 바로 정규직 전형에 합격하는 환희를 누릴 수도 있지만 극소수이고, 대다수가 두 번째 직장도 계약직으로 재입사를 하게 된다. 보통 수도권 내의 유명 대학병원에서 채용공고가 나면, 적게는 수십 명에서 많을 때는 수백 명까지 지원한다. 주요 병원의 계약직 연봉은 기관에 따른 편차가 있지만 대략 3500~5000만 원 정도로, 인턴이나 재활병원에 비해 급여 면에서도 준수한 수준으로 지급하기 때문에 대학병원 커리어를 이어가면서 재정적으로도 만족을 주는 큰 규모의 대학병원 채용 전형은 언제나 치열하다.

인턴 전형은 대학을 졸업한 신입들끼리의 경쟁이지만, 계약직 전형은 지원자 경력의 범위가 굉장히 넓다. 지원자들은 보통 2~10년 차까지 다양한데, 무조건 경력이 많다고 해서 유리한 구조는 아니다.

예를 들어 기존에 근무하던 2~3년 차의 치료사가 계약 종료 및 이직 등으로 발생한 자리라면 그 정도 경력에 지원자를 채용하려는 경우가 많고, 해당 병원의 현 근무자들 경력을 고려하여 그들보다 너무 높은 연차의 지원자는 채용에 부담을 가지는 경우가 있다. 그렇기 때문에 지원하려는 병원에 대한 내부 사정을 미리 파악할 수 있는 정보력도 대단히 중요한 능력이다. 결론적으로, 계약직으로 새로운 병원에 자리를 잡는 것은 이전보다 치열하며 입사 후의 역할 수행과 경쟁으로 인한 스트레스도 높은 편이다.

홀로서기

1년간 정들었던 12기 동기들은 모두 떠나고 홀로 남게 되었다. 인턴 근무 평가를 통해 순위가 정해졌고, 계약직 면접을 볼 수 있는 기회가 주어졌다. 공개모집의 원칙에 따라 외부 지원자와 함께 치르는 최종 면접에서 가까스로 합격하여 1년의 시간이 다시 주어졌다. 2차 목표였던 계약직 전환을 이루었지만 '인턴들'이라는 공동체 개념에서 '계약직 1년 차 작업치료사'라는 개인으로 분류되면서 느끼는 부담감 때문에 기쁨보다는 두려움이 앞섰다. 2년 차부터는 더 이상 치료실 및 업무 로테이션은 없었고, 성인 입원환자 치료를 고정으로 맡는다. 군대로 치면, 딱 일병과 같은 역할을 수행해야 하는 위치다.

인턴 때보다 치료는 더 능숙하게, 행정으로는 단순 업무에서 벗어나 사고력을 갖춘 서포트가 필요하고, 새로 들어온 인턴들의 교육을 도맡아서 진행하며 생활적인 부분에서도 이 정도는 해야 한다는 표준 모델이 되어야 했다. 분명히 맡은 일과 책임은 더 많아졌지만, 일에 대한 정신적인 피로도는 이전보다 줄었다. 아무래도 인턴 때는 모든 게 낯선 상황에서 일거수일투족을 감시받는 느낌이었다면, 이때부터는 익숙한 공간과 사람들 안에서 나의 역할을 좀 더 여유 있게 찾아가는 방법을 배웠던 것 같다. 아직 미래가 정해지지 않은 계약직 작업치료사의 여정은 이렇게 시작되었다.

당시 병원의 정규직으로 발령되는 시기는 나의 멘토였던 스페셜리스트를 제외하면 작업치료, 물리치료 모두 4년 차 이후에 발령을 받았다. 인사 관련 정확한 내부 사정은 알 수 없으나, 일종의 검증과도 같은 인턴과 계약직 기간 동안 훌륭한 성과를 보일수록 좀 더 빠른 발령을 받았던 것으로 보인다. 이 병원의 계약직들이 희망을 가졌던 부분은, 인턴에서 계약직으로 전환되었다면 1차 검증을 통과한 것으로 간주하여 오랜 시간이 걸리더라도 TO가 나면 정규직으로 발령되는 경우가 많았던 점이다. 나 또한 이러한 가능성에 무게를 두고 우선 계약직이 되는 것을 2차 목표로 삼았었다. 여러 병원 출신들이 계약직 신분으로 모여 경쟁을 하는 구조라면 경쟁에서 오는 스트레스가 상당했겠지만, 당시 물리치료는 정규직 선생님 이하 계약직은 연차별로 한 명씩 근무하고 있었고 작업치료는 내 위로 한 분의 계약직 선생님만 있었다. 특별한 경우가 아니라면 내 위에 선생님이 정규직이 되어야 내 차례도 오기 때문에 경쟁보다는 오히려 하루빨리 선임이 발령받기를 응원했었다.

작업치료사의 중심

내가 1년 동안 근무하게 될 성인 입원 작업치료실에는 임상 15년 차의 남자 선임이 한 분 계셨다. 여러 맡은 업무에 항상 바빠 보이기도 했고 나와는 연차나 나이 차이가 크다 보니, 사실 사적인 이야기는 "식사하셨습니까?" 정도였다. 너무 식상하다 싶으면 "피곤해 보이십니다" 또는 "주말 잘 보내셨습니까"와 같은 헛물켜는 소리만 주구장창 했었다. 여자 선임들은 편하게 농담도 건네고 심지어는 장난스럽게 놀리기도 했지만, 남자 치료사들은 쉽게 다가가기 힘든 분이었다. 당시 그 선생님은 남자 작업치료사 중 연차가 제일 높았기에 치료와 교육 등의 업무에서 막중한 책임을 갖고 있었고, 박사과정을 밟는 중이었기에 조금이라도 시간이 남으면 항상 자리에서 논문 작업을 했다. 그래서인지 그분의 얼굴보다 책상에 앉아 보여주던 넓은 등이 더욱 기억에 남는다. 선생님은 병원의 인지치료실을 처음으로 세팅하고 담당자로서 후학들을 위해 인지 관련 서적을 집필하기도 했으며, 작업치료사를 위한 인지학회를 만들기 위한 준비도 병행했다. 듣기로는 자녀들도 한창 돌봄이 필요한 상태였다고 하니, 도대체 어떻게 하면 저 많은 일을 다 소화할 수 있을지 놀랍기만 했다. 말씀이 많은 분은 아니었지만 어린 치료사들에게 항상 강조하던 부분이 몇 가지 있었다. "환자가 있기에 치료사가 존재하는 것이다."

환자들이 우리를 필요로 하지 않으면 치료사는 존재가치가 없다. 항상 겸손한 태도로 환자들에게 필요한 존재가 되기 위해 끊임없이 공부하고 노력해야 한다는 것이다. 우리는 환자들이 찾아오는 병원 시스템에 익숙해져 있다 보니, 제공하는 치료의 질에 관계없이 우리의 직업을 지속적으로 영위할 수 있을 것이라 생각한다. 하지만 우리를 믿고 찾아오는 환자에 대한 노력 없이 나태한 치료실 문화가 형성되면, 이러한 문제점이 SNS나 환우 커뮤니티 등에 쉽게 공유되는 세상이다. 그런 부분을 의식하며 억지 노력을 해야 한다는 것이 아니라 한 사람의 인생에 중요한 영향력을 미치는 치료사로서 그 자부심의 원천은 환자로부터 오는 것임을 항상 인식하고, 병원과 나를 찾아주는 환자의 소중함을 망각하지 않도록 해야 한다는 것이다.

"부족함은 자신이 인정한 만큼 채워진다." 본인이 알고 있는 지식의 크기를 과대평가하지 말고, 항상 겸손한 마음가짐으로 배우려는 자세를 가지라는 말이었다. 한번은 식당에서 물 컵 두 개를 가지고 "네 컵이 비어 있는 것을 내가 알아야 이렇게 채워 줄 수 있다"라며 자세한 비유를 들어 말씀하시던 모습이 인상 깊었다. 선임들의 지식을 공유받기 위해서는 아는 척하지 말고, 알아도 그게 전부라고 생각하지 말고 자신의 부족함을 확실하게 인정해야 한다는 의미다. 어찌 보면 단순한 조언처럼 보이지만 치료사들은 어느 정도 치료에 익숙해지고 나면 본인을 치료사로서 누군가에게 귀속되지 않은 독립된 개체로 인식하는 시기가 온다. 이 때문에 누군가 치료에 대해 조언하는 것을 본인이 지금까지 노력해서 쌓아온 지식의 결과물에 대한 도전이라고 받아들이는 경우가 있다. 어찌 보면 치료사로서의 자존감을 형성하는 시기에 누구에게 의존하지 않고 책임감을 가지고 치료한다는 관점에서는 긍정적인 부분도 있으나, 작업치료사는 혼자서 발전할 수 없으며 아무리 유능한 치료사라도 작업치료만으로 환자를 회복시킬 수도 없다.

작업치료는 인간이 하는 모든 것들 중에서 사고와 질병으로 나타나는 신체적, 정신적인 문제점에 대해 의학적인 분석과 작업적인 해석을 바탕으로 치료를 제공하는 방대하고 다학제적 학문이다. 학부의 지식은 밑그림에 불과하고, 임상에 나와 수많은 케이스를 경험하고 업데이트된 지식을 탐구해야만 한다. 치료사로서 발전이 멈추는 순간은 다름 아닌 자신이 수행하는 어떤 치료에 대해 100% 확신을 가지는 순간이다. 자신이 학문에 쏟는 절대적인 시간과 비례하게 깊이 있는 탐구는 가능하겠지만, 새롭게 변화하고 발전하는 학문의 속도를 소수의 개인 역량만으로 따라가는 것은 불가능에 가깝다. 그렇기 때문에 한창 지식에 대한 흡수가 빠른 신입 치료사들은 작업치료의 다양한 치료 이론 분야에서 활동하는 주변의 동료나 선임들과 함께 사고를 확장해 나가야 한다.

하지만 치료 현장을 자세히 들여다보면 어떤 이들은 근무하는 병원이나 팀장급들의 관심 분야에 대한 교육에만 의존하고 그 이론만을 맹신한 채 치료 효과에 대한 근거를 가진 다른 치료기법 등을 배척하는 경우를 본다. 다시 한번 강조하지만 작업치료는 환자 중심의 관점에서 대상에게 의미 있는 목표 설정을 수반해야 한다. 좁고 편협한 시야로는 다양한 케이스의 환자 니즈를 충족시킬 수 없기 때문에, 근거 중심의 여러 이론과 관점을 가지고 환자에게 접근해야 한다. 우리의 치료 공간이 왜 'room'이 아닌 'gym'의 형태를 가지고 있는지 생각해보자.

> 치료사가 갖춰야 할 마음속 중심의 범위를 만들어 주고 선임으로서 후임에 대한 영향력을 주기 위해 노력하는 것이 본인에게 주어진 시간만으로는 너무나 부족하다고 말씀하신 이 분은 권재성 선생님이다. 이후 '대한인지재활학회'를 창립하여 작업치료사의 국내 인지치료에 대한 이론을 정립하고, 현재는 청주대학교 작업치료학과로 자리를 옮기셔서 풍부한 임상 경험을 바탕으로 예비 작업치료사들에게 그분의 철학을 심어주고 있다.

버티는 이유

이력서에 한 줄을 채운다거나 단지 경력만 쌓으려는 목적으로 힘든 계약직을 자처하는 치료사는 많지 않을 것이다. 여러 기회비용을 포기하며 '을'이 되어야 하는 자리를 선택하는 것, 그들의 궁극적인 목적은 바로 '정규직'이다. 사실 대학병원에서의 인턴, 계약직 생활을 이어가기 위한 인내심과 노력을 다른 직장에 쏟는다면 충분히 인정받는 인재로 자리 잡을 것이다. 하지만 우리는 그러한 동력을 언제 어디에서나 쉽게 끌어다 쓰지는 못한다. 본인의 노력으로 인해 얻을 수 있는 결과물이 충분히 매력적일 때, 여러 어려움을 견딜 수 있는 잠재력을 발휘하게 된다.

입학 전 대학교 홈페이지에 들어가 본 기억이 있을 것이다. 가장 기억에 남는 정보를 떠올려보자. 아마도 기억나는 몇 가지 정보 중에는 "○○학번 누구, ○○대학병원 합격" "유명 ○○재활병원 실장, ○○○의 인터뷰" 등의 졸업생 취업 정보가 무의식 속에 자리 잡고 있을 것이다. 입학 후 오리엔테이션이나 과 단위의 연합 MT를 가면 졸업생을 초청하게 되는데, 유명 대학병원이나 큰 규모의 재활병원 선배들을 보면 그들에게서 왠지 모를 여유로움이 느껴졌었다. 이후에 외래 강의나 취업 특강 등에서도 마찬가지다. 또한 취업 현황을 보아도 선배들 중 학업에 열중하던 극소수만이 대형병원에 취업하는 모습을 보며, 그들이 선택한 직장이라면 그럴만한 장점이 가득한 특별한 취업처라고 여겼었다. 요새는 워낙 작업치료사의 역량을 펼칠 수 있는 취업처가 늘어나고 있을뿐더러 과거처럼 모든 학생들의 목표가 같을 수는 없다. 하지만 이미 우리 머릿속에는 그곳들이 우리 직업군이 취업할 수 있는 곳 중에 중상급 이상의 레벨이라는 인식을 가지고 취업을 준비한다. 그러면서 학점이 좋고 스펙이 잘 준비되었다면 크게 고민하지 않고 큰 규모의 병원 문을 두드린다.

그렇게 취업을 하게 되면 자신과 비슷한 생각과 스펙을 가진 동료들에게 새로운 영향력을 받고, 큰 규모의 건물과 편의시설 및 선진 치료 시스템 등에 도취되어 한동안 어깨에 힘이 들어가는 시기도 있다. 하지만 이 모든 게 내 것이 아니라는 생각을 할 때쯤 정규직 선배들이 결혼이나 재테크 등으로 작업치료사 이외의 삶도 안정적으로 꾸려가는 모습을 동경하며, 어느새 종착지를 '정규직'으로 설정하게 된다. 이처럼 우리는 자신도 모르게 아주 오래전부터 주변 환경으로부터 가스라이팅을 당하고 있었는지도 모르겠다.

정규직만 모이세요

계약직 생활 중 또 하나의 힘든 점은 애매한 포지션에서 느끼는 자괴감이다. 큰 틀에서 보면 계약직이라고 해서 정규직과 업무의 범위가 크게 구분되어 있지 않다. 환자를 치료하는 스케줄도 비슷한 양을 소화하고, 이외의 업무에서도 일정량의 책임을 맡고 있다. 오히려 치료실 내에서 세세하게 챙겨야 하는 업무들을 더욱 주도적으로 관여하게 된다. 그렇게 지내다 보면 평소에는 본인의 위치가 계약직이라는 신분은 잊은 채 긍정적인 격려를 받으며 소속감을 가지고 일한다. 하지만 간혹 중요한 회의에서 배제된다거나, 정규직원만이 누릴 수 있는 혜택이나 복무규정 등의 이야기가 나오면 자연스럽게 나의 신분을 자각한다. 나의 것이라 여기며 아끼던 공간에서 느끼는 소소하지만 완벽한 소외감은 계약직 생활의 가장 큰 서러움이다.

인턴 때는 몸이 힘들지만, 계약직은 마음이 힘들다. 인턴은 말 그대로 수련의 성격이 강하기 때문에, 사실 본인이 스스로 느끼는 압박감에 비해 주변에 기대는 그리 크지 않다. 팀에 큰 도움이 되는 것까지는 바라지 않고, 알려주는 것을 잘 습득해서 온전히 자신의 몫만 잘 해내도 중간은 간다. 하지만 계약직은 주변에서 그들을 바라보는 근본적인 시각부터가 다르다. 저 치료사가 우리와 함께할 수 있는 역량을 갖추었는지 끊임없이 평가하고 판단한다. 작업치료에 대한 탐구적인 자세와 환자에 대한 진심 어린 치료, 기본적인 성실함과 조직 친화적인 성격, 신속함과 정확함, 이 모든 걸 일관되게 유지하는 안정적인 정서 수준과 인내심 등 치료사가 많은 큰 기관일수록 그 기준은 더욱 늘어난다. 사실 이 기준을 모두 충족하는 사람은 조계사나 명동성당에서 찾아야 하는 것 아닌가?

정규직이 되고 싶어 하는 본인의 열망이 높을수록 주변의 이런 높은 기대가 더욱 부담스럽다. 특히 정규직 자리 하나를 놓고 여러 명이 경쟁하는 것이 가장 힘든 상황이다. 본인보다 뛰어난 업무 능력으로 선임들에게 인정받는 동료가 있으면, 대인배처럼 좋은 표본으로 삼고 모방하며 배울 수는 있지만 동료들에게 뒤처지는 듯한 불안감은 가뜩이나 피곤한 일상에 덤으로 주어지는 부담이다.

모래시계 속 얼마 남지 않은 모래처럼

한창 바쁜 나날을 보내던 때 청천벽력 같은 소식이 언론을 통해 전해졌다. 노동법 개정에 의한 근로기준법이 바뀌어 계약직 근로자는 한 곳의 기관에서 2년 이상 근무를 할 수 없게 된 것이다. 시간이 걸리더라도 현재 자리에서 최선을 다하면 정규직이 될 수 있다는 희망은 사라졌다. 당장 몇 개월 후면 이곳을 나가야 한다. 전혀 생각지 못한 변수에 내가 할 수 있는 일은 지금처럼 현재 자리에서 최선을 다하며 이곳에 꼭 필요한 사람이라는 걸 어필하는 방법밖에는 없었다.

인턴 때보다 더욱 절실한 마음으로 모든 일에 솔선했다. 인턴 교육을 위해 그들보다 일찍 출근하고 늦게 퇴근하며, 주어진 업무는 그 일의 중요성을 따지지 않고 매번 밤늦도록 최상의 결과물을 만들기 위해 노력했다. 병원에서 치러지는 행사와 학회 등의 준비를 항상 자원하여 도왔고, 대대적인 치료실 이동과 리뉴얼로 짐을 옮길 인력이 필요할 때는 주말을 반납하며 구슬땀을 흘렸다. 3차, 4차까지 이어지는 회식에서도 선·후임의 귀가를 끝까지 책임지며 마지막까지 자리를 뜨지 않았다.

이런 노력들이 무슨 소용이겠나 싶었지만 힘없는 계약직이 할 수 있는 건 이것뿐이었다. 자신이 초라하고 보잘것없다 생각하는 것도 사치라 느껴졌고, 뭐라도 하고 싶었다. 나의 목표가 점점 멀어지는 것을 손 놓고 지켜보는 것이 더욱 힘들 것 같았다. 이 병원에 입사하고자 했던 목표는 학부 때부터 마음의 중심을 잡아주었고, 게을렀던 내가 미리 계획하고 준비하는 성격으로 변할 수 있게 만들어 주었다. 입사 후에도 힘들 때마다 뚜렷한 목표가 있었기에 내려놓지 않고 버틸 수 있는 원동력이 되었다. 그런 나의 꿈을 잃고 싶지 않아 힘겹게 발버둥 치던 그때의 하루하루는 모래시계 속에 얼마 남지 않은 모래를 바라보는 기분이었다.

그렇게 간절한 시간이 흘러가 계약 만료를 두 달 쯤 남긴 어느 날,

새로 발령을 받은 UM이 조용히 나를 불렀다. 정규직 요청을 위한 보고서를 작성하고 있으니, 통계 등 기획 작업을 함께 해보자는 것이었다. 재활치료팀의 증원이 필요한 이유를 차곡차곡 모아가며 기도하는 마음으로 기획서를 작성했다. 몇 주의 시간이 흘렀을까? 결국 증원이 불가능하다는 통보를 받았다.

그제야 대출처럼 미루고 받아들이지 않았던 현실이 보였다. '왜 이렇게 이 병원에 남고 싶었던 걸까? 목표를 현실에 맞게 수정했으면 어땠을까? 굳이 넘어질 수 있다는 걸 알면서도 나는 왜 조심하지 않고 무릎이 쓸리고 나서야 후회하고 있을까? 도대체 왜 아무런 준비 없이 그렇게 시간을 보냈을까? 뒤가 없이 스스로 배수의 진이라도 치고 싶었던 걸까?' 그 당시 나에게는 플랜 B가 없었다. 이때의 경험으로 나는 중요한 일에 앞서 모든 경우의 수를 생각하고 플랜 B, C뿐만 아니라 B-1, C-1까지 대안을 생각하는 습관이 생겼다.

남은 한 달여 시간 동안 팀 및 실 단위의 송별회와 친했던 선생님들과의 개별적인 마지막 식사 자리를 가졌다. 너무 바쁜 일상을 보내는 팀원들이라는 걸 알고 있었기에 감사한 마음으로 마지막을 준비했다. 선임들의 "수고했다" "여기가 끝이 아니다" "인생은 모른다. 시간이 흐르면 우리보다 더 잘 되어 있을 수도 있다" 등의 위로들과 고개를 끄덕이게 만드는 조언들은 그 어느 때보다 진심이었지만, 이상하게 마음에 담기지 않았다. 입사 후 처음으로 동경하고 존중하는 선임들과 소통하고 공감하지 못하는 나의 모습이 너무 낯설었다. 아마도 더 상처받지 않기 위해 이미 마음속에서 병원과의 분리를 시작했던 것 같다.

근무 마지막 날이 되었다. 그날의 스케줄은 평소와 달리 띄엄띄엄 배정된 환자들을 오후 3시까지 치료하고 동관, 서관, 신관 각 건물에 배치되어 있는 각 재활치료실을 돌며 마지막 인사를 하는 것으로 끝이 나는 것이었다. 입사 후 가장 한가한 스케줄이었다. 마음 정리를 잘 했다고 생각했는데 오전부터 표정 관리가 힘들고 유난히 정이 들었던 선임들과는 눈을 마주치는 것조차 두려웠다. 첫 직장에서의 마지막 환자의 치료를 마친 후 가장 멀리 있는 치료실부터 방문하여 작별 인사를 전했다. 그날따라 유난히 딱딱하게 느껴지는 바닥을 터벅터벅 걸으며 탈의실로 향했다. 나의 흔적이 남지 않게 짐은 이미 완벽히 정리를 해 놓았다. 이제 옷을 갈아입고 나의 마지막 근무지인 입원 치료실로 향했다. 아직 치료가 한창이던 치료실 문 앞에 서서 평소보다 당당한 척 큰 목소리로 마지막 인사를 했다. "선생님, 저 이제 가보겠습니다."

하루 종일 일부러 눈길을 피했던 소중한 선생님들의 얼굴을 한 명 한 명 쳐다보고 억지웃음을 지으며 눈인사를 전했다. 다들 마지막은 편안한 표정으로 나를 보내주고 싶었던 것 같다. 내가 이 병원에 얼마나 진심이었고 간절했는지 제일 잘 알고 있었던 그들이다. 뒤돌아 문을 나서며 아직 실감이 나지 않던 찰나, 근무시간에 사복을 입고 문을 나서는 나의 모습을 황당한 표정으로 바라보며 실습생 한명이 물었다.

"그런데 선생님은 이 시간에 어디 가시는 거예요?"

이 질문에 짧은 답을 전하며 이곳에서 허락된 시간이 마무리되었다. 첫 직장을 첫사랑처럼 여기던 나는 그렇게 떠났다.

"잘 지내. 나 계약 끝났어."

아무것도 아닌 존재

늘 잠이 모자랐던 몇 년간, 소원이 하나 있다면 잠을 실컷 자다가 허리가 아파서 깨거나 욕창이 생길 때까지 누워 있고 싶다며 장난 섞인 말투로 동료들에게 이야기했었다. 이왕 이렇게 된 김에 그동안 지쳐 있던 정신과 몸을 달래주기 위해 나에게 충분한 휴식을 선물하자고 마음먹었다. 좋아하던 집 앞 오래된 커피숍에서 하루 종일 책도 읽고, 그동안 못 만났던 친구들과 밤새 술도 마셔보고, PC방 아르바이트생이 깨울 때까지 게임도 하면서 현실에서 조금 비켜간 시간을 보냈다.

하지만 길들여진 과거에서 쉽게 벗어나지는 못했다. 몇 년 동안 같은 시간으로 저장되어 있던 휴대폰 알람을 시원하게 삭제했지만, 한동안 새벽 5시 30분만 되면 저절로 눈이 떠졌다. 어떤 날에는 6시가 넘은 시계를 보고 깜짝 놀라 이불을 박차고 일어나 정신없이 출근 준비를 하는 날도 있었다. 금세 정신을 차리고 다시 이불 속으로 들어가 잠을 청하는 날도 있었지만, 어떤 날에는 침대에 멍하니 앉아서 생각에 잠기는 날도 있었다.

기억에 남던 어느 날이다. 실업급여를 받기 위한 의무사항 중 하나인 구직 관련 교육을 듣기 위해 고용노동부 내의 한 강의실에 도착했다. 그곳에 나와 같은 처지의 사람들이 수백 명 모여 있는 모습을 보며 놀라기도 했지만, 나만 백수가 아니었다는 왠지 모를 안도감도 들었다. 다양한 연령대의 사람들이 있었는데, 그중 눈에 띄는 분들은 40~50대의 중년 남성들이었다. 잘 다려진 정장에 정돈된 헤어스타일과 서류가 방까지, 누가 봐도 완전한 출근 복장이었다. 저 사람들은 무슨 사연이 있는 걸까? 가장의 갑작스러운 실직을 아직 이야기하지 못하고 출근을 빙자하여 이곳에 와 있는 것은 아닐까? 확실하지도 않은 추측을 하며, 괜히 측은한 마음이 들었다. 아마도 나태하게 보내고 있는 나의 생활 속에서 불안한 마음이 만들어낸 극단적인 상상이었는지도 모르겠다.

불과 며칠 전까지는 사람들이 직장에 대해 물으면 당당하게 근무하는 병원 이름을 대며 "그런데 계약직이야"라는 겸손의 미덕을 보이는 것으로 자존감을 지키곤 했다. 말 그대로 비록 계약직이었지만 치료사로서 내 연차에 대형병원 계약직이란 위치는 그동안의 노력을 보여주는 결과물이었고, 어느 정도 미래에 대한 희망을 나타내는 상징이기도 했다. 하지만 나의 신분은 한순간에 '무직'이 되었다. 마음 한구석이 텅 빈 것처럼 공허했고, 아무리 쿨하게 마음을 먹어도 그리 오래 유지되지 못했다. 그동안 나는 직장이 주는 의미가 무엇인지 스스로 느끼고 있지 못했다. 국가고시가 끝난 후 학생의 티를 벗기도 전에 출근하여 병원이 만들어 놓은 역할 속에 나를 끼워 맞추는 데에만 급급했다. 입사 1개월 차, 6개월 차, 1년 차에 내게 기대하는 부분들을 힘겹게 메우고 직장이란 주어진 일을 그냥 해나가며 그에 대한 적절한 보상을 받는 단순한 공간으로 여기다 준비 없는 이별을 맞았다. 한창 일할 나이에 직장이라는 큰 울타리에서 벗어나고 나니, 나를 설명해 줄 무언가가 없는 느낌이었다. 톱니바퀴처럼 굴러가는 이 사회에서 어떤 역할도 맡지 못한 나는 아무런 존재도 아닌 것만 같았다.

2회 초 공격

쉬어도 쉬는 게 아니었다. 뭐라도 해야겠다는 마음을 먹고 다시 스케줄을 정비해나갔다. 어학점수 목표를 상향하여 오전에는 학원 수업을 듣고 늦은 오후까지 토익 공부에 매진했다. 저녁에는 컴퓨터 학원에 다니며 추가적인 자격증 공부에 시간을 사용했다. 그리고 언제 찾아올지 모르는 채용공고에 대비해 자기소개서 내용을 꼼꼼히 업데이트하고, 2년 동안의 경력에 대한 내용 위주로 예상 면접 질문을 만들어 몇 년 전 그때처럼 면접 스피치를 틈틈이 연습했다. 주중 스케줄은 타이트하게 보내고, 주말에는 이미 자리를 잡은 선배들과의 만남을 자주 가지며 나와 같은 어려움을 겪고 또 이겨냈던 경험과 현재 병원에서 정규직 치료사로서 어떤 마인드를 가지고 생활하는지에 대한 풍부한 이야기를 들었다. 그러면서 내가 그 자리에 있었다면 어떻게 생활하고 대처할지 생각해보는 시간도 가졌다. 이때의 다양한 간접 경험은 향후 정규직 면접에서 큰 도움이 되었다.

매일 아침저녁으로 여러 채용사이트를 보는 것이 루틴이 되었다. 다시 자신감을 갖고 도전자의 마음으로 준비를 착실히 해나갔지만, 누군가의 농담처럼 대학병원 정규직은 한 분이 돌아가셔야만 자리가 난다고 했던가. 기다리던 정규직 공고는 몇 개월째 나지 않았다. 불안한 마음보다는 긴 공백이 이력에 도움이 되지 않는다는 것을 익히 들어 알고 있었기에 어디든 들어가서 경력을 이어가야겠다고 결심했다.

때마침 서울, 경기의 대학병원 세 군데에서 계약직 공고가 나왔다.

고민할 필요 없이 전부 지원했는데, 면접관에게도 나의 간절함이 전해졌는지 운 좋게 모두 합격을 했다. 치료사에게 첫 직장도 중요하지만, 두 번째 직장도 그에 못지않게 중요하다. 첫 직장은 무조건 규모와 네임 밸류를 보고 선택했지만, 두 번째는 내가 현실적으로 자리를 잡을 수 있는지에 대한 가능성에 더욱 무게를 두고 선택했다.

20대에 임상에 나와서 앞으로 일을 할 수 있는 시간이 약 30년 정도 주어진다고 생각했을 때, 우리가 겪었던 처음 1~2년의 시간을 굳이 스포츠와 비유해 보자면 축구의 전반으로 나누기에도 너무 짧은 시간이다. 그나마 아홉 번의 공격과 수비의 기회가 있는 야구로 비유하면, 아직도 1회가 진행 중일 것이다. 승패에 있어 아무도 장담할 수 없는 극 초반의 시간이다. 아직 덜 풀린 몸으로 첫 직장의 퇴직으로 인해 1회 초 공격을 실망스럽게 마쳤다 해도, 최대한 멘탈을 잡고 다음 기회를 준비하면서 1회 말 수비를 잘 해놔야 좋은 결과를 기대할 수 있다. 아직 포기하기에는 너무 이르다. 이제 막 2회가 시작되었을 뿐이다.

정규직으로
새롭게 시작하기

이태원까지는 몇 번 와봤지만, 순천향대학교 서울병원이 있는 한남동은 태어나서 처음 발을 디딘 곳이다. 그 당시는 최근처럼 핫 플레이스가 되기 전이었으니 젊은 느낌보다는 전형적인 오래된 구도심의 모습이었다. 면접을 준비하며 알게 된 '우리나라 의료법인 1호'라는 명성에 걸맞게 클래식한 건물의 외관이 한눈에 들어왔다. 이직 후 첫 출근길이지만 예전과 다르게 긴장되지 않고 발걸음이 오히려 가벼웠다. 퇴직 후 5~6개월의 시간 동안 마치 정신적 산전수전을 다 겪어본 사람처럼 무장이 되었던 탓도 있겠지만, 어딘가에 다시 소속된다는 안정감이 긴장보다는 편안함을 주었던 것 같다. 다시 한번 기간이 정해진 계약직으로 입사했지만, 내 모습이 그리 나쁘지 않았다. "절실하되 부담스럽지 않게, 힘도 좀 빼고 잘해보자. 윤대석!" 주문처럼 이 말을 되뇌며 치료실 문을 열었다. 그렇게 몇 달의 공백기를 마치고 두 번째 직장에서의 작업치료가 시작되었다.

우리가 겪는 성공과 실패 그리고 그 사이의 시간 속에 자신이 느끼는 수많은 감정과 생각들은 자신이 어떤 사람인지 알아가는 데 중요한 과정이다. 동시에 좀 더 능숙하게 자기 사용법을 배울 수 있는 기회의 시간이 될 수도 있다.

대한민국 108번째 작업치료사

입사 당시 작업치료실에는 2명의 치료사가 근무하고 있었는데, 임상 경력이 무려 22년 차 선임과 이제 입사한 지 몇 개월 되지 않은 인턴 한 명이었다. 이처럼 매우 낯설고 신선한 조합에 평균을 맞추기 위해 내가 들어가게 되었는데, 당시 협소했던 치료실의 한쪽 면을 차지한 기다란 책상 하나에 3명이 나란히 앉아서 근무를 했다. 1~2년의 차이도 부담스러운 임상 현장에서 작업치료사 면허증 발급번호가 108번인 선임이 근무 내내 CCTV 모드로 옆에 앉아 있는 근무 형태는 내 머릿속에 없던 그림이었기에 매우 난처하고 천만 배의 부담감이 느껴졌다.

하지만 선임은 특유의 친화력을 가지고 있었고, 모든 걸 꾸밈없이 솔직하게 이야기해 주어 불필요한 에너지를 쓰지 않고도 신속한 일 처리를 가능하게 하는 담백한 분이었다. 선임이 입사 첫날부터 내게 가장 강조했던 부분은 바로 '주인의식'이었다. 내가 지켜야 할 행동강령은 다음과 같았다.

첫째, 환자에게는 내 집, 내 병원에 온 것처럼 최선을 다해서 치료할 것

둘째, 병원 교육, 행사, 봉사 등에 적극적으로 참여하여 병원 발전에도 기여하는 치료사가 될 것

셋째, 병원 물자를 내 것처럼 아낄 것

예전에는 선임이 후임에게 조언이나 지시를 할 때, 후임의 사고방식이나 생각을 고려하지 않고 소위 상명하복처럼 '내 말에 따르라'는 경우가 많았다. 하지만 이제 리더 그룹이 되어가는 세대인 70~80년대생 선임들은 본인의 말에 후임들이 무조건 따라야 한다고 생각하기보다 세대 간의 갈등에서 오는 스트레스에 굳이 에너지를 쏟고 싶어 하지 않는다. 또한 어떤 일을 해야 할 때 이미 숙련되어 있는 본인이 직접 하는 게 더 편하다고 생각하는 경우가 많고, 일을 해야 하는 명분을 알려주고 일을 어떻게 처리하는지 설명하며 피드백까지 줘야 하는 후임에게 일을 지시하는 것은 오히려 시간이 들고 불편하다고 생각한다. 그래서 후임이 자신의 말을 받아들일 수 있는 조직 이해능력이 있는지, 성취욕이나 상승 욕구가 있어서 나의 경험을 흡수할 수 있는 의지가 있는지를 판단한 후 조건을 충족하는 경우에만 자신의 에너지를 쏟으려는 경향이 커지고 있다. 결국, 일시적인 관계가 아니라 내 사람이라고 생각될 때 일과 경험을 공유하는 것이다.

사실 나 역시 108번 선임의 여러 가르침들이 그저 나이가 있고 경

력이 많은 기성세대가 가질 수 있는 고지식함이라 느꼈던 적도 있었다. 언급했듯 신입들이 예전 시대의 경험을 그대로 이해하는 건 무리가 있고, 본인의 의견을 묻어두고 무조건 따르라고 하는 건 시대착오적이기도 하다. 다만 선임들의 조언과 경험을 임상 현장에서 기출문제처럼 참고하고 여러 문제들에 응용하면서 사용하는 지혜로움이 필요할 때가 분명히 있다. 당시 나에게도 그 가르침을 실천하는 건 여전히 어려운 숙제였지만, 입사 첫날부터 강조했던 '주인의식'은 치료사로서 경력을 쌓아가는 동안 나의 중심을 잡아주는 코어와 같은 역할을 했다. 치료사와 병원의 직원으로서 정체성을 키워가고, 나의 또 다른 이름이 되어주는 직장을 성장하고 발전시키는 데 쏟는 개개인의 노력은 절대 헛된 소비가 아니다.

> 나에게 절대적인 영향력을 주었으며 향후 내가 하는 모든 일에 신뢰와 전폭적인 지지를 해주었던 1세대 작업치료사 김세영 선생님은 업무에 있어서는 거침없는 실행능력을 발휘하였고 병원 발전을 위해서는 순수한 노력을 아끼지 않았다. 결국 그 공로를 인정받아, 재활치료팀장에 임명되어 현재까지도 재활치료팀의 리더로서 작업, 물리, 언어 등 여러 직종의 치료사들에게 '주인의식'을 전파하고 있다.

정규직처럼 행동하기

병원에 들어온 이후, 혹시라도 내게 계획이나 목표를 묻는 팀 내의 물리치료사 선임이 있으면 "전 이 병원에 꼭 남고 싶습니다"라고 말하며 급발진을 했었다. 선전포고의 의미보다는 그냥 내 생각과 의지를 알리고 싶었고, 앞으로 내가 할 여러 노력들을 귀엽게 봐달라는 일종의 애교였다. 다행히 인격적으로도 훌륭한 대부분의 선임들은 내 의지에 응원을 보내주었다. "자신이 되고 싶은 사람처럼 생각하고 말하고 행동하라"는 말도 있지 않은가.

어릴 적부터 노안이었던 나는 항상 주변을 깜짝 놀라게 했다. 중학생 시절에는 대학생 같다는 말을 들었고, 고등학생 때는 교복에 백팩을 메고 있어도 정장같이 느껴졌는지 길을 묻는 사람들이 나를 부르는 호칭은 언제나 '아저씨'였다. 대학에 들어와 실습을 나갔을 때는 흰 가운을 입고 치료실에 들어가면(정식 치료사들은 실내에서 흰 가운을 입지 않는다) 오히려 의료진 회진인 줄 알고 환자들과 보호자들이 깍듯하게 인사를 하는 경우도 다반사였다. 의도치 않게 외모에 기반한 이러한 주변의 오해는 어릴 적부터 나에게는 콤플렉스였다.

하지만 임상 현장에서는 이러한 부분이 장점으로 승화되기 시작했다. 인턴 때는 몇 년 일한 사람같이 능숙해 보인다는 칭찬을 자주 들었고, 계약직 때는 연차와 신분을 이야기하면 당연히 어느 정도 위치가 있는 치료사 같다는 코멘트를 늘상 들었다. 이때부터는 나이 들어 보이는 외모와 행동이 오히려 환자들에게 신뢰감을 준다는 걸 알게 되었다. 두 번째 병원에 입사한 후에는 이를 장점으로 더욱 적극적으로 활용했다. 계약직 신분이었지만 그 위치에 주어진 일에 만족하지 않았다. 정규직 고유의 일을 맡아도 선임들은 어색하게 받아들이지 않았다.

작업치료실뿐만 아니라 재활치료팀, 재활의학과, 더 나아가 병원에서 내려오는 행정 업무에도 간혹 투입되어 작은 공로들을 차곡차곡 쌓아나갔다.

목표가 대학병원에서 단순히 경력을 쌓고 나가고자 하는 게 아니라면 본인이 이미 정규직만큼 일할 수 있다는 걸 증명해내야 한다. 하찮은 일이라도 본인에게 주어진 일을 완벽하게 수행하는 모습을 꾸준히 보여주면서 신뢰와 인정을 받아야 한다. 보통 신입들은 중요도가 높은 일보다는 쉽지만 꾸준히 해야 하는 업무가 주어진다. 만약 비교적 난이도가 낮은 일을 맡아도 실수가 잦고 완성도가 떨어진다면, 그다음 단계로 발전하기 어렵다. 급한 마음에 어설프게 선임들을 흉내 내기보다는 내공을 쌓으며 빌드업하는 과정이 필요하다. 치료와 행정을 동시에 수행해야 하는 바쁜 책임자들은 이러한 준비된 인재를 선택하고 활용할 확률이 높다.

필요한 사람

선임 이후로 20년간 정규직 자리가 나지 않았다는 건, 이제 자리가 날 때가 되었다고 생각할 수도 있지만 그만큼 이 병원이 자리가 나기 힘든 시스템일 수도 있다는 것이기도 하다. 다행히 선임은 이번에는 자리를 한번 만들어보자는 의지가 있었다. 그러기 위해서는 역시 작업치료사의 생산성을 높이는 것이 가장 기본이었다. 바로 '치료 수익'을 높이는 일이다. 선임의 전투적인 지휘하에 이때부터 빈 타임 없이 하루 16타임을 치료하는 것은 물론이었고, 갑작스럽게 방문하지 않는 환자가 있으면 다른 대기 환자를 호출하여 기능 평가나 일회성 교육을 해서 보충했다. 그마저도 곤란한 상황이면 병실에 찾아가서라도 교육과 치료를 해서 수익률을 끌어올렸다. 그리고 환자에게 꼭 필요하지만 놓치고 있는 평가나 치료 수가가 없는지 타 대학병원의 인맥을 총동원하여 조사하였고, 우리 치료실의 실정에 맞게 적용했다. 매일 마감 통계를 함께 분석하며 세는 곳과 채울 곳을 세밀하게 만들어갔다. 그 결과 순천향대학교 서울병원의 작업치료사 1인의 평균 수익이 팀 내에서 가장 높고, 산하병원 통계에서도 최상위 수준까지 올라갔다.

"조직이 원하고 주목하는 결과를 만들어라."

이처럼 단기간에 결과를 만들어내는 것은 혼자만의 노력으로는 절대 불가능하다. 수익성 개선을 위한 계획을 세우는 단계는 책임자의 기획 능력과 리더십이 요구되고, 데이터를 올리기 위해서는 산술적으로도 작업치료실 구성원 전체가 움직여야만 가능한 영역이다. 그리고 정규직 한 명의 신규 자리를 늘리기 위한 병원의 승인을 얻기 위해서는 책임자의 이루 말할 수 없는 노고가 녹아든다. 여기서 우리가 생각해야 할 부분은 정규직 자리를 만들기 위해 왜 모두가 당사자만큼의 노력을 하는지다. 확실한 한 가지는 자신을 위해 다른 사람을 움직이게 하려면 나도 그들에게 필요한 사람, 함께해도 좋은 사람이라는 확신을 주어야 한다는 것이다.

누군가의 자리

정규직 충원을 위한 노력에도 불구하고 병원의 승인불가와 그로 인한 실망감, 희망고문 끝에 입사 1년 6개월 만에 드디어 신규 정규직 충원 승인이 떨어졌다. 우리 병원의 인사 시스템상 내부 직원의 발령은 인정되지 않고, 공개채용을 통해 지원자의 한 사람으로 만만치 않은 과정의 채용 전형에 다시 한번 도전해야 했다. 계약직 채용 과정은 대부분 1차 서류전형, 2차 면접 후 최종합격에서 크게 벗어나지 않지만, 병원마다 정규직의 채용과정은 좀 더 난이도가 높고 복잡하다. 대학병원 근무자들은 타 기관에 비해 정년까지 근무하고 퇴직하는 비율이 월등히 높은 만큼, 수십 년을 함께하는 직원을 검증하는 과정이 엄격한 편이다. 하필이면 그해 채용 시스템이 전면 개편되어 시범적으로 운영하게 되면서 고생했던 기억이 있다.

채용공고를 보며 내 눈을 의심했다. 1차: 서류전형, 2차: 전공 필기시험, 3차: 실무진 면접 4차: 토론 면접, 5차: 경영진 면접 순이었다. 어려운 난관들이 예상됐다. 1차부터 최종 경영진 면접까지 한 달 정도의 시간이 있었지만, 아이러니하게도 가장 중요한 시기에 머릿속이 복잡하고 병원 일이나 채용 준비 중 그 어느 것에도 집중이 되지 않았다. 마음은 조급하기만 하고 어디서부터 어떻게 준비해야 할지 몰라 헤매며 일주일을 멍하니 보냈다. 그렇게 하는 일 없이 밤잠을 설치던 어느 날, 같이 살고 있는 분이 내게 작심한 듯 말했다.

"오빠, 요즘 뭐 하는 거야? 이러다 떨어지겠는데!"

세상에서 가장 이성적인 마인드를 가진 아내의 말에 정신이 번쩍 들었다. 서류전형 통과 후 남은 3주 안에 내가 완전히 다른 사람이 될 수는 없었다. 복잡하게 생각하지 말고 내가 가장 잘하는 방식대로 준비하기로 마음먹었다. 학부 시절부터 목표를 이루기 위해 사용했던 '절대적인 시간 투자와 매우 디테일한 준비'를 했다. 다음 날부터 첫차를 타고 출근해서 근무 전 2시간 정도는 전공 기본서와 최근 치료 트렌드가 반영된 서적으로 공부했다. 서술형의 전공 필기시험 같은 경우 범위 자체가 광범위하기 때문에 만점을 목표로 하는 건 무리였다. 많은 시간을 할애하지는 않았고, 학교에서 배운 지식을 회상하면서 그동안의 임상 경험들과 연결하여 근거에 기반한 나만의 치료 방법들을 질환별로 정리하여 숙지하는 것으로 준비를 끝냈다. 그리고 다행히 무난하게 통과가 되었다.

당시 막 유행하기 시작한 면접 형태였던 토론 면접은 정작 한 번도 경험해 본 적이 없었다. 어떤 주제가 나올지 알 수 없었기 때문에 얼마 남지 않는 시간에 많은 정보를 습득하기에는 제한이 있다고 판단했다. 욕심 부리지 않고 매일의 가장 이슈가 되는 언론사 헤드라인 또는 의료계나 재활에 관련된 이슈를 점심시간을 이용해 하루에 하나씩 정독하고, 나의 논리를 노트에 정리했다. 그리고 경쟁 지원자가 내게 어렵거나 잘 모르는 부분에 대해 질문했을 경우 당황하거나 버벅거리지 않도록 자연스럽게 받은 질문을 정리하면서, 다른 지원자에게 답변을 넘기거나 재질문을 하는 관용어구들을 몇 가지 준비해 두었다. 이 부분은 실제 면접에서 적재적소에 아주 효과적으로 사용되었다. 예를 들면, 다음과 같은 말이다.

"좋은 질문 감사합니다. 그 부분은 제가 평소에도 고민했던 부분인데, 명확한 해답을 찾지 못했습니다. 좀 더 생각을 해봐야 할 것 같은데요. 혹시 이 질문에 더 나은 답변을 해주실 분 있으십니까? ○○○번 지원자분은 어떤 생각을 가지고 계신지 궁금하네요."

토론 면접 합격 후, 이제 남은 지원자 5명이 최종 경영진 면접을 앞두게 되었다. 경영진 면접은 말 그대로 병원을 운영하는 재단의 이사장님과 병원장, 부원장, 사무처장 등 일반 직원이 평소에 접해보지 못한 분들과의 대면 면접이다. 한 해에만 수십 번의 면접을 보는 분들이기에 본인들만의 인사 철학이 있을 것이다. 누구의 손을 들어줄지는 아무도 알 수 없다. 마지막 관문을 앞두고 조금은 편안한 마음으로 준비하려고 노력했다. 몇 년간 이 자리를 위해 간절한 시간을 보낸 만큼, 긴장되는 마음을 숨길 수 없었지만 그 마음을 면접까지 끌고 가고 싶지는 않았다. 인턴, 계약직 채용의 면접과 정규직의 면접은 결이 좀 다르다. 대학을 갓 졸업한 학생이나 1~2년 차를 채용하는 면접은 암기한 내용을 나열하거나, 열정과 패기를 내세우는 것이 자연스러울 수 있으나, 정규직 면접은 대부분 경력이 꽤 갖춰진 지원자들이기에 나의 어떤 장점이 이 병원에 실질적인 기여를 할 수 있는지 과장하지 않고 설득력 있게 이야기하듯 말하는 것이 효과적이다.

보통 면접관들은 지원자들의 답변을 들으며 고개를 끄덕이는 횟수로 긍정적인 시그널을 표현한다. 드디어 최종 면접의 문을 열고 들어가 4년간 모아왔던 작업치료사로서의 내공과 간절함을 후회 없이 쏟아부었고, 한 달 간의 모든 채용 과정이 힘겹게 끝이 났다.

   결과 발표를 기다리는 며칠 동안 작업치료사가 된 후 지금까지 겪었던 과거의 기억들이 스쳐갔다. 어설프게 넥타이를 둘러메고 나서던 첫 출근길, 처음 환자를 치료하며 느꼈던 떨림과 무한한 책임감, 울고 웃던 소중한 동기들과의 추억들, 인정받기 위해 애쓰며 노력했던 숱한 밤들, 힘들었던 첫 병원과의 이별과 두 번째 병원에서의 새로운 시작 그리고 밀려나지 않기 위해 발버둥 치던 또 다른 몇 년의 시간. 불안정한 신분의 나를 믿고 결혼해 준 아내의 출근길 인사까지 모두 다 스쳐 지나갔다. 이 모든 시간이 겹겹이 쌓여 성숙해져야 얻어지는 자리였을까? 마침내 합격 소식을 듣고 홀로 눈물을 흘리던 그날의 퇴근길을 평생 잊을 수 없을 것 같다.

결국, 자신과의 경쟁

"우리에겐 절대평가의 인생과 상대평가의 인생이 있다."
   작업치료사 면허시험이나 각종 자격증과 같은 시험들은 자신에게 주어진 절대평가를 넘어서는 과정이고, 다수가 선호하는 자리에 취업을 도전하는 것은 상대적인 불확실성으로 스스로 들어가는 것이다. 냉정하게 바라보면 채용에서 지속적으로 낙방하는 이유 중에 하나는 자신의 스펙으로 갈 수 있는 최대한 좋은 기관에 지원하기 때문일 수도 있다. 자신이 목표한 곳보다 하향 지원하면 나보다 낮은 스펙의 사람들과 경쟁하기에 고통의 시간은 줄어들 수 있다. 하지만 다수의 치료사들은 자신들이 노력했던 관성에 따라 그런 선택보다는 스스로 경쟁 속에 뛰어든다. 그리고 그 선택은 우리를 지치게 만든다.

초반 몇 년은 앞만 보고 달릴 체력이 아직 남아 있지만 이후 기대했던 채용에서 몇 번 낙방의 쓴맛을 보고, 세월은 흐르는데 자리를 잡지 못하는 시기가 되면 좌절과 허무함이 밀려온다. 설상가상으로 그때쯤 주변을 돌아보면 처음부터 재활병원의 정규직으로 자리 잡은 동기들은 이미 관리자급이 되어 있거나, 커리어 원숙기로 접어들었다. 긍정적인 사고가 어려운 이 시기에 자신의 커리어는 이렇게 꼬여버리는 게 아닌가 하는 두려움마저 스스로를 괴롭힌다.

그럼에도 불구하고 나는 그 시간을 좀 더 버텨보라고 이야기하고 싶다. 시간이 지나 힘들었던 과거를 되돌아보면, 체감했던 것보다 인생 전체로서는 굉장히 짧은 시간이다. 힘든 시기에는 피로도가 급격히 높아지고 누적되기 때문에 현재가 영원처럼 느껴지지만 의외로 어려운 시기를 다 버텨 놓고도 누적된 피로감에 결승선에 다다라서 포기하는 안타까운 경우도 드물지 않다.

보통 취업을 '주차장에서 자리를 찾는 것'에 비유해서 이야기한다. 주차 자리가 언제 날지는 정확히 알 수 없을뿐더러, 주차를 못하는 건 내 주차 실력이 부족해서가 아니라 나에게 맞는 자리가 아니었을 확률이 높다는 의미다. 여러 취업 사례를 보면, 될 듯 말 듯 계속되는 희망 고문 속에서 거의 포기할 때쯤에 더 좋은 자리에 취업하는 사례도 다수 보았다. 어떤 치료사는 계약직 3년의 기간 동안 약 20여 건의 지원서를 내고, 전국 여행을 다니듯 12번 정도의 면접을 봤는데 마지막이라고 생각했던 곳에 최종 합격을 했다고 한다. 결국 취업은 여러 번 중에 단 한 번만 합격하면 되는 것이 아닌가.

자신이 지원하는 곳에서 절반 이상 면접에 불려간다면 그만큼 그 시장에서 경쟁력이 있다는 뜻이고, 나에게 맞는 자리가 나면 취업에 성공할 확률도 높다. 결국 실력도 중요하지만 그 시간 속에서 버틸 수 있는 멘탈이 더 중요하다. 따라서 정규직 채용까지의 과정은 본인과의 싸움이다. 나보다 남들이 더 빨리 되는 것 같고, 운이 더 좋아 보이고, 조상 덕을 보는 것 같아 보여도 그들은 본인이 맞는 자리를 단지 조금 더 빨리 찾았을 뿐이다.

만에 하나 최악의 경우 살아남지 못하더라도 현재의 환경을 최대한 활용하며 '메이저리그'에서 뛰어본 경험이나, 텐션이 강한 환경에서 생존을 위한 경쟁을 했던 시간은 인생 전체에 있어서 의미 있는 경험일 것이다. 성공을 하면 성공하는 법만 배우지만, 실패를 하면 모든 것을 배운다는 것을 잊지 말자.

작업치료사 On/Off
- 직무스트레스 관리

 이번 장에서 다룰 여러 마인드셋과 대처법은 앞서 경주마같이 살아보라는 내용과 상충될 수도 있다. 하지만 나 역시 임상 생활을 하며 몇 번의 번아웃과 높은 우울감을 느낄 때가 있었다. 그때 만약 계속해서 나 자신을 채찍질만 했다면, 오히려 동력을 잃고 탈선을 경험할 수도 있었을 것이다. 치료사라면 한 번쯤 겪는 번아웃 상황에서 벗어나는 방법과 이후에 비슷한 상황이 또 왔을 때 현명하게 대처해서 최소한의 에너지 손실만으로 완주할 수 있는 방법에 대한 이야기를 하고자 한다.

 치료사로서 지나온 시간보다 앞으로 걸어가야 할 시간이 더 길다는 걸 인식해야 한다. 어쩌면 너무 이른 시기에 가지고 있는 에너지를 너무 많이 소진했을 수도 있다. 그럴 때일수록 본인의 기준을 낮추고, 잠시 쉬어가는 여유가 필요하다.

여느 치료사들처럼 나 역시 작업치료 자체에 한없이 회의를 느끼던 시기가 있었다. 하나둘 단점이 보이나 싶더니, 작업치료사인 내가 싫어졌다. 환자에게 제공하는 치료에 나조차도 신뢰를 하지 못했다. 목적을 가지고 행하던 치료 자체도 무의미하게 느껴지고, 알록달록한 페그보드를 옮기라고 지시하는 내 모습이 부끄러웠다. 분명 문제는 자신에게 있다는 걸 알면서도, 그 굴레에서 벗어나지 못했다. 그렇게 한동안 시간을 보냈다. 눈앞에 현실은 변한 것이 없었지만, 내가 스스로 만들어낸 부정적인 세상에는 노력했던 나도 없었고 멋있는 내 직업도 존재하지 않았다. 그렇게 생각하니 깊은 무력감에 과거와 현재, 미래 모두 암막이 내려진 무대처럼 어두워졌다. 그때마다 습관처럼 머릿속에 긍정적인 이미지를 떠올려 무마하려 했지만, 모든 것을 포기하고 어디론가 도망치고 싶을 때가 적지 않았다. 직장생활을 하며 느끼는 이러한 무력감과 번아웃을 탈출하려면 구체적인 실행 방안들이 있어야 한다. 내가 번아웃을 이겨내기 위해 사용했던 방법들을 소개한다.

첫째, 직장과 집은 완전히 분리해야 한다.
직장에서의 일은 퇴근 후에 완벽하게 off해야 한다. 업무에서도 그날의 끝마치지 못한 일이나 기한이 정해진 일이 있더라도 퇴근 후에는 완전히 잊고 직장 이외의 생활에 집중하는 연습을 하자.

둘째, 직장에서 요구하는 미니멈만 해보자.
남의 시선이나 평가를 무시하고, 높아진 본인만의 기준을 과감하게 낮추자. 예전에는 나도 쉼 없이 온 정신을 일에 쏟을 때가 있었는데, 그렇게 하지 않으면 뭔가 문제가 생길 것 같아서였다. 그런데 한 번 용기를 내서 일을 대충 해봤더니, 결국 아무 일도 생기지 않았다. 그렇게 시간을 보내고 에너지가 어느 정도 차오르면, 오히려 조바심이 생길 때가 온다. 뭔가 더 해보고 싶고, 예전의 나의 모습을 찾고 싶을 때가 올 것이다. 그런 마음이 들 때가 원래의 나로 돌아가고 싶을 때다. 그때는 아마 힘들거나 스트레스를 받았던 그 일이 예전보다 심적으로 어렵지 않을 것이다.

셋째, 긴 휴가가 어렵다면 짧고 굵게 휴식을 취하자.
그냥 무조건 푹 쉬자는 생각보다 하루든 몇 시간이든 그때그때 내가 제일 좋아하는 일을 하면서 짧고 굵게 휴식을 취하는 것이 좋다는 말이다. 그렇게 일상 속에서 짧게나마 숨 쉴 구멍을 여기저기 만들어 놓고, 틈이 나면 그 구멍을 찾아가서 깊고 크게 숨 쉬는 연습을 하자.

넷째, 취미는 접근성이 높고 벽이 낮은 것들 중에서 찾는 것이 좋다.
시공간적 제약이 많은 취미일수록 일상 속에 스며들기 어렵다. 뭔가 마음먹고 해야 하는 취미는 '내가 이것도 할 시간이 없네'라는 생각과 함께 바쁜 일상 속에 오히려 스트레스 요소가 될 때가 있다. 본인만의 새롭고 가벼운 취미를 적극적으로 찾아보자. 독서, 상관없는 분야의 공부, 글쓰기, 맛집 방문, 커피, 위스키, 유튜브, 게임 등 벽이 높지 않은 것들 중에서 나의 휴식처를 여러 군데 만들어보자.

다섯째, 이거 못하면 내 인생이 망하나?

앞서 언급했듯이 한창 누군가에게 평가받는 시기에는 맡은 일을 최고의 퀄리티로 완성하지 못하면, 내 인생은 내리막길이라고 생각했던 때가 있었다. 그랬더니 어느 정도 괜찮은 결과물을 만들어도 스트레스가 되었다. 마음은 최상을 만들고 싶지만 이미 에너지가 소진되어 한창 앓고 지내던 중 용기를 내서 배수의 진을 치지 않고 편안한 마음으로 일했다. 그랬더니 생각보다 일의 퀄리티가 크게 달라지지 않았다. 그때 깨달은 건 극도의 스트레스를 받는 상태에서는 시간과 노력을 쏟아도 최상의 결과를 얻기 힘들다는 것이었다. 너무 부담되고 힘이 들 땐, 되도록 편안한 마음가짐으로 중간 정도의 노력만 해보자. '그런다고 내 인생이 망하나?' 이렇게 생각하면서.

여섯째, 부탁을 쳐내라.

일을 거절할 수 있는 핑계가 필요하다. 물론 무분별한 거짓 핑계는 큰 부메랑이 되어 돌아올 수 있다. 하지만 지금 당장 내가 일어서지 못하는 상황에서 남을 위해 뛸 수는 없지 않는가.

이러한 방법들이 너무 가볍고 거짓을 종용하는 솔루션이라 느낀다면, 오히려 안심해도 좋다. 당신은 아직 번아웃 상태가 아닐 것이다. 이 글을 읽고 있는 누군가가 의욕을 잃은 채로 포기하고 싶은 상황에 있다면 그 모습은 당신이 그만큼 최선을 다한 결과일 것이다. 처음부터 포기하고 넘어진 것이 아니다. 중간중간 크고 작은 장애물을 넘어서 이 자리에 있는 것이다. 지금의 어려움도 결국 계속 목표한 곳으로 가고 싶은 의지가 있기에 힘이 든 것이다.

직장생활을 오래 할수록 타인이 주는 당근보다는 스스로에게 주는 심적 보상이 더욱 큰 힘을 발휘할 때가 있다. 작업치료사의 근무환경은 환자중심, 환자우선이라는 책임감을 강요받지만, 내가 중심이고 내가 우선일 때도 분명 필요하다. 나의 몸과 마음이 건강할 때 온전히 환자에게도 집중할 수 있다는 것을 많은 치료사들이 꼭 기억했으면 좋겠다.

(제4장)

작업치료사의 영역

확장하기

대학원 생활,
학문과 현장이 다시 만나는 공간

작업치료사의 주요 업무는 환자 치료이므로 치료사들이 임상에 진출한 이후 가장 많은 노력을 쏟는 것은 전문가로서의 역량을 갖추기 위한 실제적인 치료 기술이다. 이를 위해 작업치료사들은 대학에서 3~4년의 학부 정규과정을 거치면서 다양한 치료 이론에 대한 교육을 받고, 치료사가 되기 위한 준비를 한다.

일반적인 학부 과정의 커리큘럼을 살펴보면 1학년 때는 해부학, 생리학, 병리학, 화학 등의 기초학문과 교양 및 치료개론을 배우고, 2학년부터 3학년까지는 집중적으로 작업치료 전공에 관한 이론 강의를 듣는다. 그리고 3학년 2학기에서 4학년 2학기 사이에는 2~6개월 간(학교마다 상이함) 임상 실습을 나가 재활 현장에서 실제적인 작업치료를 경험하고 학습한다. 임상 실습은 학생들이 처음으로 자신이 배워온 작업치료 이론을 실제 치료에 간접적으로 적용하는 첫 경험을 하는 시간이다.

이 시기에 학생들은 책이나 논문에서 접하던 치료를 실제로 관찰하면서 큰 흥미를 느끼기도 하고, 지금까지의 노력 이상의 학습이 필요하다는 것에 두려움을 느끼기도 한다. 그리고 '내가 지금까지 배웠던 학부의 지식만으로 임상의 치료사들처럼 환자를 만족스러운 수준까지 회복시킬 수 있을까?'라는 의문을 가진다. 임상에 처음 진출하면서부터 환자 치료에 대해 자신감을 가지는 것은 불가능에 가깝다. 그래서 자연스럽게 치료사로서 부족함을 채울 수 있는 방법에 대해 고민하게 된다.

입학할 결심

작업치료사가 되기 위한 조건은 나라마다 차이가 있다. 대체로 작업치료가 먼저 도입되고 발전 속도가 빠를수록 직업을 얻기 위한 필수 조건이 높아지는데, 대표적인 것은 학제 기간의 차이다. 우리나라의 학제 기간은 최소 3년으로, 방대한 작업치료의 이론에 대한 이해와 실제 적용을 위한 기본적인 학습 기간이 짧기 때문에 처음 임상에서 작업치료사들이 느끼는 지식과 실력의 부족함은 어찌 보면 당연하다.

대학원 입학 시기는 졸업 후 바로 진학하는 경우와 임상에 진출한 후 입학하는 경우로 나뉜다. 전자의 경우, 취업을 하지 않고 바로 입학하기 때문에 일반적으로 알고 있는 대학원생들처럼 주간에 대학원 강의를 듣는 동시에 지도교수님의 연구실에 소속되어 연구 설계, 실험,

연구과제 등의 업무를 수행한다. 이를 보통 일반대학원의 '풀타임(full time) 과정'이라고 칭한다. 이 과정의 가장 큰 장점은 지도교수님과의 긴밀한 네트워크를 형성할 수 있어, 연구를 할 수 있는 절대적인 시간과 기회가 많다는 점이다. 이는 본인의 연구 실적에도 긍정적인 요소이며, 국책이나 지역과 연계된 사업을 연구실에서 함께 진행함으로써 이후 교수, 연구원 등의 직업 선택 시 유리하고, 그 이후에도 높은 경험치로 활용할 수 있는 점이 대표적인 장점이다.

　신입들은 직장 내 교육 프로그램이나 외부 학회 교육을 통해 지식을 확장하는데, 오히려 학생 때는 체감하지 못했던 한계를 느끼게 된다. 따라서 실제 환자를 치료하면서 자신의 치료에 대한 근거와 확신에 대한 갈증을 극복하기 위한 여러 방법 중 하나로 대학원 진학을 염두에 둔다. 이때 직장을 퇴직하고 전일제 대학원으로 진학하는 비율은 상대적으로 적고, 주간에는 직장 경력을 유지하면서 야간이나 주말을 이용해 대학원 과정을 밟는다. 이를 특수대학원의 '파트타임(part time) 과정'이라고 부른다. 이 과정의 장점은 경력 단절 없이 학업을 연장할 수 있고, 임상 현장에서의 경험을 바로 적용하여 이론과 실무를 연결하는 데 용이하다는 점이다. 또한 치료에 실제적으로 적용 가능한 실용적인 연구를 할 수 있다는 점도 이 과정의 대표적인 장점 중의 하나다.

특수대학원 입학 시 고려할 점

직장을 다니는 치료사들이 특수대학원을 지원하는 경우에 현실적으로 고려해야 할 사항들은 다음과 같다.

▎직장 분위기

회사에 따라 부서원이 석사과정을 밟는 것을 크게 관여하지 않는 곳도 있고, 반대로 업무 수행능력에 부정적인 영향을 줄 것으로 예상해 반기지 않는 곳도 있다. 야간에 진행되는 파트타임 과정이라 해도 본업인 회사 업무에 전혀 지장이 없는 것은 아니다. 주로 오후 6~7시 이후에 수업이 있지만 상황에 따라 정시 퇴근이나 조기 퇴근을 해야 하는 날도 있고, 수업 과제나 발표가 몰리는 시즌에는 시간이 부족해 어쩔 수 없이 업무 시간에 해야 할 때도 있다. 이외에도 중간고사, 기말고사에 쏟는 시간과 3학기 이후부터 논문을 준비하며 쏟는 에너지는 상당하기 때문에 업무와 완전히 분리할 수 없는 점은 인정해야 한다. 그러므로 회사에서 이와 같은 특수한 상황을 배려해 주지 않는다면, 대학원 과정 내내 또 다른 스트레스 요인이 될 수 있다. 따라서 회사의 분위기나 본인의 위치가 업무와 학업을 병행할 수 있는 상황인지를 현실적으로 생각해 따져봐야 한다.

▎진학하려는 목적

대학원 진학의 목적을 냉정하게 생각해봐야 한다. 단순한 학문적 호기심 충족을 위한 이유가 더 크다면 이는 독학으로도 충분히 가능하다. 관련 분야 서적뿐만 아니라 인터넷에 다양한 정보들과 SCIE 논문도 있다. 하다못해 해당 저널의 최근 이슈(latest issue)를 구독해서 읽어볼 수도 있다. 공부하다가 모르는 것이 있다면 논문 저자에게 이메일로 물어봐도 된다. 학문적인 호기심을 채우기 위한 결심으로 대학원을 선택한다면, 그 마음은 힘든 과정 속에 묻혀 시험에 들 확률이 높다. 일반대학원의 경우 전공 분야에서 더 나은 직장/직업을 얻기 위한 목적이라면 실제 채용시장에 도움이 되는지, 어느 수준의 직장을 갈 수 있는지, 본인이 희망하는 대학원의 졸업생들이 어느 수준의 직장으로 이직을 하는지, 본인은 그 수준에 도달할 수 있는지를 심사숙고해 봐야 한다. 적어도 졸업 후 계획에 대해 본인만의 확실한 선택지를 준비해야 한다.

▎자기 객관화

우리가 가지고 있는 의지는 무한자원이 아니다. 아무리 강한 의지라도 사용할수록 피로해진다. 지금 당장은 학구열에 불타올라 대학원에 입학만 하면 다 잘 해낼 것 같지만, 직장생활과 병행하는 학업은 결코 쉬운 일이 아니다. 흔히 듣는 말 중에 대학원은 입학하기 위한 과정보다 졸업이 더욱 어렵다고 한다. 매 학기 누적되는 피로도와 정신력의 한계, 논문을 쓰고 통과하기 위한 노력은 이전의 학부 과정에서 경험해 보지 못한 인내심을 요구한다. 실제로 많은 대학원에서 입학생의 50%도 제때 졸업하지 못하는 경우가 다반사다. 순간의 강한 의지를 지나치게 과대평가하지 않고, 본인과 주변 상황을 면밀히 살핀 후 냉정하게 선택하는 자기 객관화가 필요하다.

▍등록금

회사에서 등록금을 지원해 주는 은혜로운 곳도 존재하지만, 그 비율은 높지 않다. 그렇지 않다면 본인이 학부보다 비싼 입학금과 등록금 및 교통비, 교재비, 식비 등을 스스로 부담해야 한다. 이러한 비용은 대개 연간 1,000만 원 이상 발생하므로 만만히 볼 수준이 아니다. 본인의 현재와 앞으로의 재정 상태 등을 고려하여 중도에 포기하는 일이 없도록 해야 한다.

▍전공 선택

작업치료사나 물리치료사로서 병원에서 근무하는 치료사들은 대학원 전공에 대해 특별한 목적이 있지 않는 이상, 크게 고민하지 않고 동일한 전공으로 진학하는 경우가 많다. 단순히 공부해보고 싶었던 분야라든가, 호기심 충족을 위해 학부 전공과 연관성이 없는 타 전공을 선택해 대학원에 진학하는 것은 치료사에게 큰 기회비용의 손실을 발생시킨다. 대학원 과정을 마치는 데 들어가는 시간, 비용, 에너지가 결코 적지 않기에 그에 상응하는 실질적인 보상이 있어야 한다. 연봉 인상 등의 물질적인 보상이 아니더라도, 이전보다 수준 높은 환자 치료를 하게 된다거나, 동일 전공의 학부나 학회 등에서 강의를 할 수 있는 기회가 주어지는 것도 포함된다. 그렇지 않으면 같은 전공의 사람들과의 인적 네트워크를 쌓을 수 기회도 앞으로의 임상생활에 도움이 되는 대표적인 장점이다. 하지만 전공과의 관련성이 적을수록 이러한 이점을 누릴 수 있는 기회도 줄어든다. 무엇보다 향후 대학교의 교원을 꿈꾸는 치료사들은 교수 임용 가능성에서 경쟁자에 비해 전공일치도[25]가 낮을수록 불리한 요소로 작용하기 때문에 이에 대해 신중히 고려하여 결정해야 한다.

입학, 학생 모드

임상 7년 차가 되고 나서야 대학원에 입학했다. 학업에 대한 갈증은 이미 수년 전부터 넘치게 느끼고 있었지만, 인턴/계약직 시절에는 엄두도 내지 못했고, 정규직 발령 이후에도 2~3년 동안은 새로운 역할을 맡으면서 퇴근 이후의 시간을 자유롭게 사용하기에는 무리가 있었다.

어느 학교, 어느 전공으로 진학할지는 오래전부터 몇몇 선택지를 두고 고민했다. 대학원 전공 선택에서 고려해야 할 우선순위를 알지 못했던 때는, 학부 시절부터 관심이 많았던 심리학 분야 중 인지심리학, 진화심리학에 대한 공부를 하고 싶었다. 하지만 작업치료 임상 현장에서 직접적으로 활용이 어려운 개인적인 관심 분야는 주변의 만류로 배제하기로 했다. 이후 세 가지 분야의 선택지를 두고 고민했다. 먼저 전공

---

[25] 지원자의 전공과 모집 분야가 얼마나 일치하는지를 평가하는 기준으로, 특히 교수 임용 시 중요한 지표로 사용됨.

과 100% 일치한 작업치료학 대학원, 몇몇 멘토들이 졸업한 스포츠의학 대학원, 인간공학치료학 대학원이다. 모든 전공이 열정을 쏟기에 부족함이 없었지만, 결국은 인간공학치료학을 선택했다. 그 이유는 커리큘럼상 전공과의 연관성이 충분했고, 작업치료, 물리치료, 의학, 인간공학, 산업공학 등 다양한 분야의 현직 교수님들로 이루어져 융합 학문의 다양성을 탐구할 수 있다는 점이 매력적으로 다가왔기 때문이다. 마지막으로 가장 주요한 결정 요인은 지금까지 배워왔던 작업치료를 공학적으로 접근하고 싶은 욕구가 있었기 때문이다.

임상에서는 환자의 기능 상태와 회복에 대해 의료진 및 여러 전문가들과 소통을 한다. 이때 작업치료사들은 환자의 신체, 인지기능, 일상생활 독립 수준 등을 표준화되고 객관화된 평가를 통해 결과를 도출하고, 그 내용을 종합한 후 치료사의 전문가적 소견을 더해 공유하는 것이 재활치료팀 어프로치의 주된 업무 중 하나다. 그러나 나의 경험상, 이때 이루어지는 작업치료적 해석에서 숫자나 수치보다는 설명과 서술이 더욱 강조되는 평가들이 많아, 의료진은 치료사의 주관적인 요소가 높다고 판단하는 경우가 빈번하다. 물론 타 직종의 전문가들이 작업치료에 대한 이해 부족에서 오는 부분도 있지만, 의료진 또는 기타 직종의 사람들이 인정하는 형태는 치료사의 장황한 서술보다는 수치화된 데이터로 대화하는 것을 좀 더 객관적인 소통으로 여기는 사람들이 임상 현장에서는 늘어나고 있다.

기존 작업치료의 전통과 정체성도 중요하지만, 이러한 변화의 물결 속에서 우리의 가치가 인정받고 공감받기 위해서는 시대적 요구에 맞추는 유연함이 필요하다. 향후에 기회가 주어진다면 이러한 부분에 기여하겠다는 목표를 가지고 고대하던 대학원에 입학하게 되었다.

과정 속의 과정

오랜만에 강의실로 들어서는 발걸음이 가볍다. 새로운 배움에 대한 설렘으로 저녁식사를 거르는 배고픔도 대수롭지 않게 여기고 등교하던 그때였다. 그해에 합격한 동기들은 나를 포함해 6명이었고, 먼저 입학한 선배들과 함께 수업을 들었다. 그들의 전공은 물리치료와 작업치료가 주를 이루었고 의공학, 생명공학, 경영학까지 다양했다. 모두가 그 누구의 강요 없이 스스로 배움의 길을 선택한 사람들이었기에 학구열이 높았고, 각자의 시간을 소중하게 사용했다.

우리가 학업을 위해 대학원에 진학하는 것은 많은 비용과 수년의 시간과 노력이 투입된다는 것을 알고 선택하기에 그 무게감은 남다르다. 직장을 다니면서 자기계발을 위해 어학 공부를 하거나, 취미로 스포츠를 배우는 활동들은 점수와 건강이라는 목표가 그리 큰 부담을 주지 않지만, 대학원은 수시로 본인을 채찍질하지 않으면 체력적으로나 정신적으로 나태해지기 쉽고 원하던 결과를 얻기가 어렵다.

특수대학원 과정은 5학기 동안 총 28학점 이상을 이수해야 졸업 요건을 충족할 수 있었고, 수업 시간표는 자유롭게 구성할 수 있었다. 학부 때와 마찬가지로 전공과목은 모든 원생들이 동일하게 수강했고, 전공선택과 교양과목들은 각자의 흥미와 스케줄에 따라 선택했다. 1~3학기에는 4과목 정도 수강해야 이후 논문 진행에 지장이 없었기에 평일에 이틀과 주말에 열리는 수업 1과목을 듣는 스케줄로 진행했다.

  1~3학기까지 주요 과목들은 인간공학과 재활공학, 재활치료와 독립생활공학, 연구방법 관련 과목들로 이루어져 있었고, '악기연주자의 통증재활'과 같은 학부 과정에서 다루지 않던 과목들도 흥미롭게 다루어졌다. 대학원은 교수와 학생 간의 일방향의 수업보다는 세미나 형식으로 토론과 발표가 주를 이루었는데, 원생들의 임상 경력이 1년에서 많게는 10년 이상 되는 경력자들이었기에 수업에서 던져지는 주제 하나에도 수준 높은 과제물과 열띤 토론이 이루어졌다. 체력적으로 지치고 피곤한 일상이었지만, 강의실에서 느껴지는 에너지는 평범한 일상에서 나를 각성시키기에 충분했다.

  우리는 더 나은 내일을 위해 식지 않는 열정을 유지하고 싶지만, 주어진 생활에 익숙해지고 혼자만의 노력만으로는 환경을 바꿀 수 없다는 인식이 쌓일수록 현실에 순응하곤 한다. 어제와 같은 오늘, 오늘과 같은 내일을 마주하며 반복되는 일상이 자신의 정해진 미래처럼 느껴질 때 무료함은 불안함으로 바뀐다. 우리는 이러한 상황에서 다양한 시도를 통해 현실의 공허함을 채우려고 노력하지만, 마음처럼 쉽지 않다. 자신을 괴롭히는 여러 부정적인 감정 중 하나는 사회와 직장에서의 만족스럽지 못한 나의 모습을 마주할 때 느끼게 된다. 친구들을 만나거나 취미활동을 하는 등의 작은 변화들은 잠시 현실을 도피하는 수단일 뿐, 근본적인 나의 자존감을 채우기에는 부족할 수 있다.

이러한 시기의 치료사에게 대학원이 갖는 의미는 특별하다. 대학원생이라는 새로운 역할을 부여받아 부캐(부 캐릭터)로 살아가는 해방감, 치료사로서 계속해서 발전하고 성장하는 만족감, 비슷한 목적을 가지고 노력하는 원생들과의 교류를 통해 주고받는 에너지는 그 자체만으로 투자할 가치가 있다.

역할 + 역할

인간공학치료학과는 보건과학, 의공학, 의생명과학, 환경공학, 과학수사학 등 9개의 전공을 포함하고 있는 '환경보건대학원' 소속이었다. 오리엔테이션이나 입학식 이외에는 각 전공 간의 교류는 거의 없었다. 그럴 만도 했던 것이, 대부분 직장인으로 이루어진 특수대학원 특성상 직장과 학업을 병행하기에도 빠듯한 시간에 대학생처럼 여러 행사를 만들고 참여하기 등은 보통 사람의 열정으로는 불가능에 가까웠기 때문이다. 물론 학위와 인적 네트워크를 동시에 목적을 두는 다른 대학원들도 있지만, 적어도 보건환경대학원의 문화는 학구적인 부분에 치우쳐 있었고 다른 대학원처럼 인맥에 진심인 편은 아니었다.

직장, 학교, 집의 일상에 어느 정도 적응이 될 무렵, 대학원의 공지사항 하나가 눈에 띄었다. 보건환경대학원 원우회의 사무국장을 모집한다는 내용이었다. 어릴 적부터 스스로 감투 쓰는 걸 두려워했던 나였기에, 대수롭지 않게 지나쳤다. 하지만 며칠 후 내 생각을 변화시킨 계기가 있었다. 동문회 원우회장이 직접 강의실을 돌며 원우회의 필요성과 가치에 대한 브리핑을 하는 자리가 있었는데, 원우회 사무국장의 역할은 직장과 학업을 힘겹게 병행하는 특수대학원 학생들을 위해 대학본부에 복지기금과 휴게장소 확보를 추진하고, 전체 대학원 연합회 활동을 통해 다양한 대외 활동을 할 수 있는 기회를 제공하는 자리라는 설명이었다. 그때 문득 단순히 학업적인 성취감만으로 대학원 생활을 마무리하기에는 내가 사용하는 시간이 아깝다는 생각이 들었다.

새로운 문을 열면 또 어떤 세상이 있는지 직접 확인해보기로 결심했다. 비록 호기심 덕분에 바쁜 나날을 보냈지만, 첫 번째로 목표했던 복지기금과 휴게장소를 유치하여, 혹여나 지각이라도 할까 허겁지겁 달려왔을 대학원생들이 잠시라도 편하게 휴식하며 준비된 간식으로 허기를 채우는 모습을 보는 하루하루가 보람되었다. 또한 여러 기수들이 함께할 수 있는 모임이나 MT 등을 추진하며 소소한 추억을 쌓을 수 있음에 감사했고, 원우회 사무국장 자격으로 대학원 총 연합회 임원 활동을 하며 만났던 각계각층의 리더들과의 만남과 이야기들로 내 삶과 직업을 대하는 태도에 새로운 자극을 받았다.

내게는 너무 특별한 교수님

3학기가 되면 졸업 논문을 쓰기 위한 준비를 시작한다. 연구 주제를 설정하고 그 연구를 이끌어 줄 지도교수님을 맞이하는 시기이기도

하다. 나의 지도교수님은 재활공학을 전공하신 공학자였다. 교수님은 KAIST 석사과정 중 불의의 사고로 경추손상을 입어 가슴 이하의 전신이 마비되는 장애를 가지게 되었다. 이후 교수님은 먹는 것과 씻는 것, 대소변 처리도 스스로 할 수 없게 되었다. 1980년대 당시 우리나라 상황은 장애인용 시설과 전문적인 재활치료를 할 수 있는 기술 및 병원이 부족했던 시기였기 때문에, 교수님은 사고 이후 5년간 집 밖을 한 번도 나선 적이 없었다고 한다. 하지만 극한의 상황에서 포기하지 않고 석사학위를 마친 후 힘든 몸을 이끌고 한국 장애인의 삶에 이바지하겠다는 목표로 미국 유학길에 올라 재활공학 박사학위를 취득하였다. 이후 보건복지부의 제의를 받아 국립재활원을 거쳐 학교로 자리를 옮겨 학자로서 재활공학과 작업치료학을 연구하는 삶을 살고 계신 분이었다.

교수님의 지도하에 연구를 했던 '재활공학'은 공학 기술로 장애인의 재활을 돕는 학문으로, '재활의학'이 신체기능을 회복시키는 학문이라면 '재활공학'은 고도의 기술을 통해 제한적인 신체기능 범위를 넓히는 것이다. 예를 들어, 컵을 집지 못하는 사람의 팔과 손의 기능을 회복시키는 것이 재활의학이라면 그 컵을 집을 수 있는 웨어러블 장갑 등을 연구·개발하는 것이 재활공학이다. 교수님은 이러한 재활공학의 전문가이면서 동시에 수혜를 받는 소비자이기도 하다. 최소한의 손 움직임으로 조절이 가능한 전동휠체어가 그분의 다리를 대신해 주었고, 미국 정부의 지원을 받아 제작한 음성 인식이 가능한 자동차로 출퇴근과 외부 일정을 위해 손수 운전하여 이동하셨다. 손의 기능 또한 20% 이하로 일상생활에 어려움이 많으셨지만, 본인이 직접 개발한 특수 보조 장치들을 휠체어에 적용하여 스스로 식사도 하고 태블릿과 휴대폰도 사용하셨다. 심지어는 컴퓨터 작업도 하고, 강의와 연구 활동도 왕성하게 수행하셨다. 교수님의 끝없는 연구와 개발로 30여 개의 관련 특허를 받아, 미국으로 떠나기 전 다짐했던 목표대로 한국 재활공학에 실질적인 공로를 쌓아가고 계셨다.

  교수님이 이겨낸 과거와 현재를 살아가는 하루의 모습은 나에겐 재활의 교과서였다. 교수님께서 대학원 과정에서 자주 강조하셨던 부분은 꼭 최첨단의 하이테크(high-tech)가 아니더라도, 장애인의 가벼운 일상에 자주 사용되고 적용이 편리한 로우테크(low-tech)[26] 장비들이 더 의미 있을 수 있다는 것이었다. 예를 들어, 장애인들이 휠체어를 이용해 상점이나 건물로 진입할 때 경사로가 없다면 출입이 어렵다. 그러한 사소한 경험만으로도 장애인은 사회와 단절된 느낌을 받을 수 있다. 이를 위해 직접 개발하신 대표적인 로우테크 제품인 '이동식 경사로'는 그들의 불가능한 경험을 가능으로 손쉽게 바꿔주었다.

  또한 중증장애인의 대표적인 합병증인 욕창은 증상이 심할 경우 수술은 물론 사망에까지 이르는 질환이다. 이를 위해 사용자 시험을 통한 오랜 반복 연구 끝에 개발한 '욕창 방지쿠션'을 개발하셨다. 이 기술은 사용자가 앉았을 때 받는 압력을 분산하기 위한 제조 기술과 압력 분배를 위한 최적의 각도와 방석 높이를 설정하여, 특히 전신마비 장애인의 욕창 예방에 획기적인 성과를 이루었다. 교수님은 이러한 제품들을 연

---

[26] 복잡한 기능을 가진 하이테크(high-tech)와 달리 기본 기능에 충실한 단순 기술.

구·개발하는 재활공학연구소에 대학원생들을 자주 초청하여 현장강의를 하셨고, 제품 개발 단계부터 원생들이 직접 시연과 체험을 하고 토론을 이어갈 수 있게 했다. 이러한 경험들은 주로 장애인을 평가하고 치료하는 학생들에게 많은 영감을 주었다. 당시 제자들의 무한한 가능성에 대해 힘주어 말씀하신 이야기가 아직도 머리와 가슴에 남아 있다.

"여러분들은 'disable'을 'enable'로 만들어 줄 수 있는 능력을 가진 사람들입니다."

우리가 알고 있는 장애는 극복의 대상이 아니다. 환경에 의해 결정된다. 예전에는 장애를 개인적이거나 의학적인 문제로 바라보았다. 신체나 정신적인 기능장애가 있는 환자들은 장애가 있으니 의학적으로 해결하고, 재활치료를 통해 극복해야 하는 것으로 여겼다. 하지만 앞으로는 장애를 가진 사람이 어디에 있느냐에 따라 장애를 체감하는 정도가 달라질 것이다. 예전에는 스스로 아무것도 할 수 없었던 사람이 앞으로는 일상과 사회에서 본인의 역할을 찾아 장애를 극복할 수 있는 사회가 될 것이다.

대학원에서 얻은 가장 큰 소득은 내가 작업치료사로서 바라볼 환자들에 대한 근본적인 인식의 변화와 내가 나아갈 수 있는 방향의 확장성이었다. 치료사로서 환자들에게 장애를 극복할 수 있는 희망을 준다는 목표와 함께, 인간공학치료학과 재활공학을 통해 더 큰 가능성을 만들 수 있는 있다는 자신감을 가지게 되었다.

끝나지 않을 것 같았던 순간들의 연속이었다. 직장, 가정, 학생의 역할을 동시에 수행하면서 인생 처음으로 시간을 몇 분 단위로 쪼개어 사용하는 것에 익숙해졌다. 특히 3학기 때부터는 졸업 논문을 쓰기 위한 본격적인 준비가 시작되었는데, 연구 주제를 설정하고 예심, 본심, 최종심 과정을 거치며 주변에 한 명, 두 명씩 포기하는 모습을 보았다. 나 또한 마음이 수없이 흔들렸지만, 정해지지 않은 종착지를 찾아가는 과정에서 얻는 깨달음과 극복의 과정이 결국 이곳에서 얻은 의미 있는 결실이 아닐까 생각한다.

매너리즘에 빠질 때쯤 돌파구를 찾기 위해 대학원을 선택했던 평범한 작업치료사는 여러 분야 스승님들의 아낌없는 지도하에 학부, 대학원 모든 졸업생들이 모인 대강당에서 보건환경대학원 전체 수석졸업 자격으로 대표로 졸업장을 수여 받았고, 최우수논문상 수상과 원우들에 대한 봉사 공로를 인정받아 대학원 공로상을 받으며 작업치료사로서의 2막을 자신 있게 시작할 수 있는 새로운 자신감을 선물 받았다.

한국판 스티븐 호킹이라 불리는 김종배 교수님은 현재 연세대 작업치료학과와 보건환경대학원장을 맡아 후학 양성에 매진하고 계신다. 또한 학교 부설연구소인 '재활공학연구소'에서는 장애인의 일상과 사회생활에 실제적으로 적용 가능한 제품들을 개발하고 상용화하고 계신다. 교수님은 가상현실을 이용한 원격재활 연구 및 개발 등의 공로로 '녹조근정훈장'을 수상하시기도 했다. 교수님을 통해 모든 걸 할 수 있다는 진정한 'able'을 마음에 새겼다. 그분을 만난 건 작업치료사 일생 전체의 가장 큰 행운이었다.

환자중심 작업치료, SCI급 논문에 담다

21세기에 들어 의료계의 패러다임은 '질병중심' 의료에서 '환자중심'으로 변화하고 있다. 환자경험평가의 기초를 이루고 있는 가치인 '환자중심'은 의료의 질을 구성하는 한 요소로, 공급자인 의료인이 아닌 환자의 요구, 필요, 선호가 반영된 의사결정 또는 참여할 때 필요한 교육과 지원을 보장하기 위해 의료진, 환자 사이의 파트너십이 확립된 보건의료를 뜻한다(WHO, 2001). 이는 경제협력개발기구에서도 활발히 논의되고 있는 의제로, 의료의 질 향상을 위해 환자들이 자신의 진료나 치료 경험을 보고할 수 있는 체계를 갖출 것을 한국에 권고하기도 했다(OECD, 2012). 이러한 변화에 발맞춰 국내에서는 '환자중심'의 가치를 실현하기 위해 2017년부터 환자경험평가를 도입하여 현재까지도 병원의 서비스 평가의 중요한 기준을 마련해왔다.

이러한 움직임은 재활치료 현장에서도 점점 더 보편적이고 실제적으로 적용되고 있다. 특히 우리가 임상에서 접하는 여러 질환을 가진 환자들의 일상생활동작과 상지기능 개선을 위한 치료 전략으로 환자중심 접근법의 중요성은 강조되고 있는 추세다. 환자들은 다양한 질환으로 인해 신체적, 정신적인 장애를 겪으며, 이는 이전에 당연하게 여겼던 일상생활활동(ADL)에 부정적인 영향을 받게 된다. 개개인의 삶의 특수성에 따라 치료의 목표는 다르기 때문에 본인의 가치관에 따른 분명한 목적의식을 가져야만 재활치료에 적극적으로 임할 수 있다. 즉, 목표를 설정하는 과정 자체가 재활치료를 위한 동기부여가 된다.

나의 임상 논문의 출발점은 위와 같이 '환자중심'이라는 의료계 패러다임의 변화를 반영한 재활과 작업치료의 효과를 측정하기 위함에서 시작되었다. 더불어 최근 수요가 급증하고 있는 로봇재활치료에 대한 중재를 접목하여 기존 연구에서 다루지 않은 주제를 선정하여 연구 가설을 세웠다. 연구 대상은 우리가 임상에서 접하는 빈도가 가장 높은 뇌졸중 환자였다.

'환자중심 접근법'이 재활의 필수적인 치료 전략으로 자리 잡아가는 한편, 치료를 위해 사용되는 기법과 장비도 변화의 물결을 맞이하고 있다. 바로 로봇을 이용한 재활치료다. 이러한 '로봇재활치료'는 최근 20년 동안 뇌졸중 환자의 상지와 일상생활동작 기능을 향상시키기 위한 훈련으로 발전해왔다. 이미 1990년대부터 미국과 유럽을 중심으로 로봇을 이용한 다양한 연구가 이루어지면서, 긍정적인 효과에 대한 연구 결과가 축적되고 있다.

로봇재활의 장점으로는 상지의 반복적인 움직임을 통한 고강도 치료가 가능하고, 치료사의 물리적 부담과 시간을 절약할 수 있다.[27] 동시에 과제 중심적 수행, 반복의 강도, 로봇의 보조, 감각 피드백의 강화, 지속적인 동기부여 등을 할 수 있다는 장점이 있다. 하지만 로봇재활에 대한 수요가 높아지는 시점에서 뇌졸중 환자의 상지기능 회복에 대한 환자중심 접근법을 고려한 로봇재활의 연구는 전무한 상황이었다. 이에 뇌졸중 환자를 대상으로 로봇재활 중재를 시행하기에 앞서 ① 일상생활에 대한 환자의 요구도를 파악하고 ② 환자 스스로 의미 있는 목표를 설정하는 단계를 거쳐 ③ 목표한 일상생활 수행에 필요한 상지 동작의 움직임을 분석하여 ④ 로봇을 적용한 재활을 실시하고 ⑤ 중재 전후 상지 및 일상생활동작 기능에 미치는 효과를 검증하기로 했다.

연구는 약 5개월간 진행되었다. 먼저 임상시험에 참여하는 연구 대상자의 존엄성, 권리, 안전 및 복지 보호의 목적으로 기관생명윤리위원회(IRB)[28]의 승인을 받아야 한다. 이는 본인이 재직 중인 기관이나 공동연구를 하는 기관에서 진행할 수 있다. 연구 담당자는 위원회에서 진행하는 '윤리적 연구 수행을 위한 인간대상연구자 교육'을 사전에 필수적으로 수강해야 하며, 신청 시 연구 계획서 및 복잡한 첨부문서 등을 제출해야 한다.

연구에 참여할 대상자 수는 45명으로 산출하였는데, 이러한 표본

---

[27] 송원경, "재활로봇중개연구 7년간의 경험과 시사점", 로봇과 인간 17(1), 13-21. 3, (2020).
[28] IRB(Institutional Review Board)는 연구 대상자의 권리, 안전, 복지를 보호하기 위해 연구 계획을 윤리적, 과학적으로 심의하는 독립적인 위원회다.

크기(sample size)는 G-power 프로그램을 사용하여 실험 분석에 최적화된 대상자 수를 적용한 결과다. 이는 국제 의학학술지 편집인위원회(ICMJE)에서도 표본 크기 산출 근거를 기술하도록 권고하고 있으며, 임상시험이나 생명공학 분야 논문 심사 시 필수적으로 요구된다.

또한 연구의 표본 수는 연구 결과 해석의 타당성 및 일반화 정도에 영향을 미치기 때문에 연구 설계 단계부터 고려해야 한다. 모든 대상자는 발병 6개월 이내의 뇌졸중 환자로 하였고, 3개의 그룹으로 나누어 실험을 진행했다. 연구 설계는 무작위 추출 실험(ramdomized contolled trial)으로 사전/사후 검사 통제 집단설계(pretest-posttest control group design)를 사용했으며, 모든 그룹은 3주간의 실험 중재 기간 동안 주 5회, 일일 60분씩 총 15회 실험을 진행했다. 기존 치료 방법은 로봇 장치의 시스템과 프로그램에 초점을 맞춘 '누구에게나 적용되는(one size fits all) 프로그램'으로 환자의 요구가 반영되지 않은 '질병중심' '로봇중심'의 치료를 시행했다면, 실험군에 적용된 '환자중심 로봇치료'는 중재 전에 캐나다 작업 수행 평가(Canadian Occpational Performance Measre, COPM)라는 평가도구를 이용하여 사전 면담에서 일상생활에 대한 요구도를 파악하였다. 그 이후 환자와 설정한 목표에 따라 일상생활 수행에 필요한 움직임을 분석하여 로봇을 이용한 재활치료를 진행하였다.

결과는 일반적인 로봇재활을 진행한 그룹(대조군1)과 전통적인 작업치료(대조군2)를 진행한 그룹에 비해 상지기능(관절 가동범위, 손 장악력 등)의 각 항목에서 유의미한 향상을 보였고, 일상생활동작 수행기능에서도 대조군 1과 달리 유의미한 기능 향상을 보였다.

의학신문

환자중심 로봇보조 재활 뇌졸중 환자 상지기능 향상 효과적

⍜ 이상반 기자 | ⓒ 승인 2021.10.14 10:46

| 순천향대서울병원 윤대석 작업치료사 연구팀 논문 SCIE 발표

[의학신문·일간보사=이상만 기자] 신체 및 인지 손상은 뇌졸중의 대표증상으로 움직이지 못하는 마비의 경중에 따라 일상생활에 큰 영향을 받게 되는데 환자중심의 로봇보조 재활이 아급성기 뇌졸중 환자의 상지기능 향상에 효과적이며 일반적인 로봇보조 재활에 비해 일상생활 동작의 수행기력 향상에 긍정적이라는 연구 결과가 발표됐다.

순천향대 서울병원 윤대석 재활치료팀(박지용 교수, 김세영 작업치료사)은 순천향대학교 서울병원을 방문한 아급성기 뇌졸중 환자 45명을 총 3그룹으로 나누어 15명씩 무작위 배정해 연구를 진행했다. 연구는 1세대 로봇인 파블로를 활용했고 각 그룹은 3주 동안 주 5회, 일 60분씩 15회기를 적용했다.

실험군은 캐나다 작업수행평가(Canadian Occupational Performance Measure; COPM)를 이용한 사전면담을 통해 일상생활에 대한 요구도 파악 및 목표설정을 했다. 이후 일상생활 수행에 필요한 움직임 분석을 통해 로봇장치를 이용한 훈련을 실시했다.

대조군 1그룹은 환자중심 중재를 제외하고, 로봇장치의 시스템과 프로그램에 초점을 맞춘 '누구에게나 적용되는(one size fits all)' 프로그램을 적용해 어깨, 팔꿈치, 손목의 관절 움직임, 손의 장악력 및 집기력을 이용한 훈련 등을 진행했다.

대조군 2그룹은 전통적인 작업치료를 시행했다. 종속변수로 상지기능과 일상생활동작 측정을 위해 중재 전·후 Fugl-Meyer Assessment upper limb(FMA), 뇌졸중 상지 기능 검사(Manual Function Test MFT), 손의 장악력 및 집기력, 상지 관절가동범위, K-MBI를 중재 전·후로 측정했다.

윤대석 작업치료사

[4-1] SCI급 국제학술지 등재 후 보도된 기사 일부

    이 연구가 갖는 가장 큰 의미는 작업치료사가 로봇과 환자를 새로운 접근법으로 상호 연결시키는 중재자의 역할을 했다는 것이다. 이는 환자의 질병이나 로봇 장비 프로그램에 환자와 치료사가 맞추는 접근이 아닌, 환자가 필요로 하고 스스로 의미 있는 목표를 설정하는 단계를 거쳐 목표 달성에 필요한 상지의 움직임 분석이 작업치료사에 의해 선행되었다는 점이 핵심이다. 또한 환자가 치료의 모든 과정에서 적극적으로 참여하여 적절한 치료 전략과 목표를 설정하는 데 중요한 역할을 했다. 이는 환자가 의미 있는 활동에 다시 참여할 수 있도록 독립성을 회복시키고, 삶의 질을 향상시키는 데 긍정적으로 작용하였다는 점을 연구를 통해 확인할 수 있었다.

전 산업에 걸쳐 로봇과 인공지능이 많은 직업을 대체할 것이라고 예상하고 있다. 재활 분야에서도 로봇의 수요와 도입이 증가하고 있는 시점에 작업치료사의 포지셔닝에 대해 새로운 시각으로 접근할 필요가 있다. 단순히 환자에게 로봇장비를 착용, 작동시키는 현재 역할에 머물지 않고, 환자 개개인의 신체와 일상생활기능 회복에 필요한 최적의 로봇장비와 프로그램을 처방하듯 적용하는 미래형 작업치료사의 모습을 상상하며 연구를 이어갔다. 모든 실험이 끝나고 결과를 분석한 후, SCI급[29] 저널에 논문을 게재하겠다는 목표를 세우고 논문 작성에 심혈을 기울였다. 사실 연구를 설계하고 진행하는 것보다 결과를 분석하고 연구 보고서를 쓰는 과정이 몇 배는 힘들었다. 논문의 진행 속도와 상황을 보니, 혼자 해보겠다고 객기를 부릴 때가 아니었다. 연구가 본업이 아닌 나로서는 한계를 느꼈기에, 교신 저자이신 대학원 은사님과 공동으로 연구에 참여해 주신 교수님 한 분에게 적극적으로 조언을 구하며 도움을 받았다.

매일매일이 자신과의 싸움이었다. 방전된 에너지를 다시 끌어올리고 싶었지만, 역시 꼭 해야 하는 일과 안 해도 문제가 없는 일은 책임감에서 차이가 있었다. 마음을 먹기까지 흩어져 있던 정신과 결심들을 모으는 시간이 필요했다.

---

[29] SCI는 'Science Citation Index'의 약어로, 한글로 풀이하면 '과학기술 논문 색인지수'라고 말하며 하나의 논문이 아니라 기술적 가치가 높다고 평가된 저널(학회, 학술단체)을 의미한다. SCI 논문은 이러한 학술지에 게재된 모든 논문을 뜻한다. 즉, 과학기술 분야에서 가치가 높게 평가된 학술지에 게재된 논문을 SCI급 논문이라고 한다. 참고로 2020년부터 SCI가 SCIE로 통합되어, SCIE에 등재된 저널도 포함하여 SCI급 저널 또는 SCI급 논문이라고 한다.

또한 한 편의 논문을 쓰고 인정받는 저널에 게재하는 데 이 정도의 노력과 시간이 필요한지는 미처 생각지 못했다. 이마저도 나 혼자의 능력으로는 불가능했을 일이다. 지도교수님과 공동연구를 진행해 주신 이승복 교수님이 아니었다면, 나의 논문은 세상 밖으로 나오지 못했을 것이다. 새삼 학계에서 어려운 환경 속에서도 연구에 매진하고 계시는 작업치료학과 교수님들에게 존경을 표한다.

작업치료사가 연구를 하고 논문을 쓴다는 것은 환자들에게 우리가 제공하는 치료에 대한 과학적인 근거를 제시하는 가장 강력한 수단이다. 동료와 환자들에게 최신 연구 결과와 치료 방법에 대한 정보를 제공하며, 이를 통해 동료 치료사들은 근거중심의 치료를 제공할 수 있고, 환자들은 제공받는 치료와 치료사에 대해 신뢰를 가지게 된다. 작업치료사가 끊임없이 공부하고 연구해야 하는 이유다.

대학교 1학년 '재활의학개론' 첫 과제는 《기적은 당신 안에 있습니다》라는 책에 대한 감상평을 제출하는 것이었다. 책의 주요 내용은 저자가 하반신마비의 장애를 딛고 명문 다트머스대학, 하버드대학을 거쳐 미국 존스홉킨스 병원 재활의학과 의사가 되기까지의 감동적인 과정이었다. '재활의학'이라는 단어를 떠올리면 함께 그려지던 이 책의 저자이신 이승복 박사님은 지도교수님의 부탁으로 함께 연구에 참여하셨다. 기가 막힌 우연으로 시작된 영광스러운 시간이었다. "이승복 교수님, 기적은 정말로 제 삶에도 있었군요."

강의하는 작업치료사

　작업치료사는 취업 후에도 지속적으로 학습하고, 본인의 역량에 따라 강의 기회도 가질 수 있는 직업이다. 의학과 보건 분야는 사람의 건강과 생명을 지키는 영역이기에 어느 분야보다 연구가 활발하게 진행되며, 관련 지식들은 빠르게 업데이트된다. 이러한 최신 지식을 습득하지 않고 이전의 치료 기술과 방법만을 고수하는 것은 더 나은 치료를 받아야 할 기본적인 환자의 권리에 부정적인 영향을 미친다.

　작업치료를 포함한 재활의학은 노인 인구의 증가와 웰빙에 대한 관심의 증가로 의학, 보건, 복지, 요양, 뷰티 등 타 학문 분야로 확장되고 있다. 그만큼 재활에 대한 교육 수요도 높아지고 있는 추세다. 여러 학계나 다양한 기관에서 재활 이론에 대한 대중들의 니즈가 높아지면서 공부하는 작업치료사는 학교, 센터, 기업, 공공기관, 교육원 등에서 강의할 수 있는 기회도 늘어나고 있다.

강의는 청중에게 본인이 가진 지식과 성공적인 경험을 공유하며 그들에게 영향력을 미치는 일이다. 그로 인해 어떤 이들에게는 새로운 세계가 열리기도 하고, 누군가는 자신의 꿈을 찾으며 동기부여를 받기도 한다. 강의가 갖는 특별한 이점은 청중뿐만 아니라 전달하는 이도 혜택을 받는다는 것이다. 강의를 준비하는 과정에 새로운 주제를 연구하면서 자신의 이론적인 수준을 높일 수 있고, 청중들과의 상호작용을 통해 새로운 아이디어를 얻기도 한다. 또한 대중에게 학업적, 직업적 성장을 지원하며 멘토의 역할을 수행하는 경험은 새로운 자아를 발견하고 실현하는 기회가 되기도 한다.

아버지 모교에서의 첫 강의

나의 공식적인 첫 강의는 정규직이 되던 첫해에 맞이했다. 예전 직장 선임의 추천을 받아 강의하게 된 곳은 '고려대학교 미래교육원'의 원예재활학과였다. 이전에 강단에 섰던 경험은 일회성의 특강 정도였기에 '원예치료와 재활의학'이라는 과목으로 학기 전체를 이끌어가야 하는 기회는 설레면서도, 과연 학생들에게 만족을 줄 수 있을지 걱정이 되었다. 고려대 본교 학과장님과의 사전 미팅에서 당부하신 점은, 정식 학부 강의는 아니지만 학위 또는 전문 자격증을 따기 위한 뚜렷한 목적을 가진 분들이 모인 자리이니만큼 학부 강의보다 더욱 프로페셔널하게 해달라는 것이었다. 담담한 표정으로 듣고 있었지만, 사실 이때까지는 내세울 만한 이력도 없었고 자신감을 끌어올릴 만한 경험적 데이터도 부족했기에 걱정이 앞섰다. 어차피 주어진 역할이기에, 결국 부딪혀 보기로 했다.

당시 원예치료는 정식 자격증 과정이 생긴 지 몇 년 지나지 않아 이제 막 태동기에 접어들었다. 하지만 나는 운이 좋게도 첫 직장에서 재활과 연결된 원예치료를 접해볼 기회가 있었다. 당시 병원에서는 환자들의 수단적 일상생활동작(IADL)[30] 훈련을 위해 주 1회 복지원예사를 초청하여 치료를 진행했고, 그 과정을 보조하면서 원예활동이 환자들에게 미치는 긍정적인 영향과 가치를 몸소 체험할 수 있었다. 환자들은 각박한 병원 환경에서 꽃과 분재 같은 식물들을 바라보는 것만으로도 편안함을 느꼈고, 직접 만져보며 새로운 창작물을 만드는 활동은 상지의 소근육 운동기능에 도움을 줄 뿐만 아니라 부족한 신체기능을 활용해서 무언가 할 수 있다는 성취감을 느끼게 해주었다. 정성스레 만든 남편(환자)의 원예 작품을 전달받고 감동의 눈물을 흘리던 아내(보호자)의 모습도 잊을 수 없는 기억이었다. 나는 그때의 경험을 살려 원예와 재활이 더욱 시너지를 낼 수 있는 강의를 준비하기 위해 한동안 몰두했었다.

드디어 첫 강의 날이 되었다. 혹시나 늦을까 봐 1시간이나 일찍 도

---

[30] 개인이 독립적으로 일상생활을 하기 위해 필요한 복잡한 수행 기능으로 식사 준비, 재정 관리, 지역사회 이동, 집안 관리, 안전조치 등이 포함된다.

착하여 강의동 로비에 들어선 그때, 너무도 익숙한 모습의 사람이 나를 맞이했다. 바로 아버지였다. 아버지는 내 성격이 내성적이고, 대중 앞이나 처음 만나는 사람과의 시작을 얼마나 어려워하는지 잘 알고 계셨다. 그런 아버지가 장난기 어린 표정으로 한 손에는 꽃다발을 들고 이리 와서 앉으라고 손짓하셨다. 놀라움보다는 황당한 말투로 물었다.
"아니. 아버지가 여기 어떻게 알고 오신 거예요?" 아버지는 며느리에게 듣고 왔다고 말씀하셨다.

아버지는 어리둥절한 나를 앉혀 놓고 아무 말 대잔치를 시작하셨다. "옛날에 여기 옆 건물에 동아리 방이 있었는데, 그땐 선배들한테 많이도 맞았지. 이 건물 자리는 원래 산이었고, 돈 없을 때 동기들과 막걸리 마시던 자리였는데……" 등등. 아버지들은 항상 아들에게 할 말이 많고, 철없는 아들은 본론만 듣고 싶어 한다. 지금은 아무 이야기도 귀에 들어오지 않는다는 듯 나는 물었다.

"그래서 아버지는 도대체 여기 왜 오신 거예요?"

"인마, 네가 어릴 적에 옆집 아저씨한테도 인사를 못해서 내 뒤에 숨던 놈이 아빠 모교에서 강의를 한다는데, 응원하러 왔지! 난 이제 갈 테니까 떨지 말고 잘해, 인마!"

아버지는 꽃다발을 던지듯 내게 안겨주며 급하게 일어나셨다.

"강의하러 가야 하는데 이 꽃은 뭐예요, 어떻게 하라고요?"

"알아서 해, 인마!"

항상 그랬다. 아버지는 워낙 내성적이고 쑥스러움이 많던 나를 다그치는 대신, 내 의지와는 상관없는 일을 벌이시는 괴짜 같은 분이셨다.

어릴 적에는 그렇게 싫다고 해도 어린이들을 대상으로 하는 수십 개의 캠프에 보내셨고, 한창 반항하던 십대 시절에는 호텔이나 골프장에서 아르바이트를 하게 하셨다. 20대에는 기업 CEO들이 비즈니스와 친목을 위해 등록하는 'CEO 골프경영대학원' 같은 곳에 인맥을 동원해서 대학생 신분인 나를 강제 등록시켜 다니게 하셨다. 아버지는 새로운 환경에서 내가 스스로 적응하는 방법을 배우길 바라셨다. 그때마다 난처한 얼굴로 어떻게 하냐고 물으면 아버지의 대답은 언제나 "그건 네가 알아서 해, 인마!"였다.

무책임한 듯한 그 말씀 이후에는, 내가 그 과정들을 어떻게든 힘겹게 수습하면 작은 성과에도 폭풍 칭찬을 해주셨다. 그날도 아버지는 내가 일류대학교 교수가 되어 학부생 강의를 하는 것도 아닌데, 그 이상으로 칭찬해 주셨다. 유난히 알록달록하던 꽃다발을 든 채 아버지의 뒷모습을 한참 동안 멍하니 바라보았다.

숨을 크게 들이쉬고 강의실에 들어섰다. 꽃을 들고 교탁으로 향하는 나를 향해 의아한 표정의 시선들이 꽂혔다. 30명 정도의 원생들이 있었고, 스무 살쯤 되어 보이는 어린 학생부터 50대 분들까지 다양했다. 시간이 지나 들었던 후문에는, 계속 신경 쓰였던 꽃보다는 예상했던 것보다 내가 너무 젊어서 다들 놀랐다고 한다. 다행히도 그때는 노안이었던 내가 딱 제 나이처럼 보이던 시기였다.

"안녕하세요, 여러분들과 1학기 동안 원예치료와 재활의학 과목을 함께할 윤대석입니다."

자신 있게 인사를 건네고, 작업치료사 신분으로 첫 강의를 시작했다. 그 이후로 5년간 이곳에서 야간 강의를 했다. 초보 강사로서 부족함을 채우려 노력했던 시간과 작업치료를 새로운 분야에서 확장시킨 경험, 열정적인 학생들의 눈빛, 각자가 목표하던 학위와 자격증을 얻고 취업의 결실을 얻었을 때 함께 축하하고 기뻐하던 순간, 시간이 흘러 마지막 강의를 마치고 아쉬움에 학교 앞 술집에서 홀로 술잔을 기울이던 그때, 어린 5년 차 작업치료사에게 이 소중한 경험들이 어떤 의미가 되었을까? 단 한 가지 확실한 것은, 이후 작업치료사로서 성장하는 데에 훌륭한 시작점이 되었다는 사실이다.

학부 강의, 치료사의 새로운 원동력

누구나 한 번쯤은 대학교 교단에 서서 자신에게 집중하는 학생들을 마주하며 강의하는 로망이 있을 것이다. 나 또한 작업치료학과로 전공을 바꾼 이후 막연하게 그런 꿈을 가졌었다. 스무 살 때와 다르게 작업치료학과에 입학한 후에는 학업에 꽤 열중하다 보니, 나에게 새로운 지식과 치료사로서의 마인드와 미래에 대한 비전을 심어주시는 교수님들은 내게 우상과도 같았다. 부모님처럼 자상하고 때론 엄하게 지도해 주셨던 전임교수님들, 시간을 쪼개 야간 보강을 통해 최신 치료기법 등을 알려주시던 외래교수님들, 그분들의 희생과 열정은 많은 학생들의 마음속에 씨앗 같은 가능성을 심어주었다. 그분들을 닮아가고자 했던 노력들은 나 자신의 발전에 머무르지 않고, 작업치료 학계와 치료사 후배들의 역량에 영향을 주고자 하는 목표를 가지게 해주었다.

나의 첫 번째 정식 학부 강의는 모교 물리치료학과에서 시작되었다. 대학원 졸업 직후 의뢰받은 강의는 '재활보조기 및 의지'로, 물리치료 전공자들을 위한 강의였기에 아무래도 콘셉트와 세부내용 등이 작업치료와는 차별화된 재구성이 필요했다. 물리치료학 특성상 학부 교재와 기존 강의자료는 대부분 하지와 보행에 초점이 맞추어져 있었다. 비슷한 내용으로 진행했다면 준비가 수월했겠지만, 보행뿐만 아니라 일상생활과 관련된 상지 보조기에 대한 내용도 심도 있게 다루고자 강의 준비에 많은 노력을 쏟았다.

첫 수업을 위해 오랜만에 찾은 모교를 거닐며 감회가 새로웠다. 교정의 여기저기 둘러보는 곳마다 그곳에 내가 있었다. 설렘 가득한 신입생의 모습도, 책을 한가득 짊어지고 가는 뒷모습도 나였고, 사랑스러운 표정의 커플 모습에도 가장 반짝반짝했던 그 시절의 내가 보였다. 대학교는 고등학교를 갓 졸업하여 아직 세상이 어떤 색깔인지, 어떤 맛인지 모르는 이들을 교육시켜 사회에 필요한 사람으로 성장시키는 곳이다. 그 시간 속에서 교육자 한 명 한 명의 역할이 얼마나 중요한지 알고 있었기에, 그 어느 때보다도 책임감을 가지고 16주의 강의를 이끌었다. 내 수업 하나로 학생들을 학문적으로 크게 성장시키기는 어려울 것이다, 다만 내가 외래교수님들을 통해 받았던 수많은 비전과 목표들을 다시 모교 학생들에게 돌려주었다는 것만으로도 만족스러운 시간이었다.

작업치료사는 타인의 삶 속에서 그들을 변화시키는 직업이다. 병원에서는 환자의 삶을 반영한 치료로 그들의 신체와 삶을 재디자인하고,

후배 치료사들과 학생들에게는 교육을 통해 그들이 치료사로서 성장하고 방향을 설정하는 데 끊임없이 관여한다. 그렇기 때문에 작업치료사에게는 사람을 이해하는 공감능력과 책임감에 따른 학문적인 자기 발전이 필수적이다.

치매 전문가를 양성하는 작업치료사

지난 정권에서 치매환자에 대한 국가 차원의 관리가 대두되면서 '치매국가책임제'가 시행되었다. 이에 대한 정책 설정은 '보건복지부'가 맡고 시행은 '국민건강보험공단'에서 담당하면서, 기존에 의료기관에서만 이루어지던 치매 진단과 치료 서비스의 저변을 넓히기 위한 대대적인 시스템 구축이 이루어졌다. 기존의 '중앙치매센터'의 역할을 확대하고, 치매안심센터를 시군구 단위로 설치하여 지역의 치매 위험군에 대한 조기 발견과 치료의 중요성을 홍보하기 시작했다. 이에 발맞춰 국민건강보험공단에서는 치매 진단을 받은 환자를 치료하기 위한 민간 전문가들을 교육하고 양성하는 사업을 진행했다.

작업치료사는 치매 전문가로서 이 사업의 강사에 지원할 수 있는 자격이 있었다. 당시 서울 지역은 강사 인력풀이 가득 차 있었고, 경기/인천 지역의 강사 모집에 지원하여 어렵게 한 자리를 받아 강의할 수 있는 기회를 얻었다. 한 달에 1~3회 정도 경기 북부와 남부, 인천 지역의 강의를 배정받아 출강하였는데, 직장 내 한정된 휴가를 써야 했기에

4~5년 간 거의 모든 휴가는 '치매 강의'를 위해서만 사용했다. 초기에는 '치매환자 인지 자극의 실제'라는 과목을 맡았지만, 이후 탈락 및 취소되는 강사들의 강의를 하나둘 맡다 보니 일상생활, 복지용구, 약물, 비약물 치료 등 모든 과목을 강의하게 되었다.

강의 대상자는 작업치료사부터 노인시설의 센터장, 간호사, 사회복지사, 요양보호사 등이었다. 경기/인천 지역구는 인구가 많은 만큼 강의 수요도 워낙 높아 1회 강의에 많게는 300명까지도 모일 때가 있었고, 장소도 킨텍스 전시장이나 시청 대강당, 호텔 컨벤션홀 같은 규모가 큰 곳에서 진행되었다. 규모에서 오는 부담도 있었지만, 작업치료나 보건계열 전공자들이 아닌 불특정 다수들을 상대로 작업치료사 직함을 걸고 하는 강의는 언제나 더 잘하고 싶은 마음을 불러일으켰다. 실제로 내가 작업치료사의 대표는 아니지만, 그들은 나의 역량을 작업치료사의 평균적인 역량으로 여길 가능성이 컸다. 대중들은 살아가며 여러 직군의 사람들을 만나지만, 작업치료사와의 만남은 빈도가 높지 않은 편이다. 그런 흔치 않은 기회에 그들의 기억 속에 작업치료사의 긍정적인 이미지를 심어주는 것은 꼭 가져야 할 책임의식이다.

직장과 병행하며 동서남북을 넘나들던 치매 강의는 역시 쉽지 않았다. 하지만 그 시간을 버틸 수 있었던 동력은 작업치료사로서의 '자부심'이었다. 과연 작업치료사가 아니었다면 나 정도의 경력을 가진 사람이 국가정책사업의 강사로서 활동할 수 있었을까? 아마도 어려웠을 것이다. 내가 작업치료사로서 평소에 감사한 마음을 가지는 부분은 이런 것들이다. 내 직업을 영위하며 건강한 사회 형성에 기여할 수 있는 것,

나의 노력에 비해 내게 주어지는 여러 가지 역할, 또한 누군가에게 감사를 받으며 자아실현을 할 수 있는 기회들 말이다.

취업 특강, 도전하는 청춘을 위한 멘토링

학부생들을 위한 취업 특강은 매년 2~3회씩, 10년 넘게 이어오고 있다. 예전에는 주니어 치료사로서 개인적인 취업 준비와 경험을 공유하는 수준이었다면, 현재는 현직에서 치료사를 뽑는 면접관으로서 취업 준비 전 과정에 대한 전략을 강의하고 있다. 대부분의 강의는 대학의 요청으로 졸업을 앞둔 3~4학년들을 대상으로 이루어진다. 취업 특강이 특별한 이유 중 하나는 어떤 주제의 강의보다도 학생들의 집중도가 높다는 점이다.

취업에 대해 막연하게 생각하던 대부분의 학생들도 이 시기에는 눈앞에 다가온 취업의 현실을 본능적으로 느낀다. 강의하면서 가장 먼저 강조하는 부분은 '디테일한 목표 설정'이다. 강의를 듣는 학생들이나 실습생들에게 희망하는 취업처를 물어보면, 보통 아직 정하지 못했다고 대답한다. 하지만 다수가 원하고 경쟁이 필요한 취업처는 누가 가장 빠르게 전략적으로 준비했느냐에 따라 성패가 갈리는 경우가 많다.

예를 들어 ① 좋은 직장에 취직하고 싶은 학생, ② 종합병원에 취업하고 싶은 학생, ③ 종합병원 중 A 병원이나 B 병원 급에 취업하고 싶은 학생이 있다고 해보자. ①번 그룹의 경우가 가장 많은 학생들이 분포하게 되는데, 실제 취업 현장에서는 이들끼리 서류전형에서 쌓이고 묻힐 확률이 높다. ②번 그룹의 경우에는 어느 정도 맞춤 전략으로 서류전형에 통과한 소수의 학생과 ③번 그룹과 같은 철저한 맞춤 전략을 거친 다수의 학생이 함께 면접전형을 치르게 된다. 서류전형에서 이미 객관적인 점수의 차이가 있기 때문에 면접에서 ②번 그룹의 지원자가 합격하기 위해서는 본인이 압도적으로 면접을 잘보고 ③번 그룹의 지원자들이 모두 평균 이하의 면접 점수를 받아야 가능하다. 보통 면접을 잘 본 것 같은데 떨어진 경우, 본인 기준에 나보다 못한 지원자가 뽑힌 경우에는 내정자가 있는 것이 아니라 면접만으로는 철저한 맞춤 전략 지원자를 '역전'하지 못했을 확률이 높다. 채용은 단지 면접을 잘 보는 사람이 아닌, 우리 기관에 필요한 준비된 인재를 뽑는 과정이다.

    보건계열 학과의 취업률은 상대적으로 높은 편이다. 그중에서도 노인 인구 증가에 따른 재활 수요의 증가와 선·후천적 장애를 가진 아동들의 조기 진단 및 치료에 대한 인식이 높아지면서 작업치료를 필요로 하는 취업처는 지속적으로 늘어나고 있다. 작업치료사 면허가 있다면 전국 어디서든 취업이 가능한 수준이다. 다만 취업률과 취업의 질은 다른 문제다. 많은 치료사들이 첫 직장과 두 번째 직장에서 만족하지 못해 계속 이직하는 현상은 '취업의 질'과 관련이 깊다. 그래서 취업 희망지를 선택할 때 그 기관의 이직률을 들여다보는 것도 이력 관리에 필요한 부분이다.

    결론적으로 취업 특강은 빠를수록 좋다. 취업에서 목표 설정과 이른 준비 기간이 가지는 중요성을 고려할 때, 졸업을 앞둔 학생보다 2~3학년을 대상으로 하는 것이 효율적이다. 물론 학생들의 몰입도가 졸업반보다는 떨어질 수 있지만, 뒤늦게 전략을 세워 원하는 직장에 취업할 확률은 높지 않기에 상대적으로 이른 시기에 학생들에게 동기부여를 위한 취업 특강은 명확한 이정표를 세워줄 수 있다.

"선생님! 저 목표한 곳에 취업했어요!"

특강이나 실습을 지도했던 학생들이 시간이 흘러 나의 지도로 원하는 직장에 취업했다는 소식을 전해올 때, 정말 짜릿한 보람을 느낀다. 강의를 하는 나 자신이나 듣는 학생들 모두 보통의 사람끼리 만나 좀 더 나은 미래를 만들어가는 과정이 바로 취업 지도와 특강이 가지는 강력한 매력이다.

치매 전문가, 작업치료사

최근 의학기술의 발달과 생활수준 향상으로 국내 인구의 평균수명이 계속적으로 증가하고 있다. 통계청에서 발표한 〈2023 한국의 사회지표〉에 따르면 국내 총인구는 5,171만 명으로 집계됐다. 이 중 65세 이상 고령자는 944만 명으로 18.2%를 차지했다. 이는 2013년 같은 조사의 11.9%였던 것에 비해 6.3% 증가한 수치다. 이렇게 빠르게 진행되고 있는 고령화 속도만큼 많은 이가 두려워하는 치매(dementia)의 공포도 확대되고 있다.

국제알츠하이머병협회(ADI)에 따르면, 2015년 4678만 명이던 전 세계 치매환자 수는 2018년 5000만 명으로 3년 새 300만 명가량 증가했다. ADI는 치매환자가 2030년에는 7500만 명, 2050년에는 1억 3150만 명으로 늘어날 것이라 전망했다.

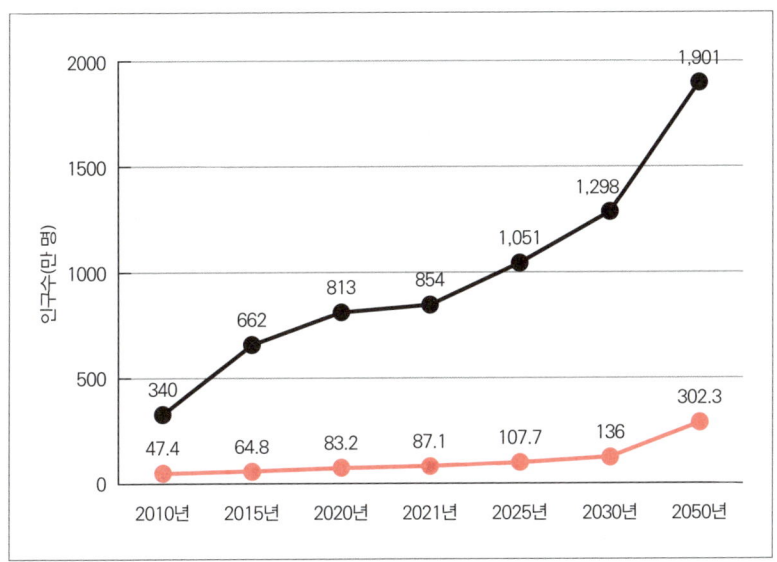

[4-2] 국내 65세 이상 노인 수 및 치매환자 수 전망치[30]

한국도 상황은 비슷하다. 중앙치매센터 통계에 따르면, 2020년 기준 국내 65세 이상 인구 가운데 치매환자는 약 83만 2000명으로 전체 노인 인구 중 10.3%를 차지한다. 즉, 노인 10명 중 1명이 치매라는 의미다. 더욱이 치매 유병률의 증가 속도는 미래에 더욱 가파르게 상승하여 2030년에는 약 136만 명, 2050년에는 약 302만 명으로 20년마다 약 2배씩 증가할 것으로 전망하고 있다[4-2].

31 보건복지부, 제4차 치매관리종합계획, (2020).

치매는 무엇인가?

과거에는 치매를 '망령' '노망'이라고 부르면서 노인이면 당연히 겪게 되는 노화 현상이라고 생각했으나, 최근의 많은 연구를 통해 분명한 뇌질환으로 인식되고 있다. 감기나 두통 같은 질병들도 그 원인에 따라 치료법을 다르게 적용하듯, 치매도 원인을 밝혀 최적의 치료법을 찾는 것이 원칙이므로 치매에 대한 정확한 진단이 중요하다(중앙치매센터).

▍치매의 정의

치매는 사람의 정신(지적)능력과 사회적 활동을 할 수 있는 능력의 소실을 말하며, 어떤 사람의 일상생활에 장애를 가져올 정도로 충분히 심할 때, 우리는 이것을 치매라고 얘기한다. 즉 치매는 그 자체가 어떤 활동을 뜻하는 진단명이 아니라 단지 특정한 증상들이 나타나서 어떤 기준을 만족시키는 경우를 이야기하는 하나의 증후군(증상복합체)이다.[32]

▍치매의 원인

치매는 원인 질환에 따라 위험인자가 다를 수 있지만, 치매의 원인 중 약 90%를 차지하는 '알츠하이머 치매'와 '혈관성 치매'는 인구사회학적 요인이나 혈관성 위험인자 등 상당수의 위험인자를 공유하는 것으로 알려져 있다. 사회인구학적 위험인자에는 연령, 성별, 학력이 영

---

[32] 대한치매학회, "치매의 정의", (2024), https://www.dementia.or.kr

향을 미치고, 유전적 위험인자로는 치매의 가족력이 대표적이다. 생활 습관 및 환경적 위험인자는 흡연과 음주, 영양상태, 신체적 활동, 인지 기능 유지 활동이며, 신체적·정신적 건강 상태에는 고혈압, 비만, 뇌 외상, 우울증, 수면장애 등이 영향을 미친다.

국내 인구의 치매 위험인자를 조사하기 위한 '전국치매역학조사'에 따르면, 85세 이상 고령(60~64세에 비해 35.2배), 여성(남성에 비해 1.9배), 무학(1년 이상 교육을 받은 학력자에 비해 4.2배)이 치매와 높은 연관성을 보였다. 그리고 혼인 상태에 따라 사별한 노인은 2.7배, 별거/이혼/미혼의 노인은 4.1배가량 치매의 위험이 높았다. 또한 생활습관에서의 치매 유병률 차이는 중강도 이상의 규칙적인 운동을 하는 노인이 그렇지 않은 노인에 비해 1/3 수준으로 낮게 나타났다. 두부 외상의 과거력이 있고, 당시 10분 이상의 의식장애가 있었던 경우는 그렇지 않은 경우에 비해 2.4배 높은 위험도를 보였으며, 우울증 역시 치매 위험을 4.6배나 높이는 요인으로 조사되었다.[33]

치매의 진단

치매가 의심될 때는 실제로 치매를 겪고 있는지, 치매의 심한 정도는 어느 정도인지, 그리고 치매의 원인 질환이 무엇인지를 평가해야 한다. 즉 치매환자를 만났을 때는 ① 인지기능 평가, ② 일상생활 수행능력 평가, ③ 이상행동 유무 평가, ④ 치매의 원인 질환 평가를 염두에

---

[33] 중앙치매센터, 《치매 소양 심화공통교육》 교재, (2017).

두어야 한다. 이를 위해서는 문진, 설문지 작성, 신경심리 검사, 신경학적 검사, 혈액 검사, 뇌 촬영 등을 시행하여 조사할 수 있다.

검사와 문진, 설문지 등을 시행한 후 치매가 진단되면 원인 질환에 대한 조사를 시행해야 한다. 원인 질환의 조사는 치료 가능한 치매를 찾아내기 위해서 혈액 검사(VDRL, Thyroid function test, B12, folate 등), 뇌의 감염질환에 대한 조사를 위해 뇌척수액 검사, 뇌의 구조적 병변을 조사하기 위해 뇌 단층사진 또는 뇌 자기공명사진 검사, 뇌의 기능을 알기 위해 PET or brain SPECT 등을 시행해야 한다.

작업치료사의 역할은?

작업치료사는 인지기능 향상을 위한 전문가다. 치매환자, 고위험군 환자뿐만 아니라 건강한 노인들의 인지 및 신체 건강, 안전과 환경 관리, 가족 교육 및 부양 부담 관리 등을 포함한 치매 관련 영역에서 다양한 역할을 수행한다.[34] 치매 환자를 치료하는 작업치료사는 대상자 평가와 예방교육, 일상생활동작 훈련, 인지/지각능력 증진, 보호자 교육 및 상담을 실시한다.

---

[34] 양영애 외, 《지역사회 작업치료학》, 에듀팩토리(2016).

▍작업치료사가 일하는 곳

치매환자를 위한 작업치료사의 역할은 근무하는 장소에 따라 차이가 있는데, 크게 병원(종합병원, 신경과, 정신건강의학과)과 센터(중앙, 광역, 치매안심센터)로 나눌 수 있다. 기관에 따라 하는 일과 역할은 다소 차이가 있다.

우선, 병원 작업치료사의 역할부터 살펴보자. 치매가 의심되는 환자들은 병원의 신경과, 정신건강의학과 그리고 재활의학과를 방문하게 된다. 치매 환자들이 주로 약물치료를 받는 것은 잘 알려져 있지만 '재활치료'에는 생소함을 느끼는 사람이 많다. 그러나 최근 치매치료의 방향은 약물치료와 비약물치료를 병행하는 쪽으로 나아가고 있다. 특히 경도의 치매환자가 일상생활을 유지할 수 있도록 돕는 재활치료가 주목받고 있는 추세다. 이러한 환자들을 위한 재활의학과의 역할은 치매로 발생하는 인지 및 기억력의 장애를 평가하고, 이로 인해 발생하는 기능적 어려움에 대한 적절한 치료 및 교육, 보호자 교육을 제공하여 환자와 보호자의 삶의 질을 증진시키는 것이다.

재활의학과에서 전문의와 더불어 치매 진단과 치료를 위해 가장 중추적인 역할을 하는 직종은 바로 작업치료사다. 재활의학과 작업치료사는 치매 진단을 위한 객관적인 검사와 치료에 관여하는 업무를 수행하게 되는데, 수행하는 검사를 큰 범주로 나누면 신경심리 검사와 치매 검사로 분류한다.

첫째로, 신경심리 검사의 목적은 뇌의 구조적 결함으로 발생하는 기능에 대한 포괄적인 기능을 알아보기 위함이다. 언어능력, 시공간 구성

능력, 주의력, 기억력, 관리 기능 등 뇌의 전반적인 기능에 대해 표준화된 검사를 통해 환자를 평가하고, 이를 바탕으로 현재의 기능 상태를 진단하며 치료 계획을 수립하기 위한 검사다.

둘째로, 치매 검사의 목적은 치매 환자들의 인지기능, 행동-심리 증상, 정서 문제를 평가하는 것이다. 또한 치매와 가성 치매를 구분하고 정상적인 노화와 치매를 감별하며, 증상의 진전 정도를 평가해 향후 계획을 수립하기 위한 검사다.

▮ 작업치료사의 치료 방법

작업치료사는 검사를 통한 결과에 기반하여 인지치료를 실시하게 된다. 첫 번째 방법은 전산화 인지 프로그램을 이용하는 것이다. 'Reha-Com(레하콤)'이나 'Com-Cog(콤코그)' 같은 프로그램을 이용하여 그림으로 단어를 기억하게 하거나 단어로 그림을 기억하게 하는 방법으로 진행된다. 이 프로그램들은 난이도 조절이 가능하며, 매번 데이터가 저장되어 병의 진행과 호전 정도를 파악할 수 있다는 장점이 있다. 또한 단순 기억뿐만 아니라 쇼핑 등 일상생활동작 훈련도 가능하도록 설계되어 있다.

두 번째 방법은 맞춤형 작업치료를 이용한 훈련이다. 치매는 기억력이 저하됨과 동시에 일상생활에 장애를 일으키는 질환이다. 작업치료실 내에서 주의집중력, 기억력, 시공간능력, 관리기능 등 환자의 손상 영역 및 수준에 맞는 치료를 제공한다. 적극적인 인지적 자극과 훈련을 통해 뇌의 회복 과정을 촉진시킴으로써 치매 증상의 악화를 예방하고,

치매로 인해 영향을 받는 일상생활동작을 훈련하고 적응시킨다.

또한 환자마다 인지장애의 정도와 일상생활에서 수행하고자 하는 목표도 다르기 때문에 환자와의 충분한 상담과 평가를 통해 원하는 일상생활을 누릴 수 있도록 '맞춤형 치료'를 제공하는 것을 목적으로 한다. 인지치료 전용 도구나 지필 훈련을 통해 환자가 잔존 능력을 이용하여 본인이 우선적으로 하고 싶은 것을 할 수 있도록 하는 '목표 지향적' 치료를 제공한다.

치매센터 작업치료사

우리나라의 경우 2008년 '국가치매정책'이 시작된 이래로, 2018년 '국가치매책임제도'가 도입되어 사회적 문제로 대두된 치매관리를 위해 국가가 적극적으로 정책을 마련하고 인프라를 확충하고 있다. 공공성을 가진 가장 대표적인 인프라는 '광역치매센터'와 '치매안심센터' 그리고 이곳들의 컨트롤 타워 역할을 하는 '중앙치매센터'다.

▎중앙치매센터와 치매안심센터 현황

중앙치매센터는 치매관리법에 따라 2012년 3월 30일 개소하였고, 2020년 1월부터 공공보건의료를 선도하는 국립중앙의료원이 위탁 운영하고 있다. 광범위한 국가치매사업의 과학화, 내실화, 지속 가능성을 높이는 것을 목적으로 한다. 광역치매센터는 기존의 시설 수용 중심의

(단위: 개소)

지역	전체	운영현황	
		직영	위탁
전국	256	231	25
서울특별시	25	2	23
부산광역시	16	16	-
대구광역시	8	8	-
인천광역시	10	10	-
광주광역시	5	5	-
대전광역시	5	5	-
울산광역시	5	5	-
세종특별자치시	1	1	-
경기도	46	44	2
강원특별자치도	18	18	-
충청북도	14	14	-
충청남도	16	16	-
전라북도	14	14	-
전라남도	22	22	-
경상북도	25	25	-
경상남도	20	20	-
제주특별자치도	6	6	-

[4-3] 치매안심센터 설치 및 운영 현황[34]

치매관리 틀에서 벗어나 치매 예방, 조기 진단 및 치료, 재활, 진행 단계별 적정 관리 등을 포괄하는 '치매통합관리 서비스'를 제공하기 위해 광역지방자치단체당 1개소씩 설치되었다(중앙치매센터, 2023).

35 치매안심센터 추진현황 자료(중앙치매센터, 2022)

치매안심센터는 2018년 개정된 치매관리법 제 17조에 근거하여, 전국적으로 설치·운영 중이다. 각 지자체의 시장, 군수, 구청장이 치매안심센터의 설치 주체이며 통합형, 거점형, 소규모형, 방문형 중 하나의 설치 형태를 지자체가 선택하여 현재 256개의 센터가 운영되고 있다[4-3].[36] 치매안심센터의 주요 업무는 치매 상담 및 등록 관리 사업, 조기검진 사업, 쉼터 운영, 가족지원 사업, 인식개선 및 홍보 사업으로 상담, 검진, 관리, 서비스 연결까지 통합 지원 서비스를 제공하고 있다.

▌치매안심센터의 필수 직종 작업치료사

치매안심센터에서 작업치료사는 중추적인 역할을 하며 근무 인원 또한 비중이 높다. 국내 전국 치매안심센터의 총 인력은 4,752명이고, 한 기관당 평균 18.6명이 근무하고 있으며 작업치료사는 약 3명이 배치되어 있다[4-4]. 치매안심센터에서 작업치료사는 간호사와 사회복지사를 제외한 전체직종 중 가장 많은 수를 차지하고 있다.[37] 타 직종의 연간 배출 인력이 작업치료사에 비해 월등히 많은 것을 고려하면 치매안심센터에서의 작업치료사의 비중은 높은 편이며, 앞으로도 그 역할이 확대될 것으로 전망된다.

---

[36] 보건복지부, "2024년 치매정책 사업안내", (2024)
[37] 중앙치매센터, "2021년 치매환자 치매안심통합관리시스템 등록현황", (2023)

(단위: 명)

시도명	총 인력 수 (A)	치매안심 센터 개수 (B)	평균 인력 수 (A/B)	직종별 인력현황					
				센터장	간호사	사회 복지사	작업 치료사	임상 심리사	행정	기타
전국	4,752	256	18.6	256	2,529	718	625	116	284	224

[4-4] 치매안심센터 직종별 인력현황

치매안심센터의 작업치료사 채용 안내에 나와 있는 직무 내용은 다음과 같다.

- 치매 조기검진 사업
- 치매 예방 등록 관리 사업
- 치매 인식개선 사업
- 치매 지역자원강화 사업

위의 정보를 바탕으로 채용 후의 구체적인 업무는 다음과 같다.

a. 인지 프로그램 운영(쉼터, 인지강화교실): 대상자들의 인지기능을 향상시키고, 향상된 기능을 일상생활로 연결시킬 수 있는 프로그램을 기획하고 수행하는 업무

b. 치매 예방 프로그램 운영(예방교실 및 일일 강좌): 치매 예방을 위한 교육 및 프로그램을 개설하여 지역 주민들에게 치매 예방법을 알리고 지원하는 업무

c. 대상자 홍보 및 참여자 모집: 치매안심센터의 프로그램을 홍보하고 대상자를 모집하는 업무

2005년부터 대한작업치료사협회는 대한치매협회와 함께 고령자 치매 작업치료 교육과정을 개설하여 지역사회 치매 환자를 위한 전문 교육을 진행해왔다. 노인성 질환인 치매의 경우 지역사회적 접근 및 전달체계가 미흡하다는 지적이 지속되고 있는 상황에서 작업치료사의 역할은 중요하다. 현재 치매안심센터에서는 치매 예방 및 인식개선 교육, 치료 프로그램 등을 제공하고 있으며, 센터에는 의사, 간호사, 임상심리사, 사회복지사와 함께 작업치료사가 법정 필수 인력으로 포함되어 있다.

INFP의
작업치료 브이로그

　재활을 주(主)로 운영하는 재활병원에서는 전체 직원 중 작업치료사의 비율이 높은 편이고, 그만큼 필수 인력이기 때문에 우리의 역할을 따로 알릴 필요까지는 없을 것이다. 하지만 재활이 주가 아닌 종합병원이나 대학병원에서는 재활의학과에 소속된 여러 직종 중의 하나인, 이름도 생소한 작업치료사의 인지도는 매우 낮은 편이다. 이러한 이유로 병원 내 타 직종과의 모임이나 협업을 위한 TF팀 활동에서는 남모르는 애로사항이 생길 수 있다.
　"그런데 작업치료가 뭐에요?"
　학창 시절부터 수도 없이 듣는 바로 이 질문 때문이다. 보통 자기소개를 하고 난 후나 이야기 중 공백이 생길 때 주로 받게 되는데, 상대방이 우리를 호기심 어린 표정으로 바라보거나 "그런데……"라는 말로 시작하면 어김없이 이 질문이 튀어나온다. 그래서 작업치료사라면 누구나 이에 대한 자신만의 표준 답안을 가지고 있을 것이다.

어느 날 병원 홍보팀에서 연락이 왔다. 작업치료에 대해서 제대로 알릴 수 있는 홍보 영상을 제작하자는 것이었다. 홍보팀에서는 몇몇 부서를 대상으로 영상을 제작하여 병원 유튜브 채널에 올리고, 병원 로비 대형 화면에 송출하는 프로젝트를 진행하고 있었다. 제작 담당을 맡고 있는 직원은 이전에 나의 SCI급 논문 게재 소식을 모든 일반직 직원의 경사라며 본인 일처럼 기뻐하며 축하해 주신 분이었다. 이전까지는 작업치료에 대해 그냥 손과 팔의 움직임을 담당하는 정도로만 알고 있었는데, 논문을 통해 깊은 인상을 받았고 논문에 담지 못했던 작업치료의 모든 것을 영상에 담아보자고 제안하셨다.

너무도 감사한 일이었다. 이렇게 신경 써주셔서 감사하다는 인사를 연신 전하면서도 나의 표정은 굳어가고 있었다. 왜 그랬을까?

나의 mbti는 'INFP(인프피)'다. I(내향형) N(직관형) F(감정형) P(인식형), 즉 내향적이면서 감정을 중심으로 직관을 통해 인식하는 유형이다. 내향 감정을 주 기능으로 사용하는데, 참고로 인프피가 말을 아낀다는 건 아직 높은 친밀감을 형성하지 못했다는 증거이기 때문에 인프피가 말하는 것을 보고 싶다면 좀 더 친해지기를 기다리는 것을 추천한다.

나는 사진이나 영상 등과 친하지 않다. 카카오톡 프로필 사진도 1~3년에 한 번 정도만 바꿀 정도로 현재와 과거가 공존하는 세상을 살고 있다. 이런 나의 삶의 방식이 자랑도 아닐뿐더러, 작업치료를 대외적으로 알릴 수 있는 감사한 제안에 '제가 사실 인프피라서 촬영 장비,

방식 등과 좀 더 친해질 때까지 기다려 달라'고 할 수는 없지 않나. 결국은 "제가 경험이 없어서 걱정이네요"라는 말(핑계)과 담당자의 "다른 분들도 다 경험이 없었어요"라는, 안 해도 되는 당연한 말들을 주고받으며 사전 기획 미팅 날짜를 잡았다. 이후, 결혼 전 스튜디오 촬영 때의 안 좋은 추억들만 떠올리며 그 어느 때보다 불안한 나날을 보냈다.

"신랑님, 이거 결혼사진이에요. 그거 아니에요. 웃어야죠!"
"신랑님, 그거 웃는 거 아닌데. 아니, 아니! 그건 비웃는 거지!"
"그냥, 신랑님은 분위기 있게 뒤돌아 있고 신부님만 정면으로 가시죠."

로봇재활치료는 작업치료사와 함께

정신을 가다듬고 냉정하게 현실을 마주했다. 그리고 이게 이렇게까지 생각해야 할 일인가 싶을 정도로 이 상황을 이겨내기 위한 나만의 의미를 부여하기 시작했다. '이건 개인의 일이 아니다. 부서를 알리는 일이고, 더 나아가 작업치료를 대표하는 일이다. 나의 수준이 작업치료사의 수준으로 보일 것이다.'

한결 웅장해진 마음으로 '작업치료사의 브이로그'를 위한 사전 기획 미팅 전 콘티를 준비했다.

① 자기소개 ② 재활치료팀 각 치료실 소개 ③ 작업치료란? ④ 작업치료의 주요 치료 파트 (일상생활 훈련, 연하치료, 인지치료) ⑤ 로봇재활치료

⑥ 논문 소개 ⑦ 예전 환자 영상통화 ⑧ 치료사로서 느끼는 보람 ⑨ 끝인사

회의 중 요새 대세인 '로봇'이라는 키워드가 제목에 들어가면 좋겠다는 의견을 반영하여 '로봇재활은 작업치료사와 함께'라는 친숙한 느낌으로 진행하기로 했다. 이후 시나리오를 작업하고 촬영일 전까지 하루 수십 번씩 셀프 촬영을 하며 열심히 준비했다.

드디어 촬영일이 되었고, 전문 촬영팀과 함께 부서의 구석구석을 돌며 촬영을 이어갔다. 다행히 큰 실수 없이 준비한 만큼의 퍼포먼스를 보여줄 수 있었고, 촬영팀은 전문가다운 포스를 뽐내며 무사히 작업치료사의 하루를 다룬 브이로그 촬영[38]을 마칠 수 있었다. 이후 완성도 높은 편집본을 보고 나니 그동안의 걱정은 기우였다는 것을 깨달았다.

사실 누군가에게는 별일 아닐 수도 있는 브이로그 촬영이었지만, 나에게는 상당한 부담을 가지고 공을 들인 일이었다. 임상 10년 차가 넘어가면서 MZ세대와 기성세대 사이에서 적당한 포지션을 유지하며 나름 위아래로 소통을 잘하는 중간관리자라고 생각해왔다. 하지만 촬영팀과 편집팀이 거의 떠 먹여주는 촬영에서도 극한의 두려움을 느끼는 나의 모습을 보면서 많은 것을 깨달았다.

한때 '싸이월드(Cyworld)'라는 소셜 네트워크 서비스가 유행하던 때

[38] https://www.instagram.com/p/C9FCCu3J57U/?utm_source=ig_web_copy_link&igsh=MzRlODBiNWFlZA==

가 있었다. 사용자가 '미니홈피'라는 개인 가상공간을 운영하며 일상 이야기나 사진, 일기 등을 공유하고 '도토리'라는 가상 화폐를 이용해 음악과 캐릭터 등을 구매하거나 선물할 수 있는, 당시 가장 높은 대중성을 자랑하던 소통형 SNS였다. '미니홈피'에 공유하는 사진이나 글귀들은 일명 '싸이 감성'이라 불릴 정도로 고유한 스타일이 있었는데, 요새 SNS의 담백하거나 심플한 스타일과는 상당히 결이 달랐다. 현재는 거의 유머 소재로만 쓰이는 당시의 감성을 소개한다. 당시 상황은 이러했다(보통은 실제로 눈물 한 방울 흘리는 셀카 사진과 함께 올리는 글이다).

> 난.. ㄱr끔..
> 눈물을 흘린ㄷr...
> ㄱr끔은 눈물을 참을 수 없는 ㄴㅐ가 별루ㄷr..
> 맘이 ㅇㅏㅍㅏ서...

아무튼 이후 유행했던 페이스북, 트위터, 유튜브, 인스타그램 등의 새로운 대세 SNS에 이러한 감성이 녹아들 리 없었고, 마침 나의 일상도 바쁘다는 핑계로 "이런 거 안 하면 어때"라는 냉소적인 사고방식으로 몇 년을 보내며 세상과의 소통에서 벗어난 삶을 살고 있었다.

"파트장님은 왜 인스타그램 안 하세요?" "누가 요즘 블로그로 맛집을 찾아요" 후임들이 내게 농담처럼 하던 이런 말들은 "당신과는 소통이 어려워요." "자꾸 이런 식이면 곤란해요"와 같은 메시지였을까? 그저 웃어넘기던 내 모습이 그들에게 더욱 답답하게 느껴졌을 수도 있겠다는 생각이 들었다.

 우리는 일상적인 관계뿐만 아니라 조직 내에서도 소통의 중요성을 잘 알고 있다. 업무적으로는 구성원들 간의 정보 전달, 협력, 협업, 문제 해결의 시작이 원활한 소통에서 비롯된다. 각기 다른 세대와 다양한 성향을 가진 사람들이 모인 조직에서 갈등을 줄이고 시너지를 내기 위해서는 자연스러운 소통 문화가 필수적이다. 최근 유행하는 블라인드 등의 익명 게시판이나 익명 오픈채팅을 통해 본인 직장에 대한 불만을 가감 없이 털어놓는 문화 역시, 직장 내에서 어떤 채널을 통해서도 공감받지 못하는 그들의 아우성이 아닐까?

소통 그리고 작업치료

 작업치료사는 과학적인 근거를 바탕으로 이론을 탐구하고, 그 안에서 얻은 기술을 환자에게 적용하여 그들의 일상에 중점을 둔 치료를 제공한다. 그러나 치료사의 일방적인 사고만으로는 다양한 환자의 경험과 세계를 반영한 치료를 제공하는 것은 거의 불가능하다. 따라서 우리가 궁극적으로 이루려는 치료 목표인 '환자중심의 접근'을 위해서는 그들에게 맞는 소통 기술을 찾는 것에 익숙해져야 한다.

 부끄러움에서 시작한 '로봇재활은 작업치료사와 함께'라는 작업치료사의 일상을 담은 브이로그는 비교적 짧은 시간에 2만 회가 넘는 조회 수를 기록하며 병원 공식 채널의 여러 영상 중에서도 조회 수 상위

권에 올랐다. 이후 많은 환자들, 실습생들이 영상을 잘 보았다고 말하는 것을 들으면서, 여러 장소에서 강의와 학회 활동을 하면서도 느껴보지 못한 파급력을 체험했다.

이미 언급했듯이, 작업치료가 무엇이냐는 대중의 질문에 치료사들은 피로함을 느낀다. 때론 "물리치료랑 비슷한 거예요" "나중에 많이 아프면 알게 될 거예요" 등으로 회피하듯 대답하고 후에 죄책감을 느낄 때도 있을 것이다. 이제 막 작업치료사 3만 명 배출을 바라보는 작업치료는 보건계열 내에서 여전한 소수 직군이다. 낮은 사회적 인식과 인지도를 개선하는 것은 그 누구도 대신해 줄 수 없다. 이 글을 보고 있는 한 명 한 명이 작업치료 홍보의 첨병이 되어, 훗날 단답형의 대답만으로도 인간의 삶과 일상에 대한 전문가로서 자부심을 가질 날을 꿈꿔본다.

엘살바도르,
국가대표로 한국의 재활을 알리다

 인생은 우연과 인연으로 가득 찬 여행이다. 서로의 인생에 기가 막힌 타이밍에 자연스레 등장해 주는 것, 그것이 '인연'이고 그건 예상치 못한 '우연'으로 시작된다.

 10년 전쯤 우연한 기회에 한 사람을 만났다. 내가 근무하는 통합 재활치료팀 공간의 리모델링을 마친 후 병원의 건축/시설 팀장님과의 회식 자리에서였다. 참석 명단에 없었던 선한 인상의 한 청년이 정장을 말쑥하게 차려입고 자리에 함께했다. 그는 순천향대학교 4개 산하 병원의 컨트롤 타워 역할을 하는 중앙의료원의 기획팀 신입사원이라고 본인을 소개하고 내 옆자리에 앉았다. 비슷한 또래라 친숙하게 느껴지기도 했지만, 행동 하나 말 한마디에도 성의가 담긴 그의 바른 모습은 누구에게나 호감을 주기에 충분했다.

여러 사람이 모인 회식 자리임에도, 우리는 많은 이야기를 나누었다. 취업하기까지의 어려운 과정, 업무 이야기, 목표, 신혼 생활 등 인생의 경험이 많지 않은 신입사원들끼리 나눌 수 있는 서로의 생각과 고민을 주고받으며 마치 오랜 친구처럼 편안함을 느꼈다. 우리가 서로에게 가장 공감했던 부분은 바로 '영향력'이었다. 각자의 일이 개인의 성장이나 만족에서 끝나는 것이 아니라, 나의 일이 타인의 삶에 선한 영향력을 미치고 싶다는 것이었다. 본인의 노력이 조직의 장기적인 발전이나 '인간사랑'이라는 병원의 미션 수행에 영향력을 발휘하고 싶다는 생각은 당시 젊은 사람들이 선호하는 가치관은 아니었기에, 서로의 마음에 서로가 공감하며 박수를 보냈다.

그리고 그 '선한 영향력'에 관한 이야기는 봉사의 가치에 대해 서로의 경험을 공유하는 것으로 이어졌다. 내가 대학시절에 봉사단체장을 하며 마음속에 간직했던 따뜻한 벅차오름, 그가 생각하는 더 넓은 세상을 대상으로 하는 병원의 역할들을 공유했다. 비록 우리가 일하는 장소도 다르고 영향력을 미치는 대상과 업무의 차이도 있지만, 언젠가 우리가 협업해서 시너지를 내면 의미가 있겠다는 이야기로 우연한 첫 만남은 끝이 났다. 아직 세상에 길들여지지 않은 신입들의 당찬 포부였지만, 왠지 그런 날이 올 것만 같았다.

우연에서 필연이 되기까지

그 친구와는 지나는 길에 몇 번 마주치는 것이 전부였는데, 그때마다 잠시 멈춰서 이야기를 나눌 여유도 없었다. 그는 출근길에 아이를 안고 어린이집으로 향하거나 큰 캐리어를 끌고 급하게 출장을 가던 길이었고, 나는 대학원 수업에 급하게 뛰어가거나 외부 강의를 위해 식사도 거른 채 걸음을 재촉하는 길이었다. 그렇게 눈인사만 나누며 몇 번 스쳐 지나가다 보니 어느새 10년이란 시간이 흘렀다.

그 친구의 근황은 사내 뉴스레터 등을 통해서 볼 수 있었다. 기획팀에서 근무하다가 신설 조직인 '국제사업팀'으로 자리를 옮겨 팀의 리더 역할을 하고 있었고, 여러 국가에서 다양한 공조 사업을 활발하게 진행하고 있다는 소식을 전해 들었다. 월 1회 발행되는 국제사업팀 소식지에는 중앙아시아, 동남아시아, 아프리카 등지에서 순천향 의료원의 이름을 걸고 활동하는 이야기들이 실려 있었다. 10년 전, 내게 설레는 표정으로 미래를 그리며 말했던 본인의 꿈을 업무와 연결하여 실현한 그가 자랑스러웠고, 매월 내게 긍정적 자극이 되는 국제사업팀을 응원하는 것이 자연스러운 일상이었다. 그렇게 각자의 시간은 흘러갔다.

"윤대석 파트장님, 팀장님이 찾으십니다."

호출을 받고 방문한 팀장님의 자리에는 국제사업팀에서 발송한 협조 공문이 띄워져 있었다. 내용은 엘살바도르 국립보건교육센터 건립 사업에 관련 분야 전문가를 초청한다는 것이었다. 발신인은 국제사업팀장, 바로 그 친구였다.

엘살바도르는 국가 주도의 주민 건강 관리를 위하여 한국국제협력단(KOICA)에 일차보건의료 역량 강화를 위한 프로젝트를 요청했고, 이를 순천향대학교 중앙의료원과 강북삼성병원이 협력하여 수행하고 있었다. 이 프로젝트는 '센터의 건립 전 설계'부터 '의료기자재 공급' '센터 운영 컨설팅' '실제 투입되는 현지 의료진 교육 프로그램'까지 센터 건립과 유지에 필요한 모든 과업을 수행하는 일이었다.

이 사업을 진행하는 데 있어 재활의학과에 협조를 바라는 부분은 현지 의료진들을 위한 '한국의 재활의학'에 대한 강의였다. 재활의학 과장님과 팀장님의 추천으로 나는 그 사업에 함께하기로 결정됐다. 그 이후 오랫만에 그 친구, 아니 그 팀장님과 유선으로 그동안 나누지 못했던 이야기를 나눴다.

"생각나세요? 우리가 10년 전, 아무것도 모를 때 뭐라도 할 수 있을 것처럼 이야기했던 것들 말이에요. 그런데 김 팀장님은 그 길을 실제로 잘 닦아 놓으셨고, 제가 그 만들어진 길을 잠시나마 함께하게 됐네요."

"파트장님도 본인의 위치를 잘 닦아 놓아서 함께하게 된 거죠. 저희의 업무는 오랫동안 접점이 없었고, 사실 이번 사업의 강의는 모두 진료과 교수님들이 하시는데, 여러 사정과 우연이 겹쳐 이렇게 함께하게 되었네요."

"우리 사업은 개발도상국이나 후진국에 우리의 선진 의료 시스템이 그 나라에 뿌리를 잘 내리게 하여 다수에게 지속 가능한 '선한 영향력'을 미치는 일입니다. 이에 대한 파트장님의 진심을 잘 알고 있습니다."

우리는 때때로 우연한 만남에서 인생의 벗을 만나, 서로가 가지고 있는 세상을 공유한다. 그러한 우연으로 시작된 이 만남을 '필연'이라고 생각한다. 나 자신과 주변을 챙기기에도 벅찼던 신입사원 시절 만나게 된 그 필연은 서로에게 영감을 주었고, 삶에 더 많은 의미를 부여하며 인생을 더욱 훌륭한 이야기로 채워 나갈 수 있다는 희망을 주었다. 이제 그 인연을 통해 선물 받은 새로운 세상에 대해 이야기해보려 한다.

새로운 세상을 준비하며

엘살바도르는 중앙아메리카에 위치한 국가로, 중앙아메리카와 카리브해에 있는 나라들 중 가장 작은 나라이며 국토의 90% 이상이 화산활동으로 형성되어 대부분이 산간지형으로 매우 험준하다. 수도는 산살바도르(San Salvador)이며, 스페인어를 사용한다.

출장을 한 달 정도 앞둔 시점부터 내 머릿속은 이름조차 생소했던 엘살바도르로 가득 차 있었다. 정보를 얻기 위해 엘살바도르를 검색해보면, 가장 많이 나오는 연관 정보는 살인율 1위, 갱과의 전쟁, 외교부 특별여행주의보 등의 무시무시한 내용들이었다. 그 외에는 풍미가 좋은 커피 생산국, 비트코인 정식 화폐 사용, 온두라스와의 축구 전쟁 등 알면 알수록 신비로운 정보들뿐이었다.

엘살바도르 출장은 약 2주 정도로 예정되었다. 직행 항공편이 없기에 미국을 경유하여 오가는 일정이었고, 나의 강의는 현지 체류 기간 동안 총 4회가 배정되었다. 출국을 한 달여 앞둔 시점부터 사업에 동행할 국제사업팀 멤버들과 몇 차례 사전 미팅을 통해 사업의 자세한 취지와 목표를 전해 듣고, 강의에 대한 세부내용 등을 협의했다.

순천향대학교 중앙의료원 국제사업팀은 "도전과 혁신으로 새로운 가치를 창출하는 의료원"이라는 비전 아래 UN의 지속 가능 발전목표(SDGs)에 기여하고자 다양한 활동을 수행하고 있다. 대표적으로 캄보디아, 이라크, 요르단, 에티오피아, DR콩고, 볼리비아, 엘살바도르 등의 개발도상국에서 병원 건립 사업, 의료진 역량 강화교육 사업, 의료기기 컨설팅 사업 등을 수행한 바 있다.

문득 강의 자료를 준비하면서 의문이 들었던 부분은 '엘살바도르는 왜 재활에 관심을 가졌을까?'였다. 보통 전공자들이 생각하기에 재활의학은 미국, 독일, 영국, 호주 등 의료 선진국에서 발달한 분야로, 비교적 소득 수준이 높은 국가들을 위주로 시스템이 정착되고 활발한 투자가 이루어진다고 생각할 것이다. 또 다른 관점에서 보면, 선진국 수준에 한참 미치지 못하는 엘살바도르는 아마도 우리나라가 1980년대에 재활 시스템이 발전하고 국립재활원이 개편되는 등 정부의 정책적인 관심을 가지고 투자했던 시기와 맞닿아 있지 않을까 생각했다.

출장 기간 동안 나의 임무는 아주 명확했다. 한국의 재활 시스템을 효과적으로 전달하는 것이었다. 강의 대상자는 엘살바도르 국립병원의 의사들과 의대생들이 대부분이었지만, 그들은 아직 재활의학에 대한 이해가 부족하다는 이야기를 전해 들었기에 강의의 수준과 내용 구성에 대한 고민이 깊어졌다. 작업치료사의 관점에 치우치지 않고, 재활의학의 전반적인 내용과 국내 1차 의료 시스템을 포괄적으로 다뤄야 했

[4-5] 엘살바도르 사업을 시작하며 파이팅!

기에 출국 전날까지 자료를 수정하고 보충을 할 정도로 공을 들였다.

완성된 내용은 방문 취지에 맞게 '한국의 재활의학'이라는 제목으로 구성했다. 목차는 '한국의 재활의학의 역사' '재활의학의 현황' '대표적인 재활치료 기술' '1차 의료 시스템' '재활의학의 미래' 순으로 구성되었다. 기존 치료실 업무를 수행하며 출장과 강의 준비를 병행하는 것이 쉬운 일은 아니었지만 작업치료사로서, 또 한국의 재활을 대표한다는 자부심으로 힘든 줄도 모르고 준비에 열중했다.

점점 출국 시간이 다가오면서 복잡 미묘한 감정들이 들었다. 엘살바로르에 대한 두려움인지, 출장에 대한 긴장감인지, 오랜만에 해외에 가는 설렘인지 정의 내리기 힘든 감정들로 시간을 보내다가 마침내 출국 날이 되었다. 공항으로 가는 길에 따라나선 아내와 아이들의 모습을 눈에 담고, LA행 비행기에 올랐다.

12시간 정도 비행을 마친 후 도착한 LA에서 또 다시 5시간의 비행을 거쳐 엘살바도르 국제공항에 도착했다. 오랜만에 장거리 여정으로 거의 기진맥진한 상태로 입국 절차를 마치고 공항을 빠져나왔다. 그 순간, 정신이 번쩍 들 만큼 이국적인 느낌이 오감을 통해 온몸으로 느껴졌다. 지금까지 어디에서도 보지 못한 풍경, 맡아보지 못한 냄새와 신기한 생김새의 새들 소리까지 내가 이곳 엘살바도르에 왔음을 확실히 알게 해주었다.

현지 보건부 직원의 차량 안내를 받아 산살바도르 시내의 가정집을 개조한 작고 깨끗한 숙소에 도착했다. '이제 좀 쉬어도 되겠지' 하던 차에 국제사업 팀원들은 짐을 풀자마자 분주하게 움직이기 시작했다. 다음 날 진행될 행사용품과 장비들을 점검하고, 강의장으로 미리 이동해 사전 세팅을 해야 했기 때문이다. 오전에 그렇게 시간을 보내고 오후에는 유선으로 현지 코이카 직원 및 공무원들과 행사 회의를 진행했다. 이후 마트에 들러 며칠간 필요한 음료를 구매하고 저녁 식사를 한 후 돌아와 옷을 입은 채로 침대에 누웠다. 세상 피곤함에 바로 잠이 들었는데, 얼마 지나지 않아 문 밖에서 부르는 소리가 들렸다.

"파트장님, 맥주 한잔 하시려면 나오세요."

"지금은 맥주 할아버지가 와도 생각이 없네요"라고 말하고 싶었지만 마음속에 담아둔 채 금방 나가겠다고 대답했다.

불려 나간 자리에는 야외 테이블 위에 팀원들이 둘러앉아 개인 노트

북으로 각자의 업무를 하고 있었다. 그들은 엘살바도르 사업뿐만 아니라 동시에 여러 사업을 진행 중이었기 때문에 각종 기획서와 보고서 작업에 열을 올리고 있었다. 사람을 불러놓고 본체만체하며 얼음 통 안에 맥주 하나를 꺼내주고 말 한마디 없이 본인들 일에 열중했다. '아니 이럴 거면……' 눈을 비비며 주섬주섬 맥주 한 병을 들고 옆에 앉아 보고 있자니 무상함이 느껴져, 숙소에서 강의 자료를 들고 나와 그들 옆에 자리를 잡고 다음 날 치러질 첫 강의를 점검했다. 워커홀릭들과 함께한 무미건조한 출장 첫째 날은 이렇게 끝이 났다.

어제 공항에서 반겨주던 새들이 팀을 꾸려서 내 방 창문으로 출장을 온 것일까? 동물원에서나 들을 법한 발성을 가진 새들의 중창 소리에 잠에서 깨어났다. 욕실에 걸어 놓은 구김진 정장을 챙겨 입고 약속보다 이른 시간에 로비에 나와 보니, 인솔 직원 한 명을 제외한 나머지 국제사업 팀원들은 강의가 진행되는 산살바도르 국립병원으로 이미 출발한 이후였다. 이제 본격적인 임무가 시작된다. 이 신비로운 나라에서 어떤 사람들을 만나고 무슨 경험들을 하게 될까? 설렘을 안고 인솔자를 따라 숙소를 나섰다.

5월의 엘살바도르는 최고기온이 29°C 정도로, 찌는 듯한 더위는 아니었지만 습도가 높아 강의 장소로 이동하면서 이미 온몸은 땀에 젖어 있었다. 지나는 길에 마주치는 현지인들은 신기하다는 듯 우리를 지켜보았고, 병원 앞에는 기관총을 크로스백처럼 두른 현지 경찰들이 경계근무를 서며 우리의 신분과 방문 목적을 철저히 확인한 후에야 입장을 허락했다. 그때까지 이 나라는 내게 낯설고 긴장되는 공간이었다.

[4-6] 국립병원 이론 강의 중

　강의가 본업만큼 능숙하진 않았지만, 나름 여러 대중을 상대로 다양한 강의를 해본 경험이 있었기에 크게 긴장하지는 않았다. 다만 강의 슬라이드가 스페인어로 번역되어 있고, 스페인어 통역사와 처음 호흡을 맞추는 일이어서 약간의 걱정을 안고 강의를 시작했다.

　50명 남짓한 현지 의료진들은 강의 내내 한 순간도 흐트러지지 않고 집중했다. 그들에게 생소할 수 있는 재활의학과 그 안에 팀을 이룬 여러 전문가들의 역할, 재활의 궁극적인 목표를 소개할 때는 연신 카메라를 꺼내 렌즈에 내용을 담았다.

　강의를 마치고 질문 시간이 주어졌을 때, 기다렸다는 듯 동시에 7~8명의 청중이 손을 들 만큼 그들의 큰 관심은 놀라웠다. 한국의 재활의학 전문의 숫자나 보건소의 설치 수와 같은 수치를 묻는 질문부터 엘살바도르 현황에 맞는 최적의 재활 시스템에 대한 의견을 묻는 등 고국에 재활의학이 순조롭게 정착되기 위한 방안을 여러 관점에서 심도 있게 고민하는 모습이 인상 깊었다.

우리나라에 재활의학이 도입되고 그 중요성이 알려지기 시작했던 과거를 상상해보았다. 당시 한국의 재활의학은 현재 엘살바도르처럼 관련 지식과 인프라가 매우 부족했고, 이론과 시스템을 교육할 만한 전문가도 드물었을 것이다. 선진 의료 시스템을 갖춘 나라의 공조를 받아 차근차근 발전의 초석을 다졌던 그때의 한국처럼, 엘살바도르에 재활의학이 뿌리내리는 이 현장에 내가 함께하고 기여할 수 있는 경험을 했다는 것에 마음이 벅차올랐다. 나의 조국과 나의 직업인 작업치료사가 자랑스럽게 느껴진 순간이었다.

오후에는 산부인과, 가정의학과, 소아청소년과 교수님들의 강의가 이어졌다. 특히 중앙의료원 국제사업단장님이신 가정의학과 교수님은 다른 나라의 출장 일정을 마치고 전날 새벽에야 숙소에 도착하시고, 몇 시간 지나지 않아 강의를 진행하셨다. 강의뿐만 아니라 유창한 스페인어로 좌장 및 사회자 역할을 맡아 전반적인 행사를 진행하시는 모습이 인상 깊었다.

첫째 날 강의가 모두 끝난 후에 입교식이 진행되었다. 엘살바도르의 보건복지부 장차관급 인사와 코이카의 현지 지부장, 엘살바도르 국립 병원장 등이 참석하였다. 며칠간 비슷한 일정으로 A, B팀 의료진을 대상으로 교육은 진행되었다. 첫날부터 시차에 적응할 겨를도 없이 강행

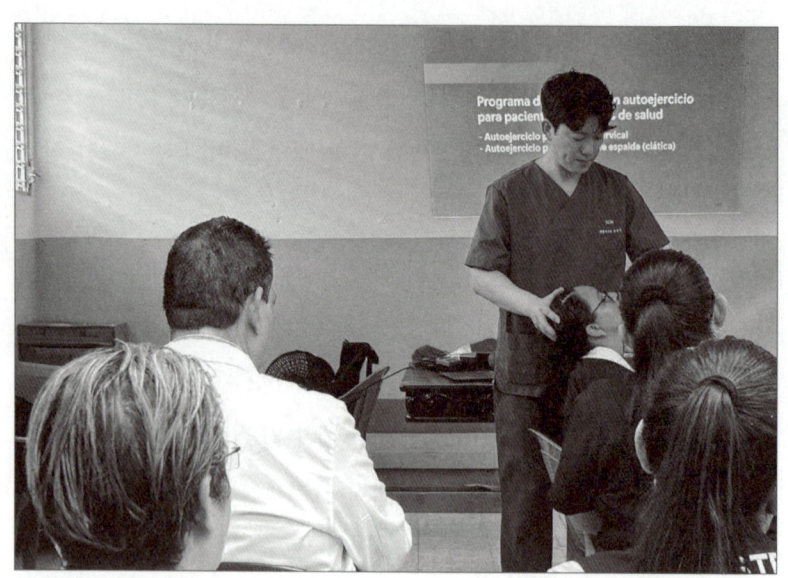

[4-7] 현지 보건소 치료 강의 중

군의 일정을 소화해야 했기에 하루하루 지날수록 피로가 누적되었다. 셋째 날부터는 목소리도 무겁게 잠기기 시작했고, 배탈 때문에 수십 번 화장실을 들락거리기 바빴다. 힘든 순간도 있었지만, 가장 편안한 포지션인 내가 유난을 떨고 싶진 않았다. 현지 일정이 많았던 날 저녁에도 단장님은 온라인으로 대학원 강의를 하셨고, 팀원들은 다른 국가의 ODA(공적개발원조)[39] 사업 계획서를 쓰고 있었다.

공적개발원조란 정부를 비롯한 공공기관이 개발도상국의 경제발전과 복지증진을 위해 제공하는 기술 및 재정적인 원조를 포함한다. 한

---

[39] 'Official Development Assistance'의 줄임말로, 공적개발 원조를 뜻함.

국은 1970~80년대 경제발전을 이루면서 해외원조를 받았다. 하지만 눈부신 경제발전을 이룬 후 현재의 한국은 OECD 회원국이자 OECD DAC(개발원조위원회)에 가입되어 있는 국가로서, 개발도상국의 경제발전과 복지증진을 위한 원조를 수행할 책무를 가지게 되었다. 이에 외교부 산하 한국국제협력단, 기획재정부 산하 대외경제협력기금 등에서 보건, 교육, 농업, IT 등 다방면의 원조 사업을 기획하고 발주하고 있다. 이러한 사업의 수행을 ODA라고 하며, 순천향 중앙의료원과 같은 의료보건 분야의 역할은 ODA 사업의 한 축을 담당하고 있다.

수료식을 하루 앞둔 모든 강의 일정이 끝난 오후에는 산살바도르 현지투어 시간이 주어졌다. 현지 보건부에서 차량과 기사를 지원해 주어 근교의 화산 투어를 가게 되었다. 숙소 앞에 도착한 차량 안에는 수업에 참여했던 현지 의과대학생들이 타고 있었다. 고맙게도 가이드를 자원해서 우리와 동행하기로 한 것이다. 16인승 승합차를 타고 비포장도로를 지나 덜컹거리는 산간도로를 30분 정도 올라갔다. 본래 일정은 차량으로 갈 수 있는 곳까지 가서 분화구까지 도보로 이동하려 했으나 인솔자들의 경험상 오늘 정도의 습기를 머금은 날씨에는 분화구가 모습을 보여주지 않는다고 하여, 아쉬움을 뒤로 한 채 근처 전망대에서 도시 전체의 풍경을 감상하는 것으로 만족해야 했다. 전망대에서 내려오는 길에는 우리나라의 빈대떡과 유사한 모양의 엘살바도르의 전통 음식 퓨푸사 맛집에 들러 식사를 하고 숙소로 향했다.

짧은 시간이었지만 동행해 주었던 학생들과 정이 많이 들었다. 그들은 내성적인 듯 보였으나, 우리가 시선이 머무는 곳이라면 어디든 나타

[4-8] 수료식 단체 사진

나 수줍은 목소리로 자세한 설명을 해주었고, 그들의 문화에 관심을 갖는 우리를 신기해하고 고마워했다. 모든 투어를 마치고 밤 10시가 다 되어가는 시간이었지만 그들 모두는 우리 숙소 앞까지 배웅을 해주며 얼마 남지 않은 시간을 아쉬워했다. 그리고 그때 한 학생이 내게 다가와 정성스럽게 손수 만든, 내 이름이 새겨진 컵 받침과 북마크를 건네며 두 손을 가슴에 모은 채 이런 이야기를 전했다.

"이번 강의를 듣고 나의 세부전공을 재활의학으로 정했어. 너의 강의는 나에게 새로운 세상이었고, 정말 많은 가능성을 보여주었어."

얼떨떨한 기분이 들었다. 나는 오히려 그들에게 마음의 짐이 있었기 때문이다. 나름대로는 열심히 준비한 강의였지만 새로운 환경과 대상을 상대로 하였기에 내용과 전달하는 스킬 모두 스스로 만족할 만한 수준이 아니었다. 그리고 강의 첫날부터 보여준 그들의 관심과 열정에, 내가 과연 그에 상응한 노력을 했는가라는 자책감도 가지고 있었다. 하지만 그 생각들 또한 그들을 이해하지 못한 나의 작은 마음에서 비롯된 것이었다. 그들이 원했던 건 어디서나 어떤 경로로든 얻을 수 있는 단순한 이론보다는, 재활의 도입과 발전을 먼저 경험해 본 한국의 사례에서 가능성을 찾고 도전의 의지를 얻을 수 있는 자체에 큰 의미를 두었기 때문이다. 내 개인적인 강의 스킬에 만족하느냐 못하느냐는 큰 문제가 아니었다. 그들에게 보일 나의 능력은 개인적인 만족의 영역이고, 나의 역할은 한국의 여러 의료진과 치료사들이 발전시킨 선진 재활의료 기술을 전달하는 것일 뿐이다. 지구 반대편의 사람들과 주고받은 이러한 진심과 교감은 내 인생에 굵은 글씨로 새겨졌다. 아쉬운 표정으로 뒤돌아서는 그들을 보내고, 선물 받은 북마크에 나 또한 새로운 세상을 담아 엘살바도르에서의 마지막 밤을 보냈다.

엘살바도르에서의 마지막 일정은 수료식으로 끝이 났다. 입교식에 참석했던 현지 보건부 인사들과 이 과정의 참여했던 모든 수강생들이 한자리에 모였다. 단상에 앉아 수강생들과 마주하며, 함께한 짧은 시간이 무색할 만큼 한 명 한 명 흐뭇한 미소로 내게 눈인사를 건네주는 모습은 인간적인 유대감이 시간에 비례하지 않음을 다시 한번 느끼게 해주었다.

국제사업단장님은 "이번 세미나를 기반으로 참가자들이 엘살바도르

[4-9] 2023년 6월, 사내 소식지에 실린 엘살바도르 기사

보건의료 분야의 차세대 리더가 되기를 바라며, 엘살바도르 사업이 지속 가능성을 가질 수 있도록 필요한 부분에 대해 적극 협조하겠다"라는 말씀으로 맺음말을 전하셨다. 이에 보건부 측에서는 이번 세미나를 통해 각 분야 전문가들의 최신 의학기술을 간접 체험하는 소중한 시간이었으며, 다시 한번 KOICA와 순천향과의 파트너십의 중요성을 확인할 수 있었다고 화답했다. 이어서 감사패와 함께 사업에 참가한 모두에게

엘살바도르 국립병원 사원증을 목에 걸어주는 이벤트가 진행되었다. 아쉬움에 눈물을 흘리는 몇몇 수강생들을 보며 오랜 친구와의 이별을 앞둔 것처럼 나 또한 마음이 뭉클해졌다.

"¡Adiós! El Salvador(안녕! 엘살바도르)"

두려움과 설렘이 공존했던 이번 출장은 어색한 스페인어 인사로 시작되었다. 그들은 한국의 선진 의료기술에 감탄했고, 우리는 배움에 대한 그들의 놀라운 열정을 보며 서로에게 자극이 되었다. 멈추지 않고 발전하려는 그들의 나라와 세계의 의료 평등을 위해 봉사하는 우리나라와의 만남은 짧은 시간이었지만, 각국 사이에 가능성이 충만한 또 다른 새로운 세상을 열어주며 끝이 났다.

다시 한국의 일상으로 돌아온 나는 13,000킬로미터 떨어진 그곳의 꿈같은 경험을 묻는 이들에게 내 감정을 정리한 세련된 대답을 해본 적이 없다. 그저 "좋았어"라는 말로 대신했다. 신비한 경험을 늘어놓길 기대하던 사람들은 실망스런 표정으로 재차 물어보곤 했다. 그럼 잠시 생각에 잠겨 쇼츠처럼 지나가는 그때의 기억들을 떠올리고 흐뭇한 미소를 보이며 다시 대답해줬다.

"정말 좋았어."

다양한 학회활동, 꼭 필요한가?

"학회교육과 활동은 이미 채워진 지식의 컵에 또 다시 지식을 채우는 과정이다."

학부나 신입 치료사 시절에는 학문 이론과 치료 기술의 정보를 자신에게 채워 넣는 것이 비워 있는 컵에 물을 따르듯 자연스럽지만, 경력이 어느 정도 쌓인 치료사들은 임상에서의 경험과 노하우로 이미 자신의 컵이 채워져 있다. 이때 일정 부분 비우고 새로운 지식을 채울 것인지, 또 다른 컵에 담아 그 지식의 양을 늘릴 것인지는 결국 본인의 선택이다.

모든 학문이 그렇듯이 작업치료 또한 전통적인 핵심 이론을 제외하면 대부분의 관련 이론은 새로운 연구에 의해 발전하고 변화한다. 이에 따라 환자의 질병 회복에 더욱 효과적인 작업치료 기술도 보완, 대체,

개발되고 있다. 작업치료사는 질병의 예후와 직결되는 재활치료의 전문가로서 이러한 새로운 지식에 대한 학습은 어찌 보면 의무에 가깝다. 생활 속의 가벼운 예시를 들어보자. 우리가 어떤 질병에 걸려 병원에 방문했을 때, 의료진이 오래전 의과대학 시절의 지식만으로 약을 처방하고 치료를 진행한다면 높은 신뢰가 느껴질까? 다른 예로, 기존 치료의 근거를 재확인하고 새로운 치료법의 학습과 연구를 통해 의술을 행하는 의료진을 만났을 때의 신뢰도는 어떠할까?

물론 전공 서적과 논문을 통해 개인적으로 학습하는 것은 가능하다. 하지만 여러 가지 한계가 있다. 먼저, 신입 치료사들은 이론의 기초와 심화를 단계적으로 학습하기 위한 자료를 스스로 찾고 선택하는 것이 어렵다. 또한 임상에서 우선적으로 필요한 내용을 선별하는 것도 쉽지 않은 일이다. 그리고 학습은 사회적 활동이기도 한데, 다른 사람들과 의견을 교환하고 토론하며 협력하는 학습의 기회도 부족하다. 이 모든 한계를 극복한다 해도 스스로 계획을 세우고 결심을 장기간 유지하는 것에 대한 큰 어려움은 따로 설명하지 않겠다.

학회는 그 분야의 최고 전문가들로 구성된 열정 집단이다. 다양한 학회 교육에 참여하는 것은 어찌 보면 각 분야의 최고의 선생님들이 준비한 핵심 강의를 듣는 것과 같다. 전문가인 우리는 충분한 학습 동기만 있다면, 자신의 시간과 돈을 투자한 수업을 허투루 보내지 않을 확률이 높다. 전통이 있고 인지도가 있는 학회는 정기적인 학술제와 집담회, 코스웍 등의 연자(강의 수행자) 질 관리를 철저히 하여 해당 학회의 수준을 유지한다. 여러 학회에서 강의를 했던 나의 경험상, 그 분야의 전문가들을 상대로 하는 강의는 짧은 시간 동안 연자의 역량을 최대치로 쏟아붓는 자리다. 이외에 학회 교육 참여의 몇 가지 장점을 정리하자면 다음과 같다.

① 최신 연구 동향 파악: 다양한 연구자들의 발표를 통해 전공 분야의 최신 연구 동향과 새로운 방법론을 배울 수 있다.
② 전문가와의 네트워킹: 같은 분야의 전문가들과 직접 만나고 소통할 수 있는 기회가 생긴다. 이를 통해 새로운 치료나 아이디어를 얻고 연구의 기회를 가질 수 있다.
③ 학문적 성장: 수준 높은 강의와 단계별 학습을 통해 학습, 연구하고자 하는 분야에서 학문적인 성장을 할 수 있다.
④ 사회적 상호작용: 학회의 연구자와 여러 기관의 동료들과 교류하며, 학습에 대한 동기 부여와 자극을 받을 수 있다.

대한연하장애학회, 도우미에서 강의 연자가 되기까지

나의 임상 생활 첫 번째 학회활동은 1년 차 때였다. 첫 직장의 재활의학과 교수님 중 한 분은 당시 연하장애(삼킴곤란)를 전문 분야로 두고, 한국에서 가장 활발하게 연구하시는 분이셨다. 자연스럽게 작업치료사들은 교수님과 함께 삼킴곤란 치료에 대한 정기적인 스터디와 연구를 수행했다. 그 시기에 교수님은 한국에서 최초로 삼킴곤란에 대한 다

학제적 연구와 치료 이론 개발을 위한 '대한연하장애학회'의 핵심 창립 멤버였다. 학회구성은 국내 주요 대학병원의 재활의학과 전문의를 비롯해 신경과, 신경외과, 소화기내과, 이비인후과, 구강외과, 치과 교수들과 같은 의료진과 작업치료사, 간호사, 언어재활사, 영양사 등의 보건 인력들도 포함되었다.

전국의 주요 대학병원 의료진이 모이는 '학회 창립기념식'은 당시 우리병원 대강당에서 치러졌다. 학술적인 준비는 재활의학과 교수님들과 작업치료 실장님이 맡았고, 행사의 의전과 진행 보조는 레지던트들과 치료사들이 총 투입되었다. 막내 중의 막내였던 나는 영화 스태프로 치면 소품담당자의 3번 도우미 정도의 역할을 했다. 식전에 책상과 수백 개의 음료수를 나르고, 구석구석 청소하고, 손님들을 안내하는 등의 업무를 맡아 행사 진행을 도왔다. 그날은 날씨가 유난히 좋았던 토요일이었다. 다소 허탈하고 피로가 몰려왔지만, 작업치료의 주요 영역인 연하장애학회 창립이라는 역사적인 순간에 도우미 3번으로 참여했다는 것만으로도 뿌듯했다. 인턴 작업치료사의 소중한 주말은 그렇게 끝이 났다.

이후 시간이 흘러 15년의 세월이 지났다. 작업치료사로서 몇몇 학회의 신규 교육이나 집담회는 빠지지 않고 참가하였는데, 그중 하나가 바로 이 '대한연하장애학회'였다. '어떻게 하면 안전하게 삼킬 수 있을까'라는 고민에서 시작한 학회는 날로 번창하여 1,000명이 넘은 회원을 보유하고, '아시아연하장애학회 국제학술대회(2023년)'를 개최하는 등 괄목할 만한 성장을 이루었다. 의미 있는 점은 이 저명한 학회에서 작업치료사가 차지하는 비중과 역할이 눈에 띄게 확대되었다는 점이다. 학회 창립 초기만 해도 교육을 시행하는 연자가 대부분 의사들이었지만, 연하장애 치료의 핵심 실무자인 작업치료사의 역량이 강화되면서 강의뿐만 아니라 임원진에도 작업치료사들이 몇몇 포함되었다.

어느 날, 학회의 수련 교육 이사(서상민 교수)님으로부터 학회 정기 집담회에서 강의를 맡아달라는 의뢰가 들어왔다. 정형화된 내용의 기초, 심화 과정 코스웍과는 다르게 집담회의 주제는 최신 연구 동향이나 새로운 치료기법 등을 다루기 때문에 난이도가 높다는 걸 잘 알고 있었다. 마음속으로는 못한다고 이야기하고 싶었지만, 결국 의뢰를 받아들였다. 대학병원에서 연하장애 환자를 10년 넘게 치료한 경험이 있는 전문가로서 부담스럽다는 이유로 고사하는 것은 스스로도 너무 부끄러운 일이었기 때문이다.

하지만 작업치료사로서의 자존감을 지키기 위한 대가는 너무나 컸다. 당일 강의 배정 명단을 받아보니, 내가 학문적인 팬심으로 찾아다니며 강의를 듣던 재활의학과 교수님 두 분이 앞뒤로 배치되어 있었다. 새로운 주제에 대한 부담감과 나의 역량 부족으로 인해 작업치료사의 이미지에 영향을 주면 안 된다는 압박감에 시달리기 시작했다. 고작 30분의 강의를 위해 몇 주 동안 자료 조사와 강의 자료를 만들고 수정하기를 반복했다. 강의 당일, 오랜만에 스스로 긴장함을 느끼면서 더욱 긴장되는 악순환이 반복됐다. 결과는 다행히 노력한 시간만큼 무난하게 강의를 마쳤다. 이후 내용에 대한 질의응답 시간에도 공부하며 준비한 내용의 질문들이 나와 수월하게 답변할 수 있었다. 집담회가 끝난 후, 학회 수련 교육 이사님과 청중으로 계시던 여러 교수님들의 긍정적인 격려를 듣고 나서야 오랜만에 편한 마음으로 사랑하는 가족들과 시간을 보낼 수 있었다.

15년 전, 이 학회에서 목장갑을 끼고 책상을 나르며 땀을 훔치던 나는 오늘을 상상하지 못했다. 당시 화려한 이력의 의사들과 이해하기 어려운 내용의 강의를 들으며, 솔직히 '내가 있을 곳이 아닌가' 하는 생각도 했다. 실제로 몇 년 전만 하더라도 정기 집담회에 등록하는 청중들은 거의 대부분 의사들뿐이었다. 하지만 내가 간과한 부분이 있었다. 바로 내가 목장갑을 낀 순간부터 본업에 지쳐 있을 때도 학회 교육에 빠짐없이 참석하고, 최신 연구 동향을 파악하며 치료에 적용하려고 노력했던 점이다. 오랜 시간 나도 모르게 꾸준함이 누적되었고, 그 시간들은 분명히 나를 성장시켰다.

우린 어떤 성장에 있어 꾸준함의 힘을 알고 있지만, 실제로 느끼는 경우는 드물다. 아마도 결과가 만들어지기 전에 중단했거나, 자신이 얼마만큼 성장했는지 점검해 볼 기회가 없었기 때문일 것이다. 10대의 꾸준한 학업은 20대 때 내세울 만한 학벌로 일정 부분 보상받는다. 만족스럽지 못한 20대를 보냈더라도 그 시절의 꾸준한 노력의 결과는 역시 30대 이후에야 나타난다. 보통 우리는 짧은 노력으로 가시적인 결과가 나타나지 않으면 중단하거나 노선을 바꾸는 선택을 한다. 하지만 세상의 대부분 가치 있는 성과는 임계점을 넘어서야 비로소 결과가 보이기 시작한다. 즉, 누적된 꾸준한 노력이 100%까지 쌓이는 시간이 필요하다. 사회인의 공간에는 중간, 기말고사가 없기에 누적된 자신의 점수가 몇 점인지는 주어진 경험을 통해 스스로 찾아내야 한다. 꾸준한 노력을 쌓아 올려 그 지점을 넘어설 때, 비로소 느끼지 못했던 성장한 자신을 발견할 수 있다.

> 목장갑을 끼고 단상을 나르던 인턴 작업치료사는 15년 후 그 단상에 서서 '스마트 디바이스를 이용한 연하장애 치료의 최신동향'이란 제목의 강의를 하게 되었다. 그동안의 임상 경험을 바탕으로 몇 주간 준비한 강의였다. 이후 다수의 추천으로 대한연하장애학회 수련 교육위원회 위원으로 활동했고, 이듬해에는 홍보위원회의 간사 역할을 동시에 맡아 주요 대학병원의 의료진 및 대학의 교수분들과 연하장애의 홍보와 연구에 힘쓰고 있다.

대한신경계작업치료학회, 작업치료에 진심인 사람들의 모임

정규직이 된 지 얼마 지나지 않아, 학회 교육에 참가하기 위해 서울대학교병원을 방문했다. 강의가 끝난 후 로비에서 우연히 첫 직장 동료 선생님들을 만나 그간의 이야기를 나누며 담소를 나누고 있었다. 그때 우리 옆을 지나가던 사람을 보고 한 동료 선생님이 뛸 듯이 반가워하며 인사를 건넸다. 복학생 오빠였다는 그분은 미국에서 학위와 박사후 연구원을 마치고 돌아와 이제 막 임용된 교수였다. 함께 있던 우리와도 짧게 인사를 나누고 그렇게 헤어졌다.

몇 달 후, 복학생 오빠였던 그 교수님이 임상가 몇 분을 초대한 자리에 함께하게 되었다. 우리는 '미국에서 경험한 작업치료'와 임상에서 느낀 '한국의 작업치료 현실'이라는 주제로 자연스럽게 이야기를 나누면서 여러 공감대를 형성했다. 가장 많은 시간을 할애한 이야기는 신규 작업치료사들이 임상에 진출한 후 겪는 어려움이었다. 여러 가지 이유 중 졸업 직후 환자를 치료하기 위한 학문적인 지식의 한계, 임상가로서의 준비 부족, 소통 창구의 부재 등이 주요 문제로 지적되었다. 우리가 이 시기를 지나 보냈다는 안도감보다는, 후배 작업치료사들이 마음껏 일할 수 있는 무대를 잘 만들어 놓지 못했다는 선배로서의 무거운 책임감이 느껴졌다. 젊은 교수님과 임상가들이 모인 그 자리에서, 작업치료사의 수준과 일하는 환경 개선에 대한 우리의 역할이 필요하다는 데 순수한 마음을 모았다.

얼마 지나지 않아 교수님은 제안 하나를 하셨다. 우리의 생각들을 그저 나누는 모임에 그치지 않고, 후배들에게 실질적인 임상 기술을 교육시키고, 현장의 이야기를 전달할 수 있는 학회를 만들자는 말씀이었다. 이는 작업치료의 과학적 탐구와 순수한 가치를 연구하고 후배들에게 교육하는 '대한신경계작업치료학회'가 창립되는 계기가 되었다.

작업치료사는 임상에서 뇌졸중, 외상성 뇌손상, 뇌성마비 등 다양한 신경계 환자들을 만나게 된다. 이러한 질환은 광범위한 손상을 일으키며, 개개인에 따라 다양한 양상이 나타나기에 치료 접근법도 달라져야 한다. 학생과 임상의 작업치료사들이 이에 대한 기초를 다지기 위한 학회의 탄생이었다.

사실 그때 나는 관심 있는 학회 교육에 참석해서 듣는 리스너 수준이었기 때문에 어디서부터 어떻게 학회 발전에 기여해야 할지 몰랐다. 나의 직책은 '학회 임상이사'로 작업치료사의 교육 프로그램 구성과 임상과 학교 간의 '다리' 역할을 하는 임무였다. 처음 주어진 역할은 학회의 첫 학술 집담회에서 진행 및 사회를 보고 한 챕터의 강의를 맡는 것이었다. 강의를 할 연자들을 섭외하고 교육을 홍보하는 과정이 순탄치는 않았지만, 다행히도 여러 병원 선생님들의 기꺼운 도움 덕분에 교육 수강생이 100명 가까이 참석하여 성황리에 마칠 수 있었다. 당시 서울 시내 의료기관에 등록된 전체 작업치료사가 633명인 것을 감안하면 엄청난 관심이었다.

이 같은 시작을 발판으로 학회는 작업치료사를 위한 '신경과학' '뇌졸중 전문가 과정' '척수 손상 전문가 과정' 등의 강좌를 이어가고 있다. 현재는 신입 치료사들이 가장 어려움을 느끼는 '병변에 따른 치료적 접근법'과 '뇌졸중 환자의 상지 재활'과 같은 임상에서 실질적으로 필요한 지식 교육을 위해 힘쓰고 있다.

"대한신경계작업치료학회는 변화하는 작업치료의 가운데에 있을 것입니다."

나의 사상과도 가장 근접한 학회의 이 모토(motto)는 시대적 변화에 발맞춰 그 안에서 또 다른 새로움을 추구하는 것이다. 보건의료와 재활 치료 환경 변화의 한가운데서 후배들이 작업치료사로서의 고유성을 지키고, 스스로 공부하고 연구하는 치료사를 양성한다는 순수한 목적을 가진 작업치료 학자와 선배들이 모인 곳이 바로 이 '대한신경계작업치료학회'다.

"Better than nothing."이란 말이 있다. '없는 것보다는 낫다'란 뜻이다. 다양한 학문을 접하면서 시야가 넓어지면 그만큼 이해의 폭도 넓어진다. 누적된 학습은 환자의 상태에 대해 추측이 아닌 객관적인 시각을 가지게 해준다. 이러한 응용 정보는 환자의 움직임 하나에만 포커스를 맞추는 것이 아니라 더 넓은 안목으로 바라볼 수 있는 전문가적 소양의 바탕이 된다. 또한 학생 신분에서 벗어나 치료사로서 임상에 뛰어들었을 때, 자신이 어떤 분야에 더욱 흥미를 느끼는지는 여러 학회 참여를 통해 들여다볼 필요가 있다. 개인마다 흥미를 느끼는 지적 분야와 동기가 다르기 때문에 책으로 경험할 수 없었던 세상을 실질적인 임상 지식을 담은 학회 교육을 통해 체험하길 바란다.

> 대한신경계작업치료협회의 창립자이자 회장이신 박지혁 교수님은 미 캔자스대에서 치료과학 박사학위를 취득한 후 모교에 교수로 임용되었다. 이후 학교 이론 교육에 그치지 않고, 끊임없이 임상의 작업치료사들과 소통하며 작업치료사 교육의 질과 근무환경 개선에 대해 관심을 가지고 연구하고 있다. 대한작업치료학회 편집·학술 부회장을 역임하고 있으며, 최근에는 초고령사회 뉴노멀 라이프스타일 연구소장을 병행하고 디지털 치료제를 이용한 치매 예방과 초기 치료에 관한 연구로 노인의 삶의 질 향상을 위해 힘쓰고 있다.

작업치료사를 위한 학회 리스트

- 대한소아재활.발달의학회 (https://www.ksprm.or.kr)
- 고령자치매작업치료학회 (http://www.otad.or.kr)
- 대한연하재활학회 (http://www.dysphagia.co.kr)
- 대한보조공학기술학회 (https://ksat.kr)
- 한국정신보건작업치료학회 (http://www.kamhot.org)
- 대한아동학교작업치료학회 (http://child.tium.co.kr)
- 대한인지재활학회 (http://www.cogsociety.org)
- 대한감각통합치료학회 (http://www.kasiorg.org)
- 한국수부치료학회 (http://www.handtherapy.co.kr)
- 대한지역사회작업치료학회 (http://www.kcbot.co.kr)
- 대한신경계작업치료학회 (http://www.ksnot.org)
- 한국운전재활학회 (http://www.ksdr.or.kr)
- 한국노인작업치료학회 (http://ksgot.org)
- 한국작업과학회 (http://kaos.re.kr)
- 대한연하장애학회 (https://www.kdys.or.kr)
- 대한뇌신경재활학회 (https://www.ksnr.or.kr)

OCCUPATIONAL
THERAPIST

(제5장)

작업치료사는
어떤 분야에서

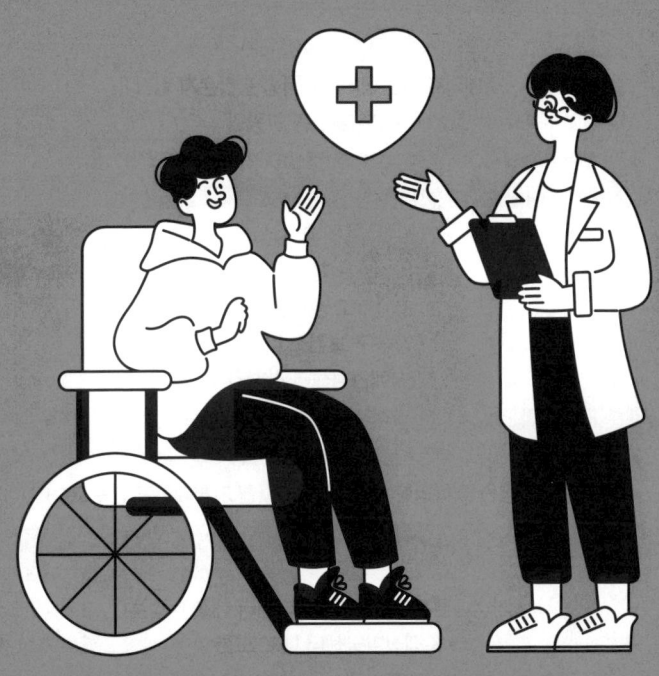

어떻게
일하는가?

참여해주신 분들

대학병원
- 서울아산병원 유지은
- 용인세브란스병원 ○○○ 실장
- 가톨릭대학교 서울성모병원 박성재

재활병원
- 롯데의료재단 보바스기념병원 한은지 팀장
- 서울재활병원 한광원

공공기관 및 공무원
- 건강보험심사평가원 백○○
- 국민건강보험공단 문○○
- 한국도로교통공단 정준철
- 강동구 보건소 나홍주
- 치매안심센터 강하리

연구원
- 세브란스병원 재활의학 연구소 조예진 (현 가천대학교 연구교수)

창업
- 기억튼튼재활전문데이케어센터 대표 이정훈
- ㈜정상발달센터 대표 노한수

해외 취업 및 유학
- 미국 뉴저지 종합병원 핸드 전문 작업치료사 이규철
- 세인트루이스 워싱턴대학교 박사과정 김문영

대학 교수
- 순천향대학교 작업치료학과 박진혁 교수

대학병원 작업치료사

Q 안녕하세요, 선생님. 간단한 소개 부탁드립니다.

유 서울아산병원에서 근무하고 있는 3년 차 작업치료사 유지은입니다.

용 용인세브란스병원 작업치료 실장을 맡고 있는 8년 차 작업치료사입니다.

박 서울성모병원에서 근무하고 있는 4년 차 작업치료사 박성재입니다.

Q 주로 어떤 질환의 환자들을 치료하나요?

유 상급종합병원에서의 성인 파트에는 급성기의 뇌 손상, 척수 손상 환자들이 많습니다. 대형병원의 특성상 특이 질환 케이스도 있습니다. 소아 파트의 경우는 뇌성마비, 자폐 스펙트럼 장애, 사경으로 인한 운동 발달 지연 아동, 염색체 질환의 환아들을 볼 수 있습니다.

용 주로 뇌 손상과 척수 손상을 포함한 신경계 환자분들을 치료하고 퇴행성 뇌질환이나 근골격계질환 그리고 낮은 빈도로 희소질환 환자분들의 작업치료와 연하재활치료, 인지재활치료 등을 시행하고 있습니다.

박 신경계와 근골격계 환자들을 주로 치료하고 있으며, 외래환자분들도 있어 급성기부터 회복기, 유지기의 환자들도 치료하고 있습니다.

Q 치료 이외에 맡고 있는 업무는 있나요?

유 치료실 환경과 관련해서는 환경 정리 업무, 감염 관리 업무, 서류 업무, 환자안전 업무를 기본적으로 이행하고 있습니다. 또한 전산 프로그램으로 치료 계획 및 경과 기록 작성, 치료와 관련된 전산 및 행정 업무, 의료 질 향상 프로그램 구축 등의 병원 차원의 업무도 수행합니다. 팀 내에서는 환자에게 보다 나은 치료를 제공하고자, 소그룹 모임을 통해 연구하거나 공부한 내용을 공유하는 스터디 활동도 진행하고 있습니다.

용 입원 및 외래환자 시간표 배정 및 관리, 치료실 실적 및 통계 관리, 치료실 물품 구매 및 관리, 병원 인증평가를 위한 팀 내 안전보건, 화재 업무 담당, 직원 및 임상 실습생 교육, 실습생 관리를 맡고 있습니다.

박 서울성모병원은 JCI인증(국제표준의료서비스) 심사를 거친 병원입니다. 환자가 병원에 들어서면서 퇴원할 때까지의 치료 전 과정을 11개 분야 1033개 항목에 걸쳐 평가하는데, 이를 위해 각 부서에서 수행해야 하는 업무가 있습니다. 그중 제가 개인적으로 맡고 있는 업무는 장비 관리 및 점검, 환경 관리, 화재 발생 시 소화 진압입니다.

Q 작업치료사는 몇 명이 있고, 채용은 보통 언제 진행하나요?

유 현재 성인 파트에 15명의 작업치료사 선생님들이 근무하고 있습니다. 채용공고는 주로 12월~3월 사이에 많이 나는 것 같습니다.

용 정규직 2명, 계약직 2명으로 총 4명의 작업치료사가 있으며 이 중 성인 3명, 소아 1명으로 구분되어 있습니다. 2명의 계약직 선생님들의 계약이 만료되는 11월에 맞춰 격년에 한 번 채용공고가 납니다.

박 성인 5명, 소아 2명이 근무하며 채용은 비정기적이고 상시채용입니다.

Q 채용 전형은 어떤 절차로 이루어지나요?

유 1차 서류, 2차 면접으로 진행됩니다. 2차 면접 시에는 실무진 면접으로 진행되며 재활의학과 과장님, 팀장님, 인사팀이 면접을 진행합니다.

용 계약직은 1차 서류전형, 2차 면접전형, 3차 채용검진으로 진행됩니다. 정규직은 1차 서류전형, 2차 인·적성 검사, 3차 실무 면접, 4차 임원 면접, 5차 채용검진의 절차를 따릅니다.

박 계약직은 1차 서류전형, 2차 면접전형(실무진), 3차 건강검진으로 진행됩니다. 정규직은 1차 서류전형, 2차 필기시험, 3차 면접전형(1, 2차), 4차 건강검진의 절차를 따릅니다.

Q 대학병원에 취업하려면 어떤 노력이 필요한지 궁금합니다. 대학 시절부터 미리 준비해야 할 부분이 있다면 어떤 게 있을까요?

유 상급종합병원은 학부 시절에 작업치료를 얼마나 열정적으로 공부하고 고민했는지를 중요하게 여기는 것 같습니다. 제 경우는 '지속적으로 성적 우수 장학금을 수여받은 경력' '정기적인 복지관 봉사활동' '교/내외 경진대회 수상 경력'이 있었습니다. 학부 시절에는 여러 활동에 적극적으로 참여하고, 작업치료에 대한 폭넓은 이해를 통해 자기소개서 내용을 충실하게 작성하는 것이 좋습니다. 또한 글로벌 시대에 맞게 병원에서도 '어학능통자'를 선호합니다. 따라서 영어 회화, 토익 공부도 병행하면 좋을 것 같습니다.

용 신규 졸업 학생이 취업을 하기 위해 가장 중요한 것은 학점과 토익입니다. 서류전형 시 인사팀에서 학점과 토익을 우선순위로 두기 때문입니다. 만약 인사팀에서 서류전형에 통과한다면 치료실에서 각자의 자기소개서를 상세히 읽어보고, 배우려는 의지와 진실성, 성실성 등을 확인하여 종합적으로 검토하게 됩니다. 경력직 채용에는 학점보다 경력과 토익이 더 중요한 요소입니다. 현재 저희 병원에서 근무하는 선생님들의 학점은 모두 4.0 이상이며, 토익은 각각 750점, 910점입니다. 따라서 대학병원에 보다 수월하게 취직하기 위해서는 학점 4.0 이상, 토익은 최소 750점 이상 준비할 것을 추천합니다.

박 학생 대상의 여러 교육 이수, 학업 성적, 토익 점수 이렇게 준비하는 것이 좋습니다. 최근에는 취업 시 국가고시 점수를 제출하는 병원들도 있으니 국가고시 시험 준비도 잘 준비하면 좋겠습니다. 경력직인 저는 위의 사항과 더불어 다양한 학회 교육 이수와 이전 병원에서의 경력이 취업 시 유리하게 작용했다고 생각합니다.

Q 대학병원(성인/소아) 작업치료사로서 어떤 자질이 가장 필요하다고 생각하나요?

유 작업치료에 대한 열정과 배움의 태도가 가장 중요하다고 생각합니다. 학부 때 배운 내용은 기본적 이론에 대한 것이지만, 실제 임상에서는 환자에 따라 다르고 특이 질환 케이스도 있기 때문에 깊이 있는 공부가 지속적으로 필요합니다.

용 치료를 잘할 수 있는 능력과 환자를 진심으로 공감하는 태도는 필수입니다. 대학병원에서 근무하는 데 필요한 자질은 신속성과 다중작업 능력이라고 생각합니다. 치료뿐만 아니라 의료기관 인증이나 기타 행정 업무가 많으므로 최선의 치료를 제공함과 동시에 다양한 행정 업무를 실수와 누락 없이 수행할 수 있어야 합니다. 또한 중증에서 막 회복된 급성기 환자분들이 많기 때문에 생명과 관련한 위험을 최소화할 수 있는 주의력도 필요합니다.

박 급성기 환자 비율이 높은 만큼 환자 또는 보호자가 병원 생활이 처음일 수 있기 때문에 치료뿐만 아니라 안전에 대한 의식을 갖추고 교육할 수 있어야 합니다. 마찬가지로 이제 막 수술을 마친 환자들은 현재 상황에 대해서 부정하고 우울감에 빠져 있을 수 있습니다. 이를 옆에서 공감하고 격려하여 더 긍정적인 미래를 생각할 수 있게 돕는 것도 치료사가 가져야 하는 좋은 자질이라고 생각합니다.

Q 근무하면서 가장 만족하는 부분이 있다면 무엇인가요?

유 함께 지속적으로 공부할 수 있는 환경이라는 점입니다. 대학병원에서는 각 파트별로 소그룹 스터디 모임을 통해 다른 선생님들과 여러 공부한 내용도 공유하면서 발전해가는 작업치료사가 될 수 있다는 점이 좋습니다.
용 급여와 복리후생, 직업 안정성 등입니다.
박 배울 점이 많은 병원 선생님들의 존재가 가장 만족스러운 부분입니다.

Q 반대로 가장 힘든 점이 있다면 어떤 부분일까요?

유 상급종합병원 특성상 급성기 환자분들이 많다 보니 위험성도 그만큼 높습니다. 환자의 위급 상황에 대해 유연하게 대처해야 하기 때문에 늘 긴장하고 있어야 하며, 치료 내용 이외에도 환자의 호흡기계 관리(예: ventilator), vital 체크 및 조작하는 방법을 기본적으로 알아야 되는 것이 임상 초기 때 어려웠습니다.
용 많이 힘든 점은 없습니다.
박 아직까지 크게 힘든 점은 없습니다. 다만, 직장과의 통근 거리가 생각보다 멀어 힘이 듭니다.

Q 환자에게 어떤 치료사로 기억되고 싶나요?

유 '따뜻한 치료사'로 기억에 남고 싶습니다. 환자들의 마음을 공감해 주고 적절한 치료의 방향성을 제시하며 일상생활 복귀를 돕고 싶습니다. 이를 통해 환자들이 병원에서 받는 재활로 신체만 건강해지는 것이 아니라, 다시 사회로 돌아가서 살아내고자 하는 마음을 가질 수 있도록 돕고 싶습니다.
용 저는 환자에게 본인을 가장 잘 치료해 준 치료사, 기능 향상을 많이 끌어내 준 치료사로 기억되고 싶습니다. 재활의 시작을 담당하고 책임져 준

시작점 같은 치료사로 기억되고 싶습니다.

박 본인 치료에 있어서 소신 있고, 열심히 하는 치료사로 기억되고 싶습니다.

Q 마지막으로 후배들에게 당부할 말이나 응원의 메시지 부탁드립니다.

유 저연차에는 주말이나 개인 시간을 포기해서라도 교육에 힘쓰라고 조언하고 싶습니다. 한 생명의 일상에 개입하는 직업이기에 그만큼 사명감을 가지고 전문성을 갖추고자 노력하는 마음이 저연차에 있었으면 좋겠습니다. 전문성을 가지고 환자의 회복을 도와 그 사람이 성공적으로 다시 일상으로 복귀할 때 큰 자부심과 보람을 느끼게 될 것입니다. 그렇기에 앞으로 작업치료사를 꿈꾸고 공부하고 있는 선생님들이 충분히 우리의 직업에 대해 자부심을 가지고 사회에 나왔으면 좋겠습니다. 미래 작업치료를 이끌어갈 선생님들을 응원합니다!

용 치료를 잘하고 환자의 마음에 공감하는 능력은 대학병원뿐만 아니라 어느 기관이든 공통사항입니다. 대학병원에 취업하기 위해서는 학부 시절 학점 관리와 토익, 컴퓨터 자격증 등을 준비하고 다양한 학회의 교육을 듣고 이수증을 확보해 놓으면 좋습니다. 또한 각 대학의 교수님들은 모두 대학병원에서 근무한 이력이 있으므로, 대학병원 취업을 원한다면 교수님들의 자문을 적극적으로 활용해보는 것을 추천합니다.

박 저희에게는 치료를 제공하는 것이 단순한 일상일 수 있지만, 환자들에게는 한 번 한 번의 치료가 절실한 시간이라고 생각합니다. 서로에게 무의미한 치료 시간이 되지 않도록 공부하고 노력하면 좋겠습니다.

재활병원
작업치료사

Q 안녕하세요, 선생님. 간단한 소개 부탁드립니다.

한   보바스기념병원에서 팀장으로 근무하고 있는 작업치료사 한은지입니다.

원   서울재활병원에서 근무하고 있는 5년 차 작업치료사 한광원입니다.

Q 주로 어떤 질환의 환자들을 치료하나요?

한   뇌졸중, 외상성 뇌손상, 파킨슨 등 중추신경계질환 환자분들이 많습니다. 이분들을 대상으로 작업치료, 일상생활동작 훈련, 연하치료, 인지치료 등을 시행하고 있습니다.

원   주로 뇌졸중과 척수 손상 환자를 치료하고 있습니다. 최근에는 뇌종양 제거 수술로 인한 신경 손상으로 입원한 분들도 함께 치료 중에 있습니다.

Q 치료 이외에 맡고 있는 업무는 있나요?

한 저는 현재 팀장 직책으로 전반적인 치료실 운영, 팀원 관리, 교육 등 행정 업무를 병행하고 있습니다. 일반적인 치료 외에 연하장애를 진단하기 위한 검사인 VFSS(MBS) 검사를 작업치료사들이 하고 있습니다.

원 치료 환자의 처방 컨펌(액팅), 경과기록(P-note) 작성 업무를 하고 있습니다. 또한 치료실 내의 사무용품 및 치료용품 구매 담당 역할, 자기수용 프로그램 준비 및 진행, 팀 내 스터디 참여 및 서기 등의 업무도 수행하고 있습니다.

Q 작업치료사는 몇 명이 있고, 채용은 보통 언제 진행하나요?

한 현재 61명의 작업치료사가 근무하고 있고, 매년 12월 말부터 다음 해 인턴 치료사 채용이 진행됩니다. 우수 인력을 효율적으로 채용하기 위해 상시채용도 진행 중으로, 보바스기념병원 홈페이지에서 지원이 가능합니다. 특히, 2024년 12월에 하남시에서 '롯데의료재단 보바스병원'이 신축 개원할 예정으로, 이에 따른 채용도 6월 이후에 있을 예정입니다.

원 성인 파트에는 총 15명의 작업치료사가 있습니다. 채용은 보통 2월에 진행하나 T.O(Table of organization)가 생길 때마다 상시채용을 하고 있습니다.

Q 채용 전형은 어떤 절차로 이루어지나요?

한 1차 서류전형, 2차 인·적성 검사, 3차 면접, 4차 건강검진 순입니다.

원 정규직 채용 시 1차 서류전형, 2차 면접(실무진)으로 진행하며, 수습기간 3개월 후 정규직 전환 면접(임원진)의 절차로 진행됩니다.

Q 재활병원에 취업하려면 어떤 노력이 필요한지 궁금합니다. 대학 시절부터 미리 준비해야 할 부분이 있다면 어떤 게 있을까요?

한 기본적인 성실성을 증명할 수 있는 성적, 임상에서 환자 및 보호자와 함께 직접 의사소통하며 치료를 진행해야 하므로 여러 기관에서 봉사활동 등의 경험을 쌓는 부분도 중요할 것 같습니다.

원 성적과 어학 점수가 기본 요소이지만 저희 병원의 특성상 환자의 삶의 모습과 맥락을 파악하는 노력, 작업 기반의 치료 모델을 배우고 작업이 무엇인지에 대해 끊임없이 고민하는 노력이 필요하다고 생각합니다. 또한 사람의 이야기에 경청하며 소통하는 능력, 대화 속에서 정보를 찾아내는 능력, 현재 상황에서 문제를 해결하고 대처하는 능력 등을 개발하고 어필하는 것이 저희 병원 취업에 도움이 될 것으로 생각됩니다.

Q 재활병원(성인/소아) 작업치료사로서 어떤 자질이 가장 필요하다고 생각하나요?

한 첫 번째로 각 환자의 다양한 증상에 대한 충분한 이해가 바탕이 되어야 합니다. 이와 함께 각 환자에게 최적화된 치료를 통해 일상생활로의 복귀가 가능하도록 환자의 상황, 환경, 기능에 따른 치료적 접근 방법에 대해서도 충분히 이해한다면 더욱 좋을 것 같습니다. 두 번째로 환자에게 의미 있는 치료를 제공하기 위해 고민하고, 환자와 보호자, 동료 치료사들을 서로 존중하는 마음으로 대할 수 있는 기본적인 예의를 갖춘 치료사라면 누구나 환자들이 찾는 치료사가 될 수 있다고 생각합니다.

원 급성기 이후 회복기 환자와 가족들의 장애수용 과정에서 치료사들의 역할이 중요하다고 생각합니다. 환자들은 질병과 오랜 병원 생활로 인해 '나'라는 존재가 없어지고 병전 자신의 '기능 수준'과 다른 모습에 억울함, 상실감, 괴리감 등 다양한 정서적인 어려움을 겪는 것을 경험하고 있습니다. 그때 환자의 심리적 상태나 정서 상태를 들여다보고 지지해 주며 이겨나갈 수 있는 용기를 불어넣고, 앞으로 나의 삶을 다시 그려갈 수 있는 동기를 찾아주는 부분이 필요하다고 생각합니다.

Q 근무하면서 가장 만족하는 부분이 있다면 무엇인가요?

한 환자분들이 일상생활로 복귀하며 감사를 표현해 줄 때 가장 보람을 느낍니다. 개인적으로는 담당 업무와 직책의 변화로 새로운 자극이 될 만한 업무들을 하면서 만족할 수 있었던 것 같습니다. 또한 천사 같은 아기 둘을 출산하고 휴직하고 복직하면서, 워킹맘으로 힘겨울 때도 즐겁게 일할 수 있는 환경을 제공해 준 병원과 선생님들께 감사하며 만족하고 있습니다.

원 팀원들 간의 화합입니다. 서로를 응원하고 지지해 주는 모습에서 더 많은 발전을 하게 되는 것 같습니다. 저는 일을 많이 벌이는 편인데 그로 인해 지치는 순간들이 찾아옵니다. 그때마다 먼저 찾아와 응원과 위로를 해주는 팀장님과 팀원들이 있어서 한 번 더 회복해 나가는 것 같습니다.

Q 반대로 가장 힘든 점이 있다면 어떤 부분일까요?

한 새로운 환자분을 만나게 될 때마다 치료적인 고민을 하지만, 항상 정답이 없다는 것이 힘든 부분인 것 같습니다. 다만 경험들이 쌓여 임상 추론이 좀 더 좋은 방향으로 나아갈 수 있는 힘이 됩니다. 그리고 다양한 조직 구성원들과 함께 결정하고 의견을 조율해 나가는 과정이 어려울 때도 있습니다. 하지만 힘이 되고 서로를 응원하는 사람들이 많아 즐겁게 일하는 것 같습니다.

원 환자의 감정과 나의 감정을 분리하기 어렵다는 점입니다. 환자와 대화를 나누면서, 듣는 감정 상태나 현재 상황을 바라보며 그 감정에 동화되는 부분이 있습니다. 감정을 분리시키기 위해 회피하거나 가볍게 주제를 넘기는 방법 등으로 대처해왔는데, 최근에는 쌓인 감정들이 수면 위로 올라와 힘이 드네요.

Q 환자에게 어떤 치료사로 기억되고 싶나요?

한 만나면 '기분 좋고 마음이 편해지는 치료사'이면서 치료에 대한 '신뢰를 주는 치료사'였으면 좋겠습니다.

원 환자분들에게 저는 '다리'가 되고 싶습니다. "선생님 덕분에 다시 할 수 있을 것 같다는 용기가 생겼어요"라는 말이 가장 기억에 남는 것 같아요. 저는 끊어진 '나'라는 사람의 삶의 길을 연결해 주는 치료사가 되고 싶습니다. 언제든 자신의 삶으로 돌아갈 수 있도록 지지해 주고 지탱해 주며 어려운 길을 걸어갈 수 있도록 지원해 주고 싶습니다.

Q 마지막으로 후배들에게 당부할 말이나 응원의 메시지 부탁드립니다.

한 누구나 처음에는 내가 하는 치료행위에 대한 확신도 없고, 과연 환자에게 도움이 되는지에 대한 고민을 하며 치료사로서의 길을 포기하고 싶은 순간도 생기는 것 같습니다. 그때마다 치료의 근거들을 찾아가기 위해 공부하고 노력하다 보면 어느 순간 환자의 기능이 좋아지는 순간들이 생기고, 보람을 느끼는 경험들이 쌓이게 될 것입니다. 그 경험들이 내가 가진 치료사로서의 힘이 될 수 있음을 기억하며 매 순간 환자에게 최선을 다하다 보면 어느 순간 멋진 전문적인 치료사가 되어 있을 겁니다. 모든 예비 작업치료사분들 자신과 노력의 시간을 믿기를 바랍니다.

원 앞으로 누군가의 건강한 삶을 위해 힘쓰게 될 텐데, 그 과정에서 중요한 것은 치료사의 건강이 우선되어야 한다는 것입니다. 누군가를 위해 일하다 보면 '나'를 돌보기 어렵더라고요. 그래서 선생님들이 건강하고 행복했으면 좋겠습니다. 혼자 살아가는 것보다 함께 살아가며, 함께 이겨나가는 과정에서 환자분들에게 큰 힘이 되길 바랍니다.

건강보험심사평가원
작업치료사

Q 안녕하세요, 선생님. 간단한 소개 부탁드립니다.

건강보험심사평가원 심사직으로 근무하고 있는 작업치료사입니다.

Q 건강보험심사평가원에서 일하는 작업치료사! 역할과 어떤 업무들을 하는지 궁금합니다.

심평원은 보건복지부 산하 공공기관으로서 요양급여 비용의 적정성 심사, 심사·평가 관련 조사 연구 및 보건 관련 국제협력 업무를 담당하고 있습니다. 총 직원은 약 3,800명이고 강원특별자치도 원주 본원 및 10개의 지역본부로 구성되어 있습니다. 저와 같이 심사직으로 근무하면 약사를 제외하고, 간호사 및 타 의료기사들과 동일한 업무를 하게 됩니다. 업무를 간단히 소개드리자면 요양기관 현지 조사, 자동차보험 심사, 자동차보험 심사기준

관리, 코로나19 손실보상 업무입니다. 심사·평가 같은 심평원 고유의 업무도 있지만 손실보상 심사나 출생통보 시스템 구축, 보훈 심사같이 위탁받은 업무도 합니다.

Q 공공기관으로 진로를 선택하게 된 계기가 있나요?

병원에서 근무할 때 '상대가치점수, 수가코드, 심사, 기준' 등을 접하고 어떻게 만들어지는지 관심이 많았습니다. 그러던 중 건강보험심사평가원의 역할에 대해 알게 되었고, 채용 대상에 작업치료사가 있는 것을 보고 한번 일해보고 싶다는 생각이 들어 공부를 시작했습니다. 같이 근무하던 물리치료사 선배가 심평원으로 먼저 입사한 것이, 제가 좀 더 열심히 노력할 수 있었던 계기가 되었던 것 같습니다.

Q 근무하면서 가장 만족하는 부분이 있다면 무엇인가요?

치료 시간(타임)에 따라 업무 시간이 결정되는 병원과는 다르게 제 스케줄과 업무의 긴급성, 중요도에 따라 순서를 정해서 처리할 수 있습니다. 스스로 계획을 세우고 업무를 수행할 수 있다는 점이 가장 만족스럽습니다.

Q 반대로 가장 힘든 점이 있다면 어떤 부분일까요?

업무를 위한 방대한 배경지식과 관련 정보의 습득 문제와 타 직종(전산직, 행정직) 및 다른 부서의 협조가 원만하게 이루어지지 않을 경우 가장 힘든 것 같습니다.

Q 기관의 채용 시기와 채용 규모, 경쟁률은 어느 정도였나요?

보통 상반기/하반기 두 차례 채용을 합니다. 2024년 상반기 기준으로 행정직 25명, 심사직 96명, 전산직 15명을 채용하였습니다. 심사직은 면허 취득 후 종합병원급 이상에서 1년 이상의 경력이 있는 자만 지원 가능하고 작업치료사는 입사 시 5급 대리로 입사하게 됩니다. 경쟁률은 따로 공개하지 않기 때문에 정확히 알 수가 없습니다.

Q 채용 전형은 어떤 절차로 이루어지나요?

1차 서류전형, 2차 필기시험 및 인·적성 검사, 3차 면접심사(집중 면접/토론 면접), 수습임용 순입니다.

Q 건강보험심사평가원에 취업하기 위해서는 어떤 노력이 필요한가요?

최근 입사한 후배들을 기준으로 말씀드리면, 짧게는 2, 3년부터 길게는 15년 정도까지 임상 경험을 가진 사람들이 있습니다. 회사에서 우대하는 자격증은 한국사능력검정시험, 컴퓨터활용능력, 데이터분석전문가, 공인 영어점수, SAS국제자격증 중 두세 가지 정도 취득한 사람이 많습니다. 필기시험은 문제해결 능력과 보건의료 지식을 평가하는데, 심평원 지원자를 위해 출판되어 나온 다양한 문제집을 몇 권 풀어보면서 준비하면 도움이 될 것입니다. 면접은 먼저 다수의 면접위원과 심층 면접 및 인성 면접을 한 후 토론 면접을 하게 됩니다. 토론 면접은 다양한 보건의료 이슈에 대해 본인의 생각을 타인과 이야기하는 자리인 만큼 관련 뉴스를 많이 찾아본다면 도움이 될 것입니다. 추가로 강원 인재채용 목표제에 따라 강원특별자치도에 소재한 대학 및 고등학교를 졸업한 사람을 많이 뽑는 제도도 운영하고 있으니 참고하시기 바랍니다.

Q 건강보험심사평가원에 근무하는 작업치료사는 어떤 자질이 가장 필요하다고 생각하시나요?

심평원은 병원 업무와는 다르고, 입사 후 부서를 이동하게 되면 또 새로운 업무를 하게 됩니다. 그렇기 때문에 적극적으로 배우려는 자세가 가장 중요하다고 생각합니다. 다음으로 타 직종이나 타 부서와 함께하는 업무가 많기 때문에 열린 마음과 협업하는 자세도 필요합니다.

Q 마지막으로 건강보험심사평가원 취업을 꿈꾸는 후배들에게 당부할 말이나 응원의 메시지 부탁드립니다.

좀 더 많은 작업치료사들이 입사해서 우리가 가진 역량을 건강보험심사평가원에서 펼칠 수 있기를 바랍니다.

국민건강보험공단
작업치료사

Q 안녕하세요, 선생님. 간단한 소개 부탁드립니다.

2016년부터 국민건강보험공단에서 근무하고 있는 작업치료사입니다.

Q 국민건강보험공단에서 일하는 작업치료사! 역할과 어떤 업무들을 하는지 궁금합니다.

장기요양보험 관련 업무로 장기요양등급 판정 및 이용지원 업무, 장기요양기관 관리 등의 역할을 수행하고 있습니다.

Q 공공기관으로 진로를 선택하게 된 계기가 있나요?

요양원에서 근무하던 중 건강보험공단 관련 업무를 접하며 공단에 대한 관심과 비전이 생겨 진로를 선택하게 되었습니다.

Q 근무하면서 가장 만족하는 부분이 있다면 무엇인가요?

공공기관이니 만큼 유연 근무 및 단시간 근무, 자유로운 연차 사용 등 복지 제도가 잘 마련되어 있다는 점입니다.

Q 반대로 가장 힘든 점이 있다면 어떤 부분일까요?

장기요양등급 판정 조사를 위해 수급자의 자택으로 방문하여 조사를 진행하므로, 외부 출장 등이 잦아 어려움이 있을 수 있습니다.

Q 기관의 채용 시기와 채용 규모, 경쟁률은 어느 정도였나요?

1년에 2회, 상/하반기로 채용이 진행되고 있으며, 최근에는 채용 규모가 줄어드는 추세로 경쟁률이 더 높아진 것으로 알고 있습니다. 채용 규모는 직군별(행정직, 요양직, 건강직) 및 지역별 편차가 있으며, 작업치료사 면허 소지자는 요양직으로 지원이 가능합니다.

Q 채용 전형은 어떤 절차로 이루어지나요?

1차 서류전형(자기소개서), 2차 필기시험, 3차 면접(실무진), 4차 면접(임원진) 순입니다.

Q 공단에 취업하려면 어떤 노력이 필요한지 궁금합니다. 대학 시절부터 미리 준비해야 할 부분이 있다면 어떤 게 있을까요?

서류전형에서 가산점을 얻으려면 한국사, 컴퓨터활용능력 등의 자격증을 취득하는 것이 좋습니다. 학생 시절에 행사(학술대회) 참여, 동아리 등 다양한 활동들을 한다면 자기소개서 작성에 도움이 될 수 있습니다.

Q 공단에 근무하는 작업치료사로서 어떤 자질이 가장 필요하다고 생각하나요?

수급자들을 직접 만나며 조사 및 평가, 이용지원 상담 등을 수행하게 되므로 다양한 경험들을 통해 민원인들을 이해하고 노력하는 자세가 필요합니다.

Q 근무하면서 가장 보람을 느끼는 부분이나 경험이 있다면 말해주세요.

65세 이상 독립적 일상생활이 어려운 노인들 및 수발 부담이 높은 가족들이 장기요양제도를 통해 오랫동안 자택에서 독립적인 생활을 유지하는 모습을 보며 보람을 느끼고 있습니다.

Q 마지막으로 국민건강보험공단 취업을 꿈꾸는 후배들에게 당부할 말이나 응원의 메시지 부탁드립니다.

장기요양 업무는 어느 직군보다 작업치료가 밀접한 관련이 있다고 생각합니다. 더욱 많은 작업치료사 선생님들과 함께하고 싶습니다. 여러분들도 할 수 있습니다.

한국도로교통공단 작업치료사

Q 안녕하세요, 선생님. 간단한 소개 부탁드립니다.

올해로 12년 차 작업치료사이며, 한국도로교통공단에 입사하기 전 서울 소재 대학병원에서 근무하다 2019년 공단에 입사해 올해로 4년째 근무하고 있는 정준철입니다.

Q 한국도로교통공단에서 에서 일하는 작업치료사! 역할과 어떤 업무들을 하는지 궁금합니다.

한국도로교통공단에서 일하는 작업치료사는 장애인 운전 교육을 담당할 뿐만 아니라 일반 행정, 교통방송 또는 지부에서의 교통안전에 관련된 업무 등 다양한 업무를 하는 분들이 많아요. 저 또한 2019년에 입사하여 장애인운전지원센터에서 장애인분들의 운전 교육 관련한 업무를 맡아 수행하다가 현재는 조직 내 부서에서 내부 경영평가 담당 등 행정 업무를 맡아 하고 있습니다.

Q 공공기관으로 진로를 선택하게 된 계기가 있나요?

병원에서 작업치료를 받으시는 분들이 결국은 지역사회로 복귀하게 되는데, 그분들을 위해 진행되는 병원과 다른 작업치료 서비스를 하는 업무에 대해 관심을 갖게 되었습니다. 여러 가지를 알아보던 중 한국도로교통공단에서 실시하는 장애인운전교육에 매력을 느껴 이곳으로 오게 되었어요.

Q 근무하면서 가장 만족하는 부분이 있다면 무엇인가요?

대상자가 병원에서 나와 지역사회에 적응하기 위해 본인이 운전 교육의 필요성을 느끼고 원해서 찾아오기 때문에 적극적으로 잘 참여하시며, 서비스를 받는 분들도 만족도가 매우 높아요. 그래서 교육을 해주는 입장에서 흥이 나고 재미있습니다.

Q 반대로 가장 힘든 점이 있다면 어떤 부분일까요?

힘든 점은 아니지만 병원에서 근무하는 작업치료사와 시스템이 달라요. 병원에서는 처방을 받아 병원 환경 내에서 작업치료 서비스를 제공하는 것이라면, 공단에 있는 작업치료사는 운전 교육 업무를 제외하고는 일반 행정직과 동일합니다. 운전 교육을 수행하는 일 외에 공문 작성, 계획서 작성 등의 행정 업무 일이 적성에 맞지 않으면 힘들 수도 있을 것 같아요.

Q 기관의 채용 시기와 채용 규모, 경쟁률은 어느 정도였나요?

1년에 1회 공개채용으로 진행됩니다. 연간 채용 계획에 따라 정해지고, 작업치료사 채용은 채용공고에서 확인할 수 있어요. 작업치료사 채용 규모는 매해 달라요. 아예 채용하지 않는 해도 있고, 많을 때는 전국 기준 8명까지 채용했습니다. 경쟁률은 정확히 모르겠습니다.

Q 채용 전형은 어떤 절차로 이루어지나요?

1차 서류전형, 2차 필기시험, 3차 발표 면접, 4차 인·적성 면접 순입니다. 1차 서류전형 같은 경우 영어(토익 등) 점수 40% + 자격증 60%로 점수를 100%로 계산해서 20배수로 다음 필기시험을 볼 인원을 정해요. 1명 채용 시 100명이 지원하면 20명이 2차 필기시험으로 가는 거죠. 2차 필기시험에서는 NCS와 전공시험을 봐요. NCS는 의사소통능력, 수리능력, 문제해결능력, 정보능력 과목을 보고, 전공은 작업치료학(국가고시 문제-개론, 해부생리학 등)입니다. 3차는 발표 면접으로, 면접 전 두 가지 발표 주제를 주고 그중 하나를 선택해 10분간 발표하는 면접이에요. 4차 면접은 흔히 알고 있는 NCS형 면접으로, 상황 등이 생겼을 때 본인의 의견을 묻는 형식의 면접입니다.

Q 공단에 취업하려면 어떤 노력이 필요한지 궁금합니다. 대학 시절부터 미리 준비해야 할 부분이 있다면 어떤 게 있을까요?

대학 시절에는 목표하는 곳의 취업이 쉽지 않기 때문에 그곳에 적합한 준비가 되어 있어야 한다고 생각했어요. 그래서 취업에 필요하다는 컴퓨터 자격증, 영어 점수, 기타 공공기관에서 보는 자격증(한국사) 등 최대한 준비했던 것 같아요. 학교 다닐 때 교수님께서 해주신 말씀이 있었는데, "작업치료사 면허증만으로는 안 된다. 국시 합격이 목표가 되면 안 된다. 작업치료사 면허증은 취업에 있어서 기본 중 기본일 뿐이다."라는 말이었어요. 이 말을 듣고 취업을 위한 나만의 강점을 찾다가 너무 어려워서, 그냥 필요한 모든 걸 준비하자고 마음을 먹었습니다.

Q 공단에 근무하는 작업치료사로서 어떤 자질이 가장 필요하다고 생각하나요?

'대상자를 향한 마음가짐'이 필요하다고 생각합니다. 병원이나 공단이나 환경이 다를 뿐, 고객을 만나고 서비스를 제공하는 것은 같다고 생각하기 때문에 마음가짐만 있다면 업무를 하는 데 특별히 어려움은 없을 것 같아요.

Q 근무하면서 가장 보람을 느끼는 부분이나 경험이 있다면 말해주세요.

가장 큰 보람은 장애인분들이 면허 취득을 하는 순간이겠죠. 제가 근무하는 곳만 해도 연 200명의 장애인분들이 면허 취득에 성공합니다. 어떤 분은 2종 보통뿐만 아니라 대형견인, 대형버스 면허도 취득하고 나아가 택시 면허를 취득해 택시를 운영하거나 운전을 직업으로 하는 분들도 있어요. 그분들이 자신의 목표를 성취하고 새로운 가능성과 직업을 찾아가는 과정을 볼 때 정말 뿌듯합니다.

Q **마지막으로 한국도로교통공단 취업을 꿈꾸는 후배들에게 당부할 말이나 응원의 메시지 부탁드립니다.**

이 글을 읽고 계신 후배님들은 진로에 대한 고민도 많고 궁금증도 많을 것 같아요. 실제로, 가장 현실로 느끼는 시기일 테니까요. '어디에 가야 할까' '어떤 일을 하고 싶다'와 같이 지금 하는 고민이 단순히 고민에서 끝나지 않고 꼭 이루어지도록, 지금 당장 준비되어 있지 않다고 상심하지 말고 열심히 노력하면 원하는 바를 반드시 이룰 겁니다. 항상 작업치료사 후배들을 응원합니다.

보건소
작업치료사

Q 안녕하세요, 선생님. 간단한 소개 부탁드립니다.

강동구 보건소에서 근무하는 3년 차 작업치료사 나홍주입니다.

Q 보건소에서 일하는 작업치료사! 역할과 어떤 업무들을 하는지 궁금합니다.

재활 전담인력으로 지역장애인을 위한 지역사회 재활 사업을 진행하고 있습니다. 등록 장애인 절차에 따라 재활 사업 대상자 선정 및 내소자 관리부터 서비스 계획 수립 및 서비스 제공, 사후관리, 지역사회 자원 의뢰 및 연계 등 다양한 업무를 하고 있습니다. 각 지자체별로 차이가 있긴 하지만 현재 일하고 있는 보건소에서 물리치료사 선생님과 함께 지역장애인을 위한 다양한 프로그램을 운영하고 있습니다. 우선 지역장애인들의 재활 훈련을 위한 기구 운동, 통증치료 및 운동, 인지 교육 등 장애인 재활 서비스를 제공하고 장애인 방문재활 및 기관 방문 교육, 지역사회 조기적응 프로그램을 진행하고 있습니다. 이에 더하여 그룹운동, 재활 요가 프로그램, 건강운동 동아리를 운영하며 CBR 보건교육, 심폐소생술 교육을 진행하고 있습니다. 마지막으로 장애인들의 사회 참여를 돕기 위한 자조모임으로 하모니카 교실을 운영하고 있습니다.

Q 보건직공무원으로 진로를 선택하게 된 계기가 있나요?

보건소에 입사하기 전 병원에서 일하면서 경제적으로 어려움을 느끼는 환자분들이 힘들어하거나 선택권 없이 퇴원하는 경우를 많이 보았습니다. 이러한 경우 제가 도움을 드릴 수 있는 부분이 한정적이어서 아쉬움을 많이 느꼈습니다. 이후 제가 도움을 줄 수 있는 부분을 찾다가 보건소 지역사회중심재활을 알게 되었고, 이를 환자에게 권유하면서 보건소에 관심을 가지게 되었습니다. 이후 사람들이 경제적인 어려움 없이 도움을 받고 다시 지역사회로 복귀할 수 있도록 보건소 작업치료사를 선택하게 되었습니다.

Q 근무하면서 가장 만족하는 부분이 있다면 무엇인가요?

보건소에서는 그룹운동이나 자조모임 등 다양한 범위에서 작업치료를 할 수 있습니다. 또한 더 많은 시간을 환자나 대상자와 함께 할 수 있고 보호자분들에게도 힐링 시간을 제공할 수 있어, 지역주민들의 몸과 마음이 건강해지는 모습을 보면 보람과 뿌듯함을 느낍니다.

Q 반대로 가장 힘든 점이 있다면 어떤 부분일까요?

크게 힘든 점 없이 만족하면서 일하고 있습니다. 다만 병원과 비교해서 아쉬운 점을 하나 꼽자면, 병원은 5시에 퇴근했었지만 보건소에서는 6시에 퇴근하기 때문에 저녁 시간이 조금 부족한 점 정도입니다.

Q 기관의 채용 시기와 채용 규모, 경쟁률은 어느 정도였나요?

저의 경우에는 8월 채용공고를 통해 입사한 뒤 9월부터 근무를 시작했는데, 선임 작업치료사 선생님의 퇴사로 인해 1명을 뽑는 공고였으며 5대 1의 경쟁률이었습니다.

Q 채용 전형은 어떤 절차로 이루어지나요?

1차 서류전형, 2차 면접(팀장, 타 보건지소 팀장, 내과 의사) 순입니다.

Q 보건직 공무원이 되기 위해서는 어떤 노력이 필요한지 궁금합니다. 대학 시절부터 미리 준비해야 할 부분이 있다면 어떤 게 있을까요?

협회나 오티브레인(OTBrain) 사이트에 올라오지 않은 보건소 작업치료사 구인공고가 많습니다. 그러니 원하는 지역의 시청이나 구청 홈페이지를 자주 확인하는 것이 좋습니다. 또한 보건소에서 근무하게 되면 홍보물 제작 작업이나 영상 제작 업무를 하는 경우도 있습니다. 저는 한국작업치료학생연합회 홍보국장으로 활동한 경험을 바탕으로 채용되었기에 보건소 작업치료사로 근무하고 싶다면 학부 때부터 다양한 경험을 해보는 것을 추천합니다.

Q 보건소에 근무하는 작업치료사로서 어떤 자질이 가장 필요하다고 생각하나요?

많은 사람들과 잘 어울려 협업하는 자질이 가장 필요하다고 생각합니다. 보건소에서는 물리치료사, 간호사, 의사 등 보다 다양한 사람들과 함께 어우러져 일하고 있습니다. 또한 1대 1 치료보다는 다양한 군의 환자들과 함께 모여 그룹치료나 자조모임 프로그램을 운영하기 때문에 보건소 작업치료사는 많은 사람들과 협업하는 능력이 중요합니다.

Q 마지막으로 보건직 공무원 취업을 꿈꾸는 후배들에게 당부할 말이나 응원의 메시지 부탁드립니다.

여러분은 무한한 가능성을 가지고 있습니다. 한계를 두지 말고 모두 목표한 분야에서 마음껏 작업치료사의 역량을 펼치길 응원하겠습니다. 파이팅!

치매안심센터 작업치료사

Q 안녕하세요, 선생님. 간단한 소개 부탁드립니다.

용산구치매안심센터에 근무 중인 9년 차 작업치료사 강하리입니다. 현재 맡고 있는 업무는 조기검진 중 선별검진 사업을 총괄 및 신경심리 검사를 집중적으로 하고 있습니다.

Q 병원 작업치료사 업무와 현재 업무의 차이점은 무엇인가요?

스스로 해야 할 일이 많다는 점입니다. 병원에서는 질병에 따라 매뉴얼을 기본으로 치료를 한다면 치매안심센터에서는 본인이 맡은 사업을 스스로 만들어 낸다는 것이 가장 큰 차이점이라고 생각합니다. 치매안심센터에서는 대부분 집단 프로그램이 기본적으로 이뤄지기 때문에 다양한 치료 프로그램을 직접 만들고 활동해야 합니다. 또한 보고서 형식의 계획서, 결과보고서, 품의서 등을 작성하는 업무도 해야 합니다.

Q 치매안심센터로 진로를 선택하게 된 계기가 있나요?

환자들이 병원에서 가정으로 돌아왔을 때 지역사회 안에서 생활할 수 있는 환경을 조성하는 역할에 매력을 느꼈습니다. 또한 치매라는 질병을 조기 발견하여 비약물적 치료를 통해 극복할 수 있는 데 기여하기 위해 입사하게 되었습니다.

Q 작업치료사는 몇 명이 있고, 채용은 보통 언제 진행하나요?

현재 작업치료사는 저를 포함하여 정규직은 6명, 계약직 2명으로 총 8명이 근무하고 있습니다. 채용은 보통 비정기 채용이고, TO가 나거나 증원 계획이 있을 때 상시채용을 하고 있습니다.

Q 채용 전형은 어떤 절차로 이루어지나요?

1차 서류전형, 2차 면접(임원진) 순 입니다.

Q 치매안심센터에 취업하려면 어떤 노력이 필요한지 궁금합니다. 대학 시절부터 미리 준비해야 할 부분이 있다면 어떤 게 있을까요?

업무 특성상 다양한 경험의 유무를 중점적으로 보는 추세입니다. 치매와 관련된 봉사활동과 컴퓨터 활용능력도 중요한 스펙입니다. 또 한 가지 추천하자면, 치매 극복의 날에 서울광역치매센터에서 진행하는 UCC 만들기 등에 참가 및 입상 경력이 있다면 취업 시 이점이 있을 것 같습니다.

Q 치매안심센터에 근무하는 작업치료사로서 어떤 자질이 가장 필요하다고 생각하나요?

모든 사업을 잘 구성하고 운영할 수 있는 능력이 필요하다고 생각합니다. 대체적으로 가장 필요한 것은 '정상' '경도인지장애' '치매' 이렇게 세 개의 진단에 따라 프로그램을 개발하고 운영할 수 있는 능력이 필요합니다. 또한 이를 다른 사람들에게 전달할 수 있는 능력도 갖추어야 합니다.

Q 근무하면서 가장 힘든 점이 있다면 어떤 부분일까요?

작업치료에 대한 잘못된 인식과 정보를 가지고 있는 사람들을 만날 때가 제일 힘들었습니다. 작업치료사 고유의 전문성을 인정받지 못한 채, 단순히 창의력이 뛰어나고 만들기나 꾸미기를 잘하는 사람으로 여기고 언제나 활용 가능한 사람으로 인식되는 것이 힘들 때가 있습니다.

Q 반대로 가장 보람을 느끼는 부분이나 경험이 있다면 말해주세요.

센터 사업에서 다른 직군(간호사, 사회복지사)만 있는 팀에 합류하여 업무를 잘 해냈을 때, 작업치료적 접근 프로그램을 개발하고 구상하여 내·외부에서 인정받았을 때, 환자와 가족들이 우리 프로그램과 가정환경 수정에 대한 만족도를 표현할 때 보람을 느낍니다.

Q 앞으로의 계획이나 목표는 무엇인가요?

앞으로 새로운 사업을 할 수 있는 기회가 주어진다면, 초로기 치매[40] 환자를 대상으로 내부 및 외부의 자원을 통해 업무환경을 만들어 주는 것이 목표입니다.

Q 마지막으로 치매안심센터 취업을 꿈꾸는 후배들에게 당부할 말이나 응원의 메시지 부탁드립니다.

치매안심센터의 근무환경은 장점도 있지만, 그만큼 큰 책임감이 요구될 때도 있습니다. 또한 작업치료사라는 자부심을 가지고 있어야 다른 것에 휘둘리지 않고 본인이 하고자 하는 일을 밀고 나갈 수 있습니다. 이를 꼭 기억하고, 우리의 역할을 더욱 명확하게 할 수 있는 환경을 만들기 위해 선배들도 노력하겠습니다. 작업치료사 후배님들도 함께합시다!

---

40 65세 미만에서 발생하는 치매.

연구원
작업치료사

Q 안녕하세요, 선생님. 간단한 소개 부탁드립니다.

세브란스병원 재활의학 연구소에서 10년간 연구원으로 근무한 작업치료사 조예진입니다.

Q 현재 근무하는 곳과 하는 일에 대해 알려주세요.

2014년 5월부터 2024년 1월까지 세브란스병원 재활의학 연구소에서 근무하였고, 현재는 가천대학교 운동재활학과에서 연구교수로 근무하고 있습니다.

Q 연구원으로 진로를 선택하게 된 계기가 있나요?

졸업 당시 대학원 진학에 관심이 있었고, 병원에서 근무할 수 있는 진로가

치료사, 연구원 등 다양하다는 것을 알게 되었습니다. 그 당시 저에게는 연구원이 더 흥미로워 보였습니다.

Q 현재 직무에 필요한 능력들은 어떤 것들이 있을까요?

가장 기본적으로 연구에 대한 지식이 필요합니다. 연구윤리, 연구방법, 결과분석방법 등의 전반적인 지식을 말합니다. 저는 학사 때 멋모르고 시작했지만, 대학원 진학을 해서 본인 연구 수행을 해본 경험이 있다면 아주 좋을 것 같습니다. 작업치료사로서의 연구원은 기초의학 연구보다 임상 연구를 많이 진행하기 때문에 피험자와의 소통이 원활할 수 있는 외향적인 성향이라면 더욱 좋고, 환자를 대상으로 실험을 진행하기 때문에 그에 대한 윤리적 의식을 가져야 합니다. 연구원은 생각보다 행정 업무도 많이 하기 때문에 컴퓨터활용능력이 뛰어날수록 일하기에 수월할 것으로 생각됩니다.

Q 채용 전형은 어떤 절차로 이루어지나요?

연구소마다 다르지만 주로 1차 서류전형, 2차 면접(연구소장)전형으로 이루어집니다. 특정 병원의 경우 인·적성 검사를 진행하는 곳도 있습니다.

Q 연구원(연구직)은 어떤 사람이 적성에 잘 맞을까요?

제가 생각하기에는 본인이 맡은 바 책임감과 열정을 가진 사람, 호기심이 많은 사람, 타인과 소통하기 좋아하는 사람, 꼼꼼하고 세심한 사람 그리고 똑똑한 사람이 좋겠습니다. 연구원이라고 생각하면 실험실에서 실험만 하는 사람으로 생각할 수 있는데, 치료사로서 연구원은 대부분 코호트연구, 임상실험 연구 등에 참여하기 때문에 환자 및 피험자를 만나는 경우가 많아 소통하는 것이 어렵지 않은 사람이 적성에 잘 맞을 것 같습니다.

Q 근무하면서 가장 만족하는 부분이 있다면?

워라벨이 아주 좋습니다. 정시 출근 정시 퇴근, 혹은 본인 업무에 따라 좀 더 늦은 출근, 빠른 퇴근도 가능합니다. 저는 근무하는 곳에서 학업과 본업을 동시에 했기 때문에 좀 더 편했습니다.

Q 연구원 생활에 있어, 가장 큰 단점은 무엇일까요?

급여가 낮습니다. 제가 학생연구원으로 있어서 더 그럴 수도 있습니다만, 전반적인 연구원의 급여가 낮습니다. 학위를 높이고 오랜 연구원 경력을 쌓은 다음, 이직을 통해 높은 급여를 받을 수는 있습니다.

Q 앞으로 계획하고 있는 진로나 목표가 있다면?

저는 처음부터 교직을 목표로 대학원을 시작했고, 박사학위를 마쳤습니다. 현재 연구교수로 근무 중이며, 추후에도 교직을 목표로 하고 있습니다.

Q 마지막으로 연구원 취업을 꿈꾸는 후배들에게 당부할 말이나 응원의 메시지 부탁드립니다.

연구원으로 취업을 꿈꾼다는 자체로 너무 멋있습니다. 연구를 진행하는 과정과 결과들은 어떠한 방향으로든 미래의 의료에 영향을 미칠 것입니다.

쉬운 예로, 현시점 재활병원들은 환자가 착용할 아이언맨의 전신슈트를 꿈꾸며 웨어러블 로봇을 개발하고 있습니다. 실제로 현재 개발 중인 웨어러블 로봇은 영화 속의 로봇처럼 멋지고 편리하지 않습니다. 하지만 시간, 노력, 돈을 들여 연구를 지속하면 언젠가 영화 같은 편리한 로봇이 개발되겠죠. 그 과정을 함께 만들어 나가는 것이 연구원의 역할 중 하나입니다. 연구원으로 취업한다면 본인이 하는 일에 대한 의미를 꼭 알고 하면 좋겠습니다. 본인이 흥미가 있고 좋아하는 분야의 연구를 하는 곳에 지원해보세요. 즐겁게 일할 수 있을 겁니다.

창업
작업치료사

데이케어센터 창업

Q 안녕하세요. 대표님 소개와 운영하고 있는 데이케어센터에 대한 소개 부탁드립니다.

저는 작업치료학과 출신의 '기억튼튼재활전문데이케어센터' 대표 이정훈입니다. 저희 데이케어센터는 서울시 도봉구와 강북구에 위치해 있으며, 각 센터별로 약 50명의 어르신들과 20명의 선생님들과 함께 즐거운 하루를 보내고 있습니다.

Q 데이케어센터를 창업하게 된 계기가 궁금합니다.

작업치료사로 근무하면서 '재활'을 특수한 목적 및 행위로만 볼 게 아니라 좀 더 폭넓은 시각을 가지고 접근하고 싶다는 생각을 했습니다. 그리고 일상에서 실제적인 수단적 일상생활 훈련을 위한 케어 공간을 구성하는 것에 대한 목표를 가지게 되었습니다. 수입적인 측면과 미래 성장 가능성도 높게 보았기 때문에 디테일한 시장 분석을 통해 창업을 하게 되었습니다.

Q 센터에서 대표님의 하루 일과는 어떠한가요?

오전에는 창동점을 다녀오고 오후에는 강북점에서 근무하다가, 지금은 강북점에 많은 시간을 쓰고 있습니다(최근 확장공사완료). 보호자 관리 및 직원 관리가 주된 업무이고, 회계 및 수입지출 관리 등 전반적인 운영에 필요한 일을 하고 있습니다.

Q 작업치료사가 운영하는 데이케어센터의 차별화된 장점이나 전략이 있을까요?

무엇보다 어르신에 대한 평가가 좀 더 구체적이고 전문적이다 보니 다른 사회복지사나 일반인 대표보다는 유리한 것 같습니다. 질환에 대한 이해도가 높기 때문에, 어르신들에게 진행되는 서비스 또한 남들보다 체계적이고 전문적이라고 생각합니다. 예를 들어 어르신의 인지기능 변화 및 일상생활 수행능력에 대한 평가를 반기마다 진행하기 때문에 어르신들의 기능적 변화에 대한 구체적인 데이터를 알 수 있고, 이것을 보호자님들에게 전달하면 더욱 신뢰가 쌓여 좀 더 안정적으로 운영할 수 있다고 생각합니다.

Q '창업하길 참 잘했다' 느껴지는 순간이 있다면 언제인가요?

아무래도 개인적인 시간을 좀 더 효율적으로 쓸 수 있고 모든 선택과 결정을 직접 할 수 있기 때문에 좀 더 주체적인 부분이 만족도가 높습니다. 물론 선택에 대한 책임에 있어서 부담도 있지만, 지금까지 창업한 것을 후회한 적은 없습니다.

Q 창업의 길이 분명 쉽지만은 않았을 것 같습니다. 실제 창업을 준비하는 후배들을 위해 현실적인 질문 몇 가지 드리겠습니다. 센터 창업에서 가장 우선적으로 고려해야 하는 부분은 어떤 것들이 있을까요?

어느 지역에서 창업할 것인지가 가장 중요하다고 생각합니다. 지금은 전국에 데이케어센터가 많이 분포되어 있고 인식들도 많이 개선되어 어느 정도의 경쟁은 필요한 상황입니다.

Q 대표님도 초창기에 시행착오를 겪었던 경험이 있을 것 같은데요.

시행착오는 늘 겪고 있는 것 같습니다. 아무래도 인테리어까지 직접 하다 보니, 사업을 시작하기도 전에 많이 지쳤던 것 같습니다. 건축법·소방법·노인복지법 관련 설치 기준 등을 숙지하고 센터 세팅이 필요한 상황이었기 때문에 많은 어려움을 겪었습니다. 예산은 정해져 있고, 거기에 맞춰 세팅하려다 보니 구상했던 것보다 결과물은 늘 부족했습니다. 또한 어린 나이에 창업을 시작했기 때문에, 직원들과의 관계에 있어서 고용주로서의 역할에 서툰 점도 있었습니다.

Q 앞으로 데이케어센터가 나아가야 할 방향이나 창업의 전망은 어떻게 보시는지요?

노인장기요양보험공단의 제도 및 고시에 따라 운영되다 보니 많은 한계점이 있습니다. 예를 들어 많은 작업치료사를 채용하여 어르신들에게 질 좋은 서비스를 제공하고 싶어도 인건비에 대한 기준이 있고, 운영자 입장에서는 예산에 맞게 운영을 하기 때문에 규모와 질의 발전에 있어서 많은 제한이 있다고 생각합니다. 앞으로는 각 센터마다 특색 있는 활동, 전문적인 서비스, 비급여 항목에 대한 자율화 등 많은 변화가 있을 거라 기대합니다. 노인 인구는 계속 증가하고, 일반 사람들의 인식도 많이 개선되고 있기 때문에 많은 작업치료사들이 이 사업에 진입한다면 좀 더 발전을 이루지 않을까 생각합니다.

Q 데이케어센터 창업의 꿈을 가지고 있는 후배들에게 당부할 말이나 응원의 메시지 부탁드립니다.

작업치료사 후배들의 다양한 꿈을 응원합니다. 용기 냅시다. 꼭 이룰 수 있습니다.

발달센터 창업

Q 안녕하세요. 대표님 소개와 운영하고 있는 센터에 대한 소개 부탁드립니다.

안녕하세요, 노한수입니다. 저는 조산, 뇌성마비, 중추신경계 손상 및 신경학적 병변을 가진 아동에 대한 평가와 운동, 감각, 인지, 언어발달을 전문으로 하는 정상발달센터에서 대표이사로 근무하고 있으며, 국내 및 해외에서 소아재활 전문가들을 교육하는 보바스 국제강사로서도 활동하고 있습니다. 우리 센터는 수도권을 중심으로 현재 강남, 서초, 잠실, 경기, 운동센터 등 5개의 지점을 운영하고 있습니다. 센터 내 전문가들은 양질의 치료를 제공하기 위해 영국 런던 보바스센터에서의 고급과정, 한국 최초로 미국 신경발달치료협회 NDTA에서의 영유아 최고과정, 일본 및 필리핀에서 고급과정, 감각통합 해외 최고위 과정 등 전 세계 소아재활의 선진국이라 할 수 있는 나라에서 자격을 이수하여 아이들의 전반적인 발달 및 나아가 삶의 질 향상에 최선을 다하고 있습니다. 2024년 2월 10일부로 10주년이 되었으며, 지난 3월 23일 장애아동 및 보호자, 지역사회 분들을 모시고 개원 기념 음악회를 진행했을 만큼 국내에서 꽤 오래된 역사를 가지고 있는 기관입니다.

Q 소아재활센터를 창업하게 된 계기가 궁금합니다.

보바스어린이병원 인턴으로 소아치료를 시작하게 되었고, 이후 보바스 시니어 국제강사님과 함께 필리핀 Hong's Children Center for Cerebral Palsy의 오픈 멤버로 2년여 간 근무하였습니다. 그곳에서 40분 수업, 10

분 부모교육 및 아이의 기능과 상황에 따라 40분씩 2번의 수업을 연이어 하기도 하여 적절하고 충분한 중재를 할 수 있었습니다. 그 후 한국에 돌아와 아이들을 중재하려고 보니 병원에서의 30분 내 수업으로는 아이들을 개선하기 쉽지 않은 현실이란 생각이 들었습니다. 아이들을 위한 양질의 소아재활 전문기관을 만들어보자는 생각과 실력 있고 열정 있는 전문가들을 양성하고 그에 맞는 근무환경 및 조건을 제공해 주고자 창업을 하게 되었습니다.

Q 센터에서 대표님의 하루 일과는 어떠한가요?

 오전 9시부터 수업이 시작되는데, 시작 전에 센터 내 각 전문가들과 아이의 현 상태와 수업 계획 및 운영에 관한 회의를 진행합니다. 오후 6시까지 수업 및 부모교육을 상시 진행하고, 일상생활에서도 수업내용이 연계되어 이어질 수 있도록 자료를 만들어 제공합니다. 점심시간 및 수업이 없는 시간에는 소아재활에 대한 최신 논문들을 찾아 읽고 정리하며, 일과를 마치면 바로 가톨릭대학교 대학원에서 소아재활 강의를 진행하고 박사과정에서 연구를 진행합니다. 또한 국내외 강좌가 많기 때문에 강의 준비를 하는 데 많은 시간을 할애하고 있습니다.

Q 아이들을 치료하면서 가장 보람을 느낄 때는 언제인가요?

 당연히 아이들이 좋아졌을 때 보람을 느낍니다. 아이들의 대동작운동기능 및 소동작, 인지, 언어 등의 발달이 양적으로나 질적으로 향상되어 보호자분들이 감사하다고 말해주고 믿음과 신뢰를 표현해 주실 때 큰 보람을 느낍니다. 그럴 때 많은 보호자분들이 눈물을 흘리며 말씀하십니다. 전문가 이전에 저도 두 아이의 아빠로서 그분들의 마음을 이해하고 공감하려 노력하며 그 마음이 전달될 때 가장 보람을 느끼게 됩니다.

Q 센터를 운영하면서 어떤 부분이 가장 힘드나요?

먼저 너무 바쁘게 살기 때문에 체력적으로 힘든 부분이 있습니다. 무릎을 꿇고 수업을 하는 소아재활 전문가들의 환경상 근골격계적인 문제를 많이 갖게 되지요. 그래서 시간이 부족해도 꼭 주 2회 이상 운동하고 있으며, 동료들에게 권하거나 근무시간 중에 다 같이 하기도 합니다. 그래도 무엇보다 가장 힘든 부분은 아이들의 발달이 우리가 세운 목표보다 늦어질 때입니다. 예후를 예상하기가 매우 어렵지만 전문가들이 모여 깊게 생각하고 토의하여 아이들의 단기목표와 장기목표를 설정하는데, 많은 아이들이 계획에 맞춰 향상되긴 하지만 그렇지 않은 아동이 있을 경우 가장 힘들다고 생각합니다. 우리 센터에 내원하는 아이들은 무조건 좋아져야 하니까요.

Q 센터를 운영하는 데 어떤 자질이 가장 필요하다고 생각하나요?

기본적인 소아재활 전문가로서의 실력입니다. 열정만으로는 안 된다고 생각합니다. 우리 아이들의 발달에는 연습이 없습니다. 또한 초기재활의 중요성 및 신경가소성의 관점에서 중요한 점은 정확하지 않고 바르지 않는 중재로 인해 오히려 아이들이 더 안 좋아지기 때문입니다. 처음부터 잘 해야 하는 것이 소아재활 전문가의 숙명이라 생각합니다. 그래서 최소한 만 10년 이상의 소아재활 경력 및 이와 관련하여 세계적으로 인정받는 교육을 가능한 많이 이수하고 자격을 갖추어야 한다고 생각합니다. 또한 증거 기반 중재가 당연히 중요하기 때문에 최소한 대학원 석사과정을 이수하여 논문을 해석할 줄 알아야 하며, 나아가 자신의 중재행위를 증명할 수 있는 연구들을 해야 한다고 생각합니다. 요즘 1인 센터들이 많이 있습니다. 향후 많은 전문가들을 직원으로 함께하고 싶은 계획이 있다면 세무, 경영, 홍보, 교육 능력 및 자본이 필요하다고 말할 수 있습니다. 주위에 많은 후배들이 힘들어하며 그만두는 경우를 많이 봅니다. 쉽지 않습니다.

Q 앞으로 소아재활센터(발달센터)의 전망은 어떻게 보나요?

대한민국 출생률이 전 세계 최저 수준입니다. 장기적으로 봤을 때 수요가 많지 않으면 전망은 좋지 않습니다. 단, 대한민국은 선진국이고 1인당 GDP가 4만 달러를 앞두고 있습니다. 그 의미는 한 명밖에 없는 귀한 자식이 발달에 문제를 가지고 있다면 수업료에 크게 연연하지 않고 실력 있는 기관을 선택한다는 것입니다. 실력이 있고 시스템이 잘 갖추어진 기관은 살아남을 것이고, 그렇지 못한 곳은 어려울 것입니다. 또한 법적 다툼이 많이 생기고 있습니다. 10년 전보다 현재의 보호자뿐만 아니라 전문가들의 요구와 성향이 많이 바뀌고 있음을 피부로 느끼며, 앞으로는 더욱 그러할 것이라고 예상합니다.

Q 대표님의 인터뷰를 보면서 소아발달센터 취업이나 창업의 꿈을 가지는 치료사들이 더욱 많이 생길 것 같습니다. 후배들에게 당부할 말이나 응원의 메시지 부탁드립니다.

우리는 발달과정에 문제를 가진 아이들을 대상으로 중재행위를 하여 그들의 삶에 개입합니다. 복지관이나 병원보다는 센터에서의 수업료가 높습니다. 무조건 실력과 책임감이 중요합니다. 여러분이 끊임없이 많은 노력을 해서 정말 훌륭한 전문가가 될 수 있기를 바랍니다. 눈앞의 편함과 잠시의 이득보다는 어렵고 힘든 일을 선택하길 바랍니다. 그렇게만 된다면 경제적인 보상이 돌아갈 것이라 확신합니다. 쉬운 일은 누구나 할 수 있습니다. 하지만 어려운 일은 특정인만 할 수 있습니다. 소아재활 전문가로서 특별한 사람이 되기를 진심으로 바라고 충분히 할 수 있다는 응원의 말씀드립니다. 감사합니다.

해외 취업
작업치료사

Q 안녕하세요, 선생님. 간단한 소개 부탁드립니다.

안녕하세요. 현재 10년 차 작업치료사로 미국 뉴저지에서 작업치료 심화 분야인 수부전문치료사(Certified Hand Therapist, CHT), 미국작업치료사협회 (AOTA) 인증 심화작업치료사인 Board Certified Practitioner in Physical Rehabilitation(BCPR)으로 근무하고 있는 이규철입니다.

Q 현재 근무하는 기관(병원)에 대해 알려주세요.

제가 일하고 있는 병원은 미국 뉴저지에 위치한 종합병원이고, 저는 외래 파트에서 근무하고 있습니다. 이 외래 클리닉에는 물리치료사, 작업치료사, 언어치료사가 의학적 재활치료를 담당하고 있고, 외래 클리닉 바로 옆에는 실제 피트니스 클럽이 있어 헬스 트레이너와 같이 협업하는 경우도 있습니다. 그래서 환자분들이 의학적 재활에서 퇴원 후 실제 헬스클럽에서 운동을 경험하면서 건강을 증진할 수 있도록 도와드리고 있습니다. 저는 그중 수부 및 상지에 관련된 정형외과 질환을 전문적으로 담당하고 있습니다.

Q 직장에서 선생님의 하루 일과는 어떠한가요?

주 40시간을 근무하고 있는 풀타임 포지션이고, 근무시간은 8:30부터 시작하는 날도 있고, 조금 늦게 시작하는 날도 있습니다. 하루에 12~13명의 환자를 치료하고 있습니다.

Q 해외 취업을 결심하게 된 계기가 있나요?

한국에서 대형종합병원에서 일을 하다가 해외 작업치료에 대한 관심이 생겨서 유학 및 취업을 동시에 준비하게 되었습니다. 미국에 있는 한 대학원으로 진학하였고, 대학원 공부와 동시에 취업에 대한 기회를 더 넓히고자 미국 대형병원 작업치료 파트, 장애인 주말 운동 프로그램 등 여러 가지 봉사활동을 지원하면서 한국에는 없는 작업치료 영역을 경험하고자 했습니다. 그중 가장 관심이 갔던 수부전문재활을 경험하면서, 이 분야를 공부하고 직접 일해보고 싶다는 생각을 하게 되었습니다.

Q 취업 준비는 언제부터 어떤 준비과정을 거쳤나요?

저는 대학원 진학의 목적이 미국 취업이었기 때문에, 미국 대학원에 진학하면서 취업에 대한 준비도 동시에 진행하였습니다. 미국에서 일하기 위해서는 직장에 취직하는 것 이전에 취업비자 및 영주권 등 일할 수 있는 자격을 취득하는 것이 더 중요하기 때문에 미국 대학원 공부를 하면서 동시에 취업에 대한 정보를 수집하고 진행하였습니다.

Q 국내 작업치료 현장과 가장 큰 차이점이 있다면 어떤 부분일까요?

제가 근무하는 영역이 수부전문재활이어서 환자군이 크게 다르다고 할 수 있습니다. 제가 보는 환자군은 보통 정형외과적 질환으로 오시는 분이 많은데, 예를 들어 손목 골절, 수근관증후군, 방아쇠수지 등 간단한 질환부터 손가락 절단, 관통상, 힘줄재건술 등 정형외과적 수술 후 환자 재활도 담당하고 있습니다. 그와 동시에 정형외과 수술 후 필요한 보조기를 제가 직접 제작하기도 합니다. 또한 외래환자 중 운동선수(테니스 선수, 야구선수)들도 방문하는 경우가 있는데, 앞에서 말씀드린 것처럼 의학적 재활에서 실제 운동 퍼포먼스 회복까지 진행할 수 있도록 운동 트레이너-치료사-선수와 같이 상의하며 재활을 진행합니다.

Q 해외에서 작업치료사로 근무하면서 가장 만족하는 부분이 있다면?

우선 수부전문치료사로서 한국에서는 미개척된 작업치료 분야를 계속 공부하면서 새로운 지식에 대한 습득이 큰 기쁨인 것 같습니다. 그리고 한 명의 '수부재활전문가'로서 인정해 주는 사회적 인식도 치료사로 일하는 것에 보람을 느낍니다. 가끔 한국인 어르신들이 저희 클리닉에 오시는 경우가 있는데, 언어적 장벽으로 인해 다른 외국인 치료사에게 자신의 문제를 표현하기 어려워하실 때가 있습니다. 그럴 때 통역을 도와드리며 어르신들께 도움이 될 때 보람을 느낍니다.

Q 반대로 일이나 생활에서 가장 힘든 점이 있다면 어떤 부분일까요?

제가 일하고 있는 지역은 미국에서도 다양한 민족들이 살고 있는 곳이기 때문에, 각 민족이 가지고 있는 문화적 배경이나 종교적 배경의 큰 차이가 있습니다. 작업치료사로서 그들의 문화 및 종교적인 충분한 이해가 없으면 의사소통 및 치료 과정에서 어려울 때가 있습니다. 따라서 환자에 대한 지속적인 관심과 대화가 많이 필요합니다. 또한 인종차별 및 해외에 사는 '이방인'이라는 느낌이 들 때 조금 힘든 부분이 있으며, 미국에 완전하게 정착하기까지 신분이나 재정적인 부담이 계속 있었던 것 같습니다.

Q 앞으로 계획과 목표가 있다면?

제가 지금 공부하고 일하고 있는 수부 및 상지재활에 대한 전문가가 되어서, 이 지식을 한국에 전하고 싶은 목표가 있습니다. 한국에서 아직 미개척된 정형외과적 작업치료 및 수부전문재활치료에 대한 수준을 높여서 한국 작업치료의 영역이 확장되는 데 기여하고 싶습니다.

Q 선생님의 인터뷰를 보면서 해외 취업의 꿈을 가지는 치료사들이 더욱 많이 생길 것 같습니다. 해외 취업을 꿈꾸는 후배들에게 당부할 말이나 응원의 메시지 부탁드립니다.

지금까지 제가 걸어온 길을 생각해보면, 한국에서 해외로 진출할 계획을 할 때는 '해외에서 일할 수 있을까?'라고 생각했고, 미국에서 취업 및 정착을 계획할 때는 '내가 여기서 잘 해낼 수 있을까?'라고 생각했습니다. 그렇게 순간순간 자신에 대한 의심을 끊임없이 했습니다. 심지어 현재도 외국에서 사는 한국인 작업치료사로서 항상 고민하고 불안한 상황이 생기곤 합니다. 해외 취업의 꿈을 가진 분들은 자신의 인생에서 새로운 기회를 찾고자 하면서도, 동시에 기존의 것을 포기해야 하는 불안감이 드는 상태일 것입니다. 하지만 불안감은 인생의 어느 단계에서도 늘 생기는 감정입니다. 불안감이 여러분들을 얽매고 인생의 기회를 놓치게 하려 할 때, 그 불안감을 넘어서서 미래를 더 잘 준비하고 자신의 꿈을 향해 달려가게 되면 한국에서는 볼 수 없었던 새로운 기회를 발견할 것입니다. 새로운 기회를 계속 열어갈 여러분들을 응원합니다.

해외 유학
작업치료사

Q 안녕하세요, 선생님. 간단한 소개 부탁드립니다.

저는 현재 Washington University in St. Louis(WashU)에서 박사과정 5년 차에 재학 중인 김문영이라고 합니다.

Q 현재 근무하는 곳과 하는 일에 대해 알려주세요.

WashU는 미국 미주리 주의 세인트루이스에 있으며, 저는 작업치료학과(Program in Occupational Therapy) 내의 자체 박사과정인 PhD in Rehabilitation and Participation Science(RAPS)에 재학 중입니다. 미국은 작업치료학 박사과정이 OTD와 PhD로 나뉩니다. 간단히 설명하자면 OTD는 MSOT와 함께 치료사 면허를 위한 임상 트랙인 반면, PhD는 연구 중심 트랙입니다. WashU OT의 장점으로는 ① 의과대학(School of Medicine) medical campus에 위치하여 의사 및 재활전문 임상가들(물리치료, 언어치료, 간호, 사회복지 등)과 협력이 활발하다는 점, ② 연구 중심 대학으로 연구에 필요한 지원이 풍부하다는 점, ③ 지역사회 간 교류가 활발하여 다양한 경험이 가능하다는 점 등이 있습니다. 주 연구 분야는 파킨슨 환자들의 인지 및 참여 증진입니다. 랩에서는 주로 지역사회와의 연계, 연구 참여 대상자 모집, 연구 평가 및 중재, 연구 논문 작성, 학회 및 워크숍 참석, 다른 기관과의 연구 교류 등을 업무로 하고 있습니다.

Q 해외 유학 및 취업을 결심하게 된 계기가 있나요?

연구를 통한 임상적 근거 제공 및 후학 양성을 직업으로 실현하고 싶은 목표를 세우고, 자연스럽게 대학원에 관심을 갖게 되어 연세대학교 석사과정에 입학하였습니다. 2015년 미국작업치료학회(American Occupational Therapy Association, AOTA) 콘퍼런스에 참여할 기회가 생겼는데, 한국과는 다른 문화의 작업치료를 경험하고 배우고자 미국 유학을 결심하였습니다.

Q 많은 준비가 필요하셨을 것 같은데요. 준비 과정에 대해 알려주세요.

학교마다 상이하지만 WashU OT의 경우, 입학 지원 시 제출서류로는 ① 지원 동기, 커리어적 목표, 관심 연구 분야 등에 관한 essay, ② 대학 및 대학원 성적표, ③ 추천서, ④ (외국인 지원자의 경우) 영어능력 시험 점수(TOEFL, TWE, 혹은 IELTS)입니다. 개인적으로 가장 어려웠던 것은 영어 시험인 'TOEFL'과 'GRE'였습니다. 영어 실력이 부족한 탓에, 목표한 학교들의 높은 입학 요건 점수를 갖추기 위해 석사를 졸업하고서 약 10개월간 수험생 기간을 보내야 했습니다. 서류를 갖춰 지원한 뒤에 인터뷰 준비를 위해 회화 공부도 필요했습니다.

Q 선생님의 업무 이외 생활도 궁금합니다. 일과 후나 주말에는 어떻게 보내나요?

드라마 및 영화 시청, 운동, 친구 및 동료들과의 친목활동, 봉사활동, 콘퍼런스 및 워크숍 참여 등으로 주로 시간을 보내는 편입니다.

Q 후배들을 위해 현실적인 질문 몇 가지 드리겠습니다. 해외 취업이나 유학을 위해 요구되는 최소한의 어학능력은 어느 정도 수준일까요?

제가 지원했던 미국 내 작업치료학과 학교들은 TOEFL 80~100점 (120점 만점) 그리고 WashU OT의 경우 100점을 요구했습니다. 어학능력을 표현하기가 어렵지만, 제 경험상 미국에서 중·고등학교를 다닌 학생들의 경우 (시험공부를 따로 하지 않은 경우) 최소 100점을 받으며, 70~80점이 한국 대학교에서 해외 교환학생을 위한 기준으로 알고 있습니다. 솔직히 말씀드리면, TOEFL은 정형화된 테스트이기 때문에 한국 학원에서 제공하는 여러 자료들로 맞춤형 공부가 가능합니다. 유학생들도 점수 획득을 위해 한국에서 단기간으로 수강하는 경우가 많습니다. 다시 말해, 비교적 고득점인 100점을 받는다고 해도 실생활 영어 실력은 현지에서 다시 길러야 합니다.

Q 해외에서 학업을 유지하는 데에 등록금 및 생활비가 상당할거 같아요. 연간 어느 정도 발생하는지, 또 경비 부담을 줄이기 위한 방법이 있다면 알려주세요.

2022~2023년 PhD 과정 기준 1년 학비는 $61,000(한화로 약 8,400만 원)입니다. 상당수의 미국 대학은 PhD 과정 학생들에게 전액 장학금 및 생활비를 지원합니다. 저도 생활비 지원(매해 $25,000~33,000, 한화로 약 3500~4300만 원) 및 학비 전액 면제 혜택을 받고 있습니다. 입학하는 학교에서 받는 것 이외에도 한국 내 국립/사립 장학재단을 통해 받는 방법도 있습니다. 초기 정착에 필요한 집세 및 자동차 비용을 제외하고는 지원받는 생활비로 충분히 생활 가능한 수준입니다. 미국은 월세가 한국보다 비싼 편이라 생활비 절반이 집 관련 고정지출입니다. 저는 비교적 저렴한 중서부에 있어서 학교와 20분 도보거리에 거주하는 중이지만 뉴욕, LA 등의 대도시들은 더욱 비싸기 때문에 대중교통을 이용하는 거리에 사는 학생들이 많습니다. 또한 미국은 팁 문화 등으로 인한 외식 비용이 비싸기 때문에 식재료를 구매하여 가정에서 식사를 해결하는 것이 가장 저렴합니다. 학생 신분인 F1비자 학생들의 경우 교외 생산활동이 금지되어 있고, 교내 주 20시간 이내(예: 연구조교, 수업조교)로 일할 수 있습니다.

Q 쉽지 않은 길인 것 같습니다. 힘든 점은 무엇인지, 어떻게 극복하는지 알려주세요.

세 가지 정도로 말할 수 있는데요. 첫 번째는 수업, 연구, 생활, 미래 취업 준비 등 모든 것을 외국어인 영어로 해내야 한다는 것입니다. 이곳으로 온지 5년이 흘렀음에도 외국어이기 때문에 유창성 부분에서는 부족함이 많아 꾸준히 공부하는 중입니다. 두 번째로 힘든 점은 시간 관리 및 건강 관리 부분입니다. 박사과정 학생은 정해진 스케줄 이외에는 스스로 관리를 해야 하는데, 건강한 습관을 갖는 게 가장 어렵습니다. 일정을 정해서 지키기보다는 몰아서 하는 편이라 평일은 밤낮 없이 연구하고, 주말에는 휴식을 취하거나 여가활동을 합니다. 세 번째로 힘든 점은 스트레스 관리입니다. 스트레스가 생기면 축구, 테니스, 피트니스 등 운동 혹은 친목활동으로 해소하는 편입니다. 모든 직업이 똑같겠지만 유학은 특히 신체적·정신적·사회적 건강과 관련된 자신과의 싸움이 가장 큰 부분으로 다가옵니다. 일례로, 박사과정 학생들이 흔히 겪는 증상으로 가면증후군(Imposter syndrome)이 있습니다. 직업활동을 시작하거나 가정을 꾸린 또래의 친구들과 비교하면서 스스로의 삶을 과소평가하는 경우가 많습니다. 주변 지인 및 기관 등을 이용하거나 자신에게 적합한 방법을 찾아 현명한 자기관리가 요구됩니다.

Q 앞으로 계획과 목표가 있다면?

꾸준히 연구활동을 할 수 있는 직업을 가지고, 지역사회에서 살아가는 노인들에게 도움이 될 만한 교육, 운동, 참여 프로그램을 제공하고 싶습니다. 파킨슨병을 갖고 살아가는 사람들에게 제공하는 복싱 운동 프로그램에 봉사활동을 하고 있는데, 신체뿐만 아니라 인지기능을 향상할 수 있는 운동을 지역사회 프로그램에 자연스럽게 녹여낸 것이 인상적입니다. 작업치료사가 '잘' 할 수 있는 분야라 생각하기 때문에 전문적으로 프로그램을 개발하고 싶은 목표가 있습니다.

Q 선생님의 인터뷰를 보면서 해외 취업 및 유학의 꿈을 가지는 청년들이 더욱 많이 생길 것 같습니다. 후배들에게 당부할 말이나 응원의 메시지 부탁드립니다.

뻔한 말이겠지만, 유학을 결정할 때에는 '영어도 못하는데 내가 할 수 있을까?'보다는 '내가 정말 하고 싶은가?'라는 질문에 답해보기를 추천합니다. 더불어 외국에서 해야 하는 이유를 고민해보기를 바랍니다. 저 같은 경우에는 '세계의 많은 자료들이 이 언어로 되어 있으니, 이를 직접 소화하여 더 많은 전문가들과 소통할 수 있는 능력을 기르고 싶다'라는 생각으로 출발했습니다. 모두들 시간이 오래 걸릴지라도 결국 해내는 것을 지켜봐왔습니다. 저도 준비 과정부터 현재까지를 생각해보면 정말 더디게 발전하는 것 같습니다. 쉽지 않지만 불가능한 길은 아니라 생각합니다. 본격적인 유학길을 결정하기 이전에 교환학생 같은 단기 해외 프로그램을 경험해보는 것도 추천합니다. 여러분의 꿈을 열렬히 응원합니다. 도움의 손길이 필요하다면 언제든 편하게 내밀어 주세요.

대학 교수
작업치료사

Q 안녕하세요, 교수님. 간단한 소개 부탁드립니다.

저는 순천향대학교 작업치료학과 교수 박진혁이라고 합니다. 2019년에 순천향대학교에 임용되어 지금까지 재직 중에 있습니다.

Q 교수님께서 주로 연구하는 분야에 대해 소개해 주세요.

작업에 영향을 미치는 인지기능을 개선하기 위한 가상현실을 이용한 디지털 치료제, 뇌 활성도 측정을 통한 바이오마커 발굴 등을 중점적으로 연구하고 있습니다.

Q 진로를 대학교 교원으로 정하게 된 계기나 이유가 있나요?

가설을 세우고 이를 검증하는 과정에 대한 흥미를 느꼈고, 논문을 통해 나의 연구가 세상 밖에 나오고 이를 교육에 반영하여 학생들을 가르치는 일에 보람을 느껴 선택하게 되었습니다.

Q **많은 노력이 필요한 자리로 알고 있습니다. 어떤 노력과 과정을 거쳐서 지금의 자리까지 오게 되었는지 궁금합니다.**

대학을 졸업한 후 병원에서 임상 경력을 쌓으면서, 동시에 대학원 과정을 병행하였습니다. 임상 경력은 4년 정도이며, 이 기간에 석사를 마치고 동시에 박사과정에 진학하게 되었습니다. 박사과정에 진학하면서 산업체 연구소로 이직하여 인지재활 프로그램을 개발하고 연구하는 역할을 맡게 되었고, 이를 박사 논문으로 연결하여 박사학위를 취득하였습니다. 이후 공학적인 기초를 통해 작업치료를 확장하고자 KAIST에 연수연구원으로 이직하였고 연구를 지속하게 되었습니다.

Q **교수로 재직하면서 평소 느낀 점 또는 자부심, 보람에 대한 이야기를 듣고 싶습니다.**

무엇보다 제자들이 성장하는 것을 보는 것이 가장 큰 보람이라고 생각합니다. 저희 랩의 연구원인 학부생들 및 대학원생들과 함께 연구 주제를 정하고, 이를 발전시키고 결과물이 대외적으로 인정받아 학생들이 스스로 자부심을 느끼는 모습을 볼 때 가장 큰 보람을 느낍니다.

Q **학생들에게 어떤 교수님으로 기억되고 싶나요?**

학생들의 롤 모델이 되는 교수로 기억되고 싶습니다. 저로 인해 한 명이라도 영향을 받아 작업치료 학문을 연구하고 확장하는 학생들이 나왔으면 하는 바람입니다.

Q 교수님께서 바라보는 한국 작업치료사의 전망은 어떠한가요?

한 사람의 삶에 개입한다는 측면에서 무궁무진한 잠재력이 있고 업무가 확장될 수 있으리라 생각됩니다. 하지만 아직까지 현실에서는 의료보험제도 하에 작업치료사의 역할이 제한되는 상황이라 작업치료사의 역할이 매우 한정되어 있습니다. 그럼에도 지금까지 선배 치료사 및 교수님들께서 노력하여 작업치료사의 역할이 확장되고 있는 것이 가시적으로 보이고 있어 희망적입니다. 현재 의료보험제도가 장기적으로 지속되기 어려운 실정이므로 이에 대한 큰 변혁과 함께 작업치료사의 역할도 크게 바뀌지 않을까 싶습니다.

Q 앞으로 교수로서 이루고 싶은 목표나 계획이 있나요?

저의 연구 활동을 통해 작업치료 학문이 확장되고, 이에 따라 제자들의 역할이 커져서 다양한 곳으로 취업하고 그 능력을 인정받을 수 있게 되는 것이 가장 큰 목표입니다. 이를 위해 전통적인 작업치료 연구보다 새로운 기술을 접목한 연구를 꾸준히 해나가야 할 것으로 생각합니다.

Q 교수님의 인터뷰를 보면서 같은 꿈을 가지고 있는 작업치료 후배들에게 당부할 말이나 응원의 메시지 부탁드립니다.

꼭 이루고 싶은 바람을 마음속에 잘 간직한다면, 그 바람은 언젠가 이루어질 것입니다.

💡 취업 성공을 위한 핵심 전략

1. 목표를 설정하라

자신의 미래를 준비하는 과정에서 분명한 목표를 설정하는 것은 가장 선행되어야 하는 일이다. 이는 목표를 달성하기 위한 동기의 기초가 되고 취업 준비 활동을 구체적으로 실행하는 데 영향을 준다. 능동적인 취업 준비 활동은 취업 성공과 직결될 뿐만 아니라, 첫 일자리 만족도와도 유의한 상관관계가 있는 것으로 나타났다.[41]

먼저 본인에 대한 객관적인 탐색이 중요하다. 어떤 사람은 안정적인 곳에서 큰 부담 없이 소소하게 근무하면서 환자 치료에 집중하는 걸 좋아 할 수도 있고, 어떤 사람은 직장 내 압력을 좀 더 받더라도 더 우수한 자원을 이용해 높은 성과를 내야 만족할 수도 있다. 무조건 규모가 크고 남들이 선망하는 목표를 설정할 필요는 없다. 본인에게 의미 있는 가치를 실현할 가능성이 높은 곳에 목표를 두어야, 준비하는 과정에서도 동기가 유지되고 취업 후에도 만족도가 높을 것이다.

목표를 설정하는 단계부터 어려움이 있다면, 여러 현직자 또는 선배들의 인터뷰나 글을 탐독하는 것도 도움이 된다. 선배들 중에 내가 되고 싶은 모습이 있는지, 롤 모델로 삼고 싶은 사람이 있는지 여러 케이스를 보면서 그 자리에 내가 일하는 모습을

---

[41] Seung-goo, Lee & Je-Kyung, Lee, "The Difference of Employment Preparation Behavior and Degree of Satisfaction in the First Job of Korean University Student, Depending on Employment Goal", *The Journal of Career Education Research*, 21(3), 1-25, 2008.

대입하여 상상해보면 결국 본인이 어디에 취업하고 싶고, 어디에 어울리는 사람인지 짐작할 수 있다.

목표는 구체적일수록 좋다. 목표가 병원이라면 '지역' '규모', 더 나아가 '○○○ 병원'까지 구체적으로 설정하는 것이 좋다. 이는 그 기관에 대한 정보를 언제든 받아들일 준비가 되었다는 신호이며, 오랜 기간 자연스럽게 해온 맞춤형 준비는 추후 자기소개서나 면접에서 일반적인 지원자들과 구별되는 자신만의 강점이 된다.

2. 기관의 홈페이지에 모든 것이 있다

목표가 설정되었다면 먼저 기관의 홈페이지와 친숙해져야 한다. 그곳에는 기관의 기본 정보뿐만 아니라 미션이나 인재상 등 취업에 필요한 핵심 정보들이 들어가 있다. 그중 우리가 가장 중요하게 보는 것은 '채용정보'다. 과거 기록을 통해 보통 언제 채용공고가 나는지, 채용조건은 어떤 것들이 있는지 등을 살피며 정보들을 미리 수집해야 한다. 왜냐하면 채용 필수 조건에 있는 어학 점수나 교육이수 등은 졸업반 때 단기적으로 만들어 내는 것이 힘들 수도 있기 때문이다. 대부분의 학교는 졸업반 때 실습을 나가기에 더욱 어렵다.

3. 부족한 스펙을 채워 넣어라

취업은 결국 내가 그 기관에 필요한가를 검증하는 단계다. 채용조건을 확인했다면, 그 조건을 만족시키기 위한 로드맵이 필요하다. 일정 점수 이상의 어학능력이 필요하다면, 상대적으로 한가한 1~2학년 때 준비하는 것이 좋다. 인지, 연하치료 관련 교육이수가 필요하다면, 해당 학회 홈페이지에 들어가서 일정을 확인하고 올해나 적어도 내년도 교육 신청을 준비하고 이수해야 한다. 또한 모든 스펙이 상향평준화된 지원자들 사이에서는 각종 수상 경력도 중요한 지표가 된다. 수상 실적은 말 그대로 본인이 노력한 분야에서 실적까지 낼 수 있다는 '실력의 지표'다. 교수님과 선배들에게 문의하여 봉사, 캡스톤, 연구, 공로 등 전공과 관련된 업적을 낼 수 있는 방법을 파악하여 준비하도록 하자.

혹시 취업 준비가 늦었더라도 지금이라도 할 수 있는 것을 찾아 실행하는 편이 낫다. 현실은 1층인데 생각이 100층까지 가면 현실에 충실할 수가 없다. 생각을 줄이고 하나둘 채워 나갈 수 있는 행동이 중요하다.

4. 이력서, 자기소개서는 미리 써보라

대부분 취업 시즌이나 실제 지원을 할 때가 되어 처음 이력서를 써본다. 하지만 이력서는 자신이 살아온 인생과 업적을 단 몇 장으로 요약하는 것이라, 제대로 쓸 생각이라면 굉장히 힘든 작업이다. 그래서 미리 작성해서 수시로 읽어보고 내용을 수정하고 추가하는 작업이 필요하다.

자기소개서를 허심탄회하게 공개하고 평가를 받는 공동체(동기, 선후배)를 만들어 보길 권한다. 본인이 원하는 기관에 취업한 선배가 검토할 수 있다면 가장 좋겠지만, 비슷한 기관의 선배 혹은 그게 어렵다면 취업을 준비하는 동기들끼리 공유하는 것도 괜찮다. 혼자만의 사고에서 알지 못했던, 타인의 시각에서 얻는 깨달음이 있을 것이다.

그리고 면접의 예상 질문은 1차적으로는 자기소개서를 기반으로 한다. 선배나 동기들에게 자기소개서를 보여주고 질문하고 싶은 부분을 체크했을 때 여러 사람이 중복해서 질문하는 부분이 실제 면접에서 나올 확률이 높다. 그 예상 질문에 대한 답변은 매우 심혈을 기울여서, 빤하거나 외운 흔적이 없고, 되도록 기억에 남을 만한 특별한 답변을 준비하는 것이 좋다(실제 자신의 경험과 생각을 기반으로 하되, 지나친 MSG와 거짓은 금지).

5. 면접에도 핵심 전략이 있다

"예상 질문을 만들고, 답변하고, 녹화하고, 다시 보고, 수정하자."

이 전략은 모의 면접과 함께 기본적인 면접 준비에 있어 가장 큰 도움이 된다. 그 과정에서 지면의 글과 말하는 글의 차이점을 느끼며, 답변마다 적절한 톤의 음성, 표정, 제스처를 찾고, 도움이 되지 않는 말투나 습관은 고치는 것이 좋다. 그리고 여러 번 반복 시청하여 가장 호감을 줄 수 있는 표정과 음성으로 이야기하는 연습을 한다면, 실제 면접에서 더욱 자신 있게 임할 수 있을 것이다.

"자기소개와 지원동기가 70%를 결정한다."

대부분 면접의 첫 질문은 자기소개나 지원 동기 또는 이 두 가지를 동시에 물어볼 확률이 높다. 첫 질문이 가장 중요한 이유는 이때 지원자의 첫인상을 결정할 뿐만 아니라 면접관들이 가장 집중도가 높은 시점이며, 해당 기관에 어떠한 목적을 가지고 지원했는지는 중요도를 높게 두는 부분이기 때문이다. 또한 초보 지원자일수록 첫 질문부터 막히기 시작하면 평정심을 잃기 쉽다. 줄줄 외우듯 이야기하거나, 패기 있게 너무 큰 소리로 이야기 하는 것보다 진심이 느껴지도록 차분히 전달하는 것이 최근 면접의 트렌드다.

"면접은 나의 이야기를 하는 것이다."

면접은 짧은 시간에 신뢰를 주는 자리다. 자기소개서나 면접 시 자기소개에서 '본인의 잘난 점'만 이야기하는 지원자가 있는가 하면 이타적인 관점에서 환자를 '자신이 꼭 회복시키고 싶은 대상'으로 이야기하는 사람도 있다. 반면, 자기소개를 잘 이야기하고도 심도 있는 질문을 하면 횡설수설하는 경우도 다반사다. 이런 경우 지원자의 신뢰도가 급감한다. 자연스럽게 이야기가 연결될 수 있도록 평소에도 연습이 필요한 이유다. 지원자의 머릿속에 연결된 하나의 이야기가 있으면, 어떤 질문이 들어와도 그 범위 안에서 말할 수 있다. 면접자의 일관성 있는 대답은 '진심'을 느끼게 해준다.

"면접관은 매 순간 면접자의 인성을 체크한다."

면접관들은 까다로운 평가를 위해 모인 사람들이다. 그들은 면접자가 난처한 상황 속에서 대처하는 능력, 태도, 반응들을 보는 경우가 있다. 이는 기관에서의 인간관계나 환자 및 고객들을 대할 때 필요한 감정조절과 사회적 기술을 갖추고 있는지를 체크하기 위한 압박 질문일 확률이 높다. 그들이 혹 언짢은 질문을 하더라도 미소로 화답할 수 있는 여유를 가지는 것이 중요하다. S급 인재라 하더라도 막내 사원을 뽑는 자리에 실력만 가지고 채용될 확률은 드물다. 많은 협업이 요구되는 작업치료 직종의 특성상 지원자의 인성은 지식보다 더 큰 체크포인트다.

준비되지 않거나 모르는 질문이 들어올 때는 준비가 되지 않았다고 솔직하게 대응하되, 그것에서 그치는 것이 아니라 보완하는 방법에 대해 표현하며 정리된 대답을 해야 한다.

6. 수비수가 시급한 팀은 '손흥민'을 뽑지 않는다

우리 분야로 예를 들면, 인지치료 담당자가 빠진 자리에 연하치료 마스터 수준의 치료사를 굳이 뽑을 이유는 없다. 지원자 이외에 대체자가 많기 때문이다. 채용공고에는 인지치료, 연하치료 경험자 우대와 같이 두루뭉술하게 조건을 거는 경우가 많다. 따라서 지원자는 어떤 TO인지를 미리 파악하고 나의 경력이 그 자리에 적합한지 파악하는 것이 나의 노력과 시간을 아끼고 내상을 예방할 수 있는 방법이다.

이러한 내부사정에 대한 정보는 '현 근무 치료사들' '그 병원을 거쳐 갔던 사람들' '그 병원의 지인이 있는 사람들'을 통해 들을 수 있다. 직접적으로 친분이 있지 않은 경우, 학과 사무실이나 교수님에게 내가 지망하는 곳에 선배들의 취업 유무를 물어보는 것이 가장 좋은 방법이다(익명 오픈채팅방의 정보는 신뢰도에 한계가 있다). 이를 알고 준비하는 지원자와 아닌 지원자의 차이는 그 어떤 스펙 차이보다 크다.

    자신만의 목표가 생겼을 때, 작업치료사의 여정은 시작된다. 이 책에서 다룬 전략과 조언들이 그 여정을 밝히는 작은 지침이 되길 바란다.
    중요한 것은 목표를 향한 꾸준한 발걸음이다. 때로는 어려움이 있더라도, 포기하지 말고 자신의 가치를 믿고 묵묵히 걸어가다 보면 반드시 원하는 결과를 얻을 수 있을 것이다. 그곳에서 여러분의 이야기를 시작해보길 바란다.

|에|필|로|그|

두 번째 엘살바도르행 비행기에서, 마지막 한마디

자신이 조금은 부족하다 생각하며 살았기에, 과거를 돌아보기보다는 현재를 잘 추슬러서, 미래를 그리며 사는 데 익숙한 삶을 살고 있었습니다. 그러던 중 우연한 기회에 책을 쓰게 되었습니다. 평소에 즐기지 않던 백팩에 가벼운 노트북을 넣고 다니며, 제 일상에 글쓰기를 추가했습니다. 어디에서든 노트북을 열면, 나만의 세상이 펼쳐지는 일이 더군요. 덕분에 정말 오랜만에 과거를 돌아보며 20대의 나, 30대의 나, 과거 여러 모습의 나를 만나 보았습니다. 힘든 시기였다고 돌아보지 않았던 그 경험들이 있었기에 작업치료사로서 단단해진 제가 있음을 비로소 깨달았습니다. 이제야 지금껏 어려운 상황 속에서 발버둥 치던 저를 다독여 주고 잘 이겨내 주어 고맙다고 인사를 전했습니다. 이 책을 읽고 있는 여러분들도 제가 머물렀던 어느 시점에 살고 있겠죠. 저와 같이 불확실한 미래를 마주하면서요.

우리 모두 처음 사는 인생이기에 어설프고 힘에 겨운 건 어찌 보면 당연하지 않을까요. 하지만 그 시기의 방황과 고민 그리고 노력들은 상상 이상의 값진 경험이고 자신을 키우고 변화시키는 좋은 연료가 될 것입니다. 이왕 선택한 길에서 부정적인 생각은 버리고, 천천히 걸어가 보시길 바랍니다. 사람의 삶에 영향을 미치는 작업치료사는 그럴 가치가 있습니다.

이 책의 내용은 어디까지나 저의 개인적인 경험으로 모두가 동일한 삶의 궤적을 따르지는 않을 것입니다. 하지만 제가 누군가 닮아가려 했던 노력들이 새로운 결과를 만들어냈듯, 여러분들도 주변의 훌륭한 선배, 교수님 그리고 이 책의 작은 경험들이 새로운 아이디어와 동력이 되길 바랍니다.

과거로 돌아가서 시작을 바꿀 수는 없지만, 지금부터 시작하여 미래를 바꿀 수는 있습니다. 오늘과 똑같은 생각과 행동만으로 새로운 내일이 오지 않는다는 걸 우린 경험적으로 알고 있지요. 새로운 미래를 꿈꾼다면, 자신에게 주어진 현재를 인정하는 것이 시작점이 될 것입니다. 그리고 여러분의 생각과 행동의 조그마한 변화들이 모이면 비로소 작은 도전의 기회가 올 것 입니다. 그날을, 그 시간을 맞이할 준비를 하셨으면 좋겠습니다.

타인의 건강한 삶을 디자인하는 작업치료사, 지식을 탐구하며, 여러 기관에서 후학을 양성하는 작업치료사, 세계 여러 나라에 한국의 재활을 알릴 수 있는 작업치료사. 모두 인생에 선물 같은 순간들이었습니다. 지극히 평범했던 저는 작업치료사라는 직업으로 인해 특별하고 내일이 궁금한 삶을 얻었습니다. 예상은 했지만 저의 시간도 참 빠르게 흘러갔네요. 푸르렀던 청춘의 나이에 작업치료에 제 미래를 맡긴 지 벌써 20년이나 지났으니까요. 결코 순탄치만은 않았습니다. 하지만 저는 시계추를 돌려 다시 돌아간다 해도 이 직업을 선택하고 다양한 도전을 하며 살아갈 것 같습니다. 이제 여러분께 전하는 제 이야기는 여기서 끝나지만, 의미 있고 새로운 길을 개척하며 후배님들을 기다리고 있겠습니다. 목표로 하는 일들마다 그 이상의 성과와 행운이 함께하길 빌겠습니다. 마지막으로 이 책으로 만나 진심으로 반가웠습니다.

작업치료사
윤대석

감사한 분들

가장 먼저 과중한 업무에도 흔쾌히 인터뷰에 응해주시고, 소중한 경험을 나눠주신 국내외 현직 작업치료사분들께 진심으로 고개 숙여 감사의 말씀을 전합니다. 그리고 작업치료사로서 바르게 성장할 수 있도록 이끌어 주신 김세영 팀장님, 박지웅 과장님, 김신, 김성혜 선생님을 비롯해 순천향대학교 서울병원 재활의학과 교수님과 선후임분들, 경복대학교 양경희 교수님과 이병길 동문회장님을 비롯한 동문들, 연세대학교 김종배 지도교수님과 대학원 동문들 및 RST-lab 학우들, 성우경, 김윤아, 한은지, 서울아산병원 송영진, 박지은 선생님, 가톨릭대학교 서울성모병원 김유정, 유상기 선생님, 삼성서울병원 안아라 선생님, 분당서울대학교병원 남경완 선생님, 은평성모병원 이정훈 선생님, 세명대학교 서상민 교수님, 대한작업치료사협회 김영훈 경인 지회장님, 서울광역치매센터 강두영, 한국도로교통공단 정준철, 위키트리 김수영 본부장님, 남기윤 소장님, 강성진, 이영원, 경복대학교 정원규, 유찬욱, 박우권, 박은정, 허서윤, 이선민 교수님, 연세대학교 박지혁 교수님과 KSNOT 학회 식구들, 순천향대학교 박진혁 교수님, 중앙의료원 국제사업단장 유병욱 교수님, 김용현 팀장님을 비롯한 국제사업팀원들께 깊은 감사드립니다. 그리고 이 책이 세상에 나올 수 있도록 애써주신 청년의사 박재영 주간님과 지은정 팀장님께 온 마음을 다해 감사를 전합니다.

마지막으로 바쁜 남편과 아빠를 이해하고 기다려 준 사랑하는 아내와 두 아들 여훈, 여준과 출간의 기쁨을 함께하고 싶습니다.

작업치료사는 이렇게 일한다

지 은 이 윤대석

펴 낸 날 1판 1쇄 2024년 8월 26일
       1판 2쇄 2025년 6월 16일

대표이사 양경철
편집주간 박재영
편 집 지은정
디 자 인 박찬희

발 행 처 ㈜청년의사
발 행 인 양경철
출판신고 제313-2003-305(1999년 9월 13일)
주 소 (04074) 서울시 마포구 독막로 76-1(상수동, 한주빌딩 4층)
전 화 02-3141-9326
팩 스 02-703-3916
전자우편 books@docdocdoc.co.kr
홈페이지 www.docbooks.co.kr

ⓒ 윤대석, 2024

이 책은 ㈜청년의사가 저작권자와의 계약을 통해 대한민국 서울에서 출판했습니다.
저작권법에 의해 보호를 받는 저작물이므로 무단전재와 복제를 금합니다.

ISBN 979-11-93135-26-6 (13510)

• 책값은 뒤표지에 있습니다.
• 잘못 만들어진 책은 서점에서 바꿔드립니다.